大学院文化科学研究科

海外の教育改革

坂野慎二

藤田晃之

人間発達科学プログラム

（改訂版）海外の教育改革（'21）

©2021　坂野慎二・藤田晃之

装丁・ブックデザイン：畑中　猛

s-64

まえがき

　『海外の教育改革 '21』は，2015年開講の『海外の教育改革 '15』の継続科目である。前回の「まえがき」では今日の社会変化の早さについて述べたのだが，改めてその言葉の意味を噛みしめている。2015年以降の世界における出来事に目を向けてみると，アフリカ，中東，アジア諸国における対立と移民や避難民の増加，イギリスのヨーロッパ連合（EU）からの離脱に象徴される共通の価値観に対する揺らぎ，新型コロナウイルスによる世界経済の収縮，アメリカと中国の覇権争い等，次から次へと新たな課題が浮上している。

　1970年代までのモデルであった福祉国家論から，1980年代以降，NPM（New Public Management）を中心とした新自由主義的な国家観が主流となり，多くの国に浸透してきている。しかしその改革は一様ではない。本書は，欧米諸国及びアジア諸国を中心とした教育改革について新たな動向を整理し，論述したものである。新自由主義的な政策が教育にどのような影響を与えたのかを，国家を超えて共通する傾向と，国家の枠組みによる独自性に着目してまとめている。

　「海外の教育改革」は，単に国家単位で進んでいるのではなく，国際的組織によって，その方向性が示唆されている。OECD（経済協力開発機構）は先進国を中心とした組織であるが，後述のPISA調査（学習到達度調査）のみならず，PIAACやTALIS等，各国の特色を明らかにする多様な調査を実施している。UNESCOも世界全体の教育政策に必要な提言を行っており，2015年に採択された「SDGs（持続可能な開発目標）」は，今後各国の教育政策に大きな影響を与えると考えられる。

　就学前教育は，学校教育の基礎として重要視されるとともに，投資効果が高い教育領域として注目を集めるようになった。学校教育の役割は知識の伝達中心から生涯学習の基盤形成へと変化している。OECDが2000年から3年ごとに実施しているPISA調査は，義務教育終了段階の「成果」を比較する指標として，各国の教育政策に影響を与えてい

る。また，外国語能力や，ICT 教育，多様性の中での市民教育等，社会の中で「生きるための知識・技能」が重視されるようになってきた。

　グローバル化と AI（人工知能）の普及等による雇用環境の変化は，長期的に安定した職業観を基盤とした教育から変化に対応できるコンピテンシーを培うことへと教育の役割を変容させている。後期中等教育の学校は，将来の進路に即した学校種あるいはコースによって多様化され，その選択を支援するキャリア教育の重要性が高まっている。さらには多くの若者が後期中等教育から高等教育へと進学するようになり，職業準備型の教育機関も高等教育機関へと昇格した。同時に国家は最先端の科学技術競争やグローバル競争に勝ち残るために，中心的な高等教育機関へ重点的に投資するようになってきた。こうして潤沢な研究投資を獲得する総合大学型の機関から，支援の少ない職業準備的機関まで，高等教育は多様化・階層化している。若者は激しく変化し，見通しの利かない社会の中で，将来の職業を考え，教育機関を選択することが求められる。まさに生涯学習が重要視される所以である。

　日本の教育改革は，海外の教育改革の中でどのような位置にあるのかを考え，今後どのような方向に進むべきなのかを考えるヒントとなるよう，本科目の学修を進めていただければ幸いである。

2020 年 9 月 1 日
著者一同

目 次

6

8

1 | 教育改革の根底にあるもの

坂野慎二

各国の教育政策に影響を与える国際的な組織として，OECD（経済協力開発機構）や UNESCO（国際連合教育科学文化機関）等がある。とりわけ OECD が 2000 年に始めた PISA 調査は，証拠に基づいた教育政策を進める上で多くの国々の教育政策に影響を与えている。1970 年代までの福祉国家論から 1980 年代以降の新自由主義的な国家観への転換によって，PISA 調査等が証拠に基づいた教育政策として各国の教育政策に強い影響を与えている。

はじめに

1990 年代に東西冷戦構造が消滅し，グローバル化が進められるようになると，政治体制の相違よりも経済重視の政策が中心となってきた。21 世紀に入ると，各国の教育政策には，多くの類似点を見て取ることができる。インターネットの普及による情報化，並びに研究者や教育行政担当者の交流は，各国の教育改革の時間的差異を小さくしている。各国の教育政策においても中心となる共通の関心事は，学校教育の質保証により，高度人材の育成を行い，経済成長を確保することであると言えよう。教育と経済成長との関係を考察しようとする際，とりわけ，OECD の教育政策が注目されている。中でも世界各国に大きな影響を与えているのが，OECD が実施している PISA 調査である。

以下，OECD の教育に関するデータ化の動きに着目しながら，各国の教育政策がどのような要因によって動いているのかを考えていこう。

1. グローバル化と教育改革

（1） グローバル化と高度人材育成

　1989 年に「ベルリンの壁」が，また東欧諸国で一党独裁体制が崩壊し，1991 年にはソビエト連邦が消滅した。東西冷戦構造の消滅は，政治体制の相違を縮小し，政治体制による経済ブロックの区分を解消させることとなった。それは今日グローバル化として表現されている。経済のグローバル化は，資本や商品の移動を活発にするとともに，人々の移動も活発化するようになった。各国は高い生産性が期待できる高学歴者を積極的に受け入れる政策を進めるとともに，国民に質の高い教育を提供することが経済的発展に重要であると考えるようになった。

　こうした中で OECD は，1990 年前後から教育のデータ化に取り組むようになった。OECD の INES 事業（Indicators of Education Systems）は 1988 年に開始された[1]。1992 年には最初の「図表でみる教育」を公表した。2000 年以降 OECD は毎年こうした教育データを公表し，各国の教育政策をモニタリングするようになる。

　このことは，1970 年代まで重視されてきた「福祉国家」論から，1980 年代以降重視されるようになった新自由主義的な考え方と合致するものであった。福祉国家では医療，福祉，教育等の領域が国家の役割として重視されていた（3.〈p.17〉参照）。しかし 1973 年の第 1 次石油危機以降，各国の税収は減少していった。少ない税収に見合った形での歳出の削減が政策課題となり，新自由主義の理念に基づく NPM（New Public Management, 「新公共経営」などと訳される）が主流の方針となっていった。NPM の基では，教育等の公的支出は削減されるようになった。さらに国が支出する予算に対して，どのような効果・成果があったのかを検証することが重視されるようになった。その結果，資源

---

1) OECD（2007）*Knowledge Management:Evidence in Education - Linking Research and Policy.* の邦訳（岩崎久美子監訳）『教育のエビデンス──研究と政策の協同に向けて』（明石書店，2009 年）の「訳者あとがき（執筆：岩崎久美子）」p.292 参照。

の投入（input）—過程（process）—結果, 成果（output, outcome）といった効率性のサイクルが重視されている。近年では結果や成果の検証が証拠に基づくものであるのかどうかが重視される傾向にある（EBPM, evidence-based policy making,「証拠に基づく政策立案」）。

（2）OECD による教育指標の形成

　OECD が正式に発足したのは, 1961 年である。その前身は 1948 年に組織されたヨーロッパ経済協力機構（OEEC）である。これはアメリカのマーシャルプランによるヨーロッパ諸国の第 2 次世界大戦後の復興を目的としていた。1960 年にアメリカ, カナダ及びヨーロッパ諸国が, 新たな経済協力組織を立ち上げることを決定し, 1961 年に OECD として 30 カ国で発足した。日本は 1964 年に OECD に加盟した。OECD は先進国の集まりとしての性格を持つに至っている。2020 年現在, 36 カ国が加盟している[2]。

　教育関連領域では, 1968 年に教育革新センター（OECD/CERI）を設置し, 教育についての多様な研究を進め, その成果を報告書として順次公表している。1960 年代から 1970 年代にかけて, OECD の調査団が各国の教育政策を分析し, 報告書をまとめてきた。例えば日本の教育政策については 1971 年にまとめられている（OECD　教育調査団 1972）。中留（1994）によれば, OECD/CERI の発足当初はマクロレベルの教育制度・政策の改革研究を志向していたが, 1970 年代前半からは急速にミクロレベルへと研究対象が変化していった（中留, 1994, p.75）。1983 年から 1986 年まで行われた, OECD/CERI の「学校改善に関する国際共同研究（International School Improvement Project：ISIP）」による学校改善研究は各国に大きな影響を与えた。日本も ISIP に参加するとともに[3], 1988/89 年に日本教育経営学会が科学研究費を獲得し, 学校改善についての成果を公表している[4]。

2）http://www.oecd.org/about/history/　（accessed：20200228）
3）奥田真丈『学校改善に関する国際共同研究日本チーム報告書』（1986 年）
4）日本教育経営学会・学校改善研究委員会『学校改善に関する理論的・実証的研究』（ぎょうせい, 1990 年）

NPM を背景とした教育改革は，効果の検証を重視している。OECD は 1990 年前後から教育データの収集と分析に力を注ぐようになる。OECD の INES 事業が 1988 年に開始され，1992 年に最初の「*Education at a Glance. OECD indicators*」が作成された。また，生徒を対象とする学力調査として，PISA 調査が 2000 年から 3 年サイクルで実施されている。各国の教育政策でもデータに基づく教育政策の重要性が認識されるようになっていく[5]。

2020 年 2 月時点で OECD の教育サイトを確認すると，主な事業は，(1) PISA 調査，(2) 図表でみる教育，(3) PIAAC，(4) TALIS，(5) 教育 GPS（国別，トピック別）となっている[6]。(1) PISA 調査，(2) 図表でみる教育，は後述する。

(3) PIAAC（OECD 国際成人力調査）は，各国の成人のスキルの状況を把握し，成人のスキルの社会経済への影響や，スキルの向上に対する教育訓練制度の効果などを検証し，各国における学校教育や職業訓練などの今後の人材育成政策の参考となる知見を得ることを目的としている[7]。2011 年から 2017 年に加盟国のデータを収集し，2018 年から第二段階に入っている。調査方法は 16 歳から 65 歳の者へのインタビュー調査，コンピュータや質問紙による調査を中心として行われ，読解力，数的思考力，IT を活用した問題解決能力，背景調査が行われている。PIAAC の調査結果報告書は，2013 年に日本版（国立教育政策研究所編）が，2014 年に OECD 版の翻訳が，それぞれ公表されている。

(4) TALIS（OECD 国際教員指導環境調査）は，学校の学習環境と教員及び校長の勤務環境に焦点を当てた国際調査である[8]。対象は初等

5) OECD（2007）*Knowledge Manegemet: Evidence in Education – Linking Research and Policy.* の邦訳（岩崎久美子監訳）『教育とエビデンス―研究と政策の協同に向けて』（明石書店，2009 年）の冒頭で，「より一層エビデンスに基づいた教育政策と実践を」と題するはしがきも参照（執筆：惣脇宏）。
6) https://www.oecd.org/education/ （accessed：20200228）
7) 国立教育政策研究所ウェブサイト参照（https://www.nier.go.jp/04_kenkyu_annai/div03-shogai-piaac-pamph.html accessed：20200205）
8) 国立教育政策研究所ウェブサイト参照（https://www.nier.go.jp/kenkyukika

教育段階及び前期中等教育段階の教員及び校長である。2013 年と 2019
年に報告書が公表されている。同調査において，日本の中学校教員の仕
事時間は調査参加国の中で最も長くなっている。

　(2)『図表でみる教育』（*Education at a Glance*）は，OECD が作成し
ている教育データとして広く普及している。2019 年版[9]は，4 章構成
で，これに資料（Annex）等が付されている。章立ては以下のとおり
である。

　第 A 章　教育機関の成果と教育・学習の効果
　第 B 章　教育機会・在学・進学の状況
　第 C 章　教育への投資
　第 D 章　教員と学習環境・学校組織
　（訳語は『図表でみる教育』《日本語版》を参照した）

　このうち，「第 A 章　教育機関の成果（アウトプット）と教育・学習
の効果（インパクト）」で用いられる指標は，①成人はどのレベルまで
学習したのか，②教育から仕事への移行，③教育達成は労働市場への参
入にどのように影響したのか，④教育による所得平均，⑤教育に投資す
る財政的インセンティブは何か，⑥教育と社会的成果はどのように関連
するのか，⑦教育と学習への大人の参加はどの程度平等か，である。こ
こに OECD が教育に関与する意図が表れていると言える。すなわち，
各国が経済成長するために必要な人材養成としての教育に着目し，「質
の高い労働力」と教育との関係に力点を置いていることが理解できよ
う。

　『図表でみる教育』は，各国が教育改革を進めるための指標の 1 つと
して活用されている。2017 年版以前と，2018 年版以降では，その構成
が変更されているが，インプット（C 章），プロセス（D 章），アウト

---

　　ku/talis/index.html　accessed：20200205)
　9）http://www.oecd.org/education/education-at-a-glance/（accessed：201912
　　15）翻訳版『図表でみる教育』は，毎年明石書店から出版されている。

プット（A章）及び教育機会（B章）という枠組みは基本的に継続している。こうした指標は，新自由主義的な政策と親和性を持つ。

　（1）PISA 調査（PISA：Programme for International Student Assessment）は 2000 年に開始され，多くの国で義務教育終了年齢にあたる 15 歳の者を対象として，諸能力（後述）を調査している。つまり，各国の学校教育政策の「結果」が，PISA 調査によって測定されるという図式になったのである。PISA 調査によって教育政策の「結果」が国と国とで比較できるようになると，各国はその「結果」を向上させることが，経済的発展に結びつくと考え，教育改革を推進する大きな要因となっていった。

2．証拠に基づいた教育政策

（1）出口の管理

　教育の成果をどのように測定するのかは難しい問題である。日本の学校教育を例に考えてみると，「指導要録」が公的な学校教育の記録である。指導要録における児童生徒の指導に関する記録は，各教科の学習の記録等と行動の記録とに大別される。各教科の学習の記録は，観点別学習状況（知識・技能，思考・判断・表現，学習に取り組む態度の 3 観点）と評定（3 段階あるいは 5 段階）から構成されている。こうした学習の記録や行動の記録は時代によって変遷しているし，国によっても異なる。学習の成果を測定する枠組みで国際標準と呼びうるような規準はないと言える。

　OECD が 2000 年から 3 年ごとに実施している PISA 調査は，義務教育終了段階である 15 歳の者を対象としている。PISA 調査が各国の教育関係者に強い影響を与えたのは，それまで実施されてきた国際学力調査とは異なる能力を測定しようとしているところに新しさがあったことにある。「キー・コンピテンシー」あるいは「リテラシー」と呼ばれる諸能力は，知識の「量」ではなく，知識の「質」を測定しようとしている。PISA 調査で測定される 3 つの規準，すなわち「読解力」，「数学的リテラシー」及び「科学的リテラシー」は，知識をどのように活用して

問題を解決することができるのかを測定しようとするものである。こうした「リテラシー」あるいは「キー・コンピテンシー」として表現される能力は，従来の学力観から抜け出し，実社会で有用と考えられる能力とされ，各国の経済成長に必要とされる人材を提供する可能性が高い，つまり国際標準となるような学習成果規準と考えられている。2015年調査からは，筆記型調査からコンピュータ使用型調査に移行している。

（2）プロセスの管理──教育条件

　教育の成果を高めるためには，教育条件を整備することが重要である。例えば，学級規模，学級担任制か教科担任制か，学校のICT環境，教科書や教材等は国によって異なっている。

　OECDの「図表でみる教育（2019年版）」[10]は，教育の諸条件（D章）として，以下の指標を掲載している。①児童生徒が教室で過ごす時間，②教員1人当たりの児童生徒数，③校長，教員の給与，④教員の授業時間，⑤教員の属性，⑥高等教育への入学許可システム。

　近年，国際教員指導環境調査（TALIS）が進められている。TALIS 2013年調査は，日本の教員の労働時間が他の国と比較して長いこと，授業時間以外の業務の時間が多いことを明らかにした[11]。公表後，中教審による議論と報告等を経て，学校における働き方改革へと影響を与えていった。TALIS 2018年調査結果でも，教員の週当たりの労働時間が平均で38.3時間であるのに対して，日本の教員のそれは56.0時間（中学校），54.4時間（小学校）と最長であった。

　教員1人当たりの児童生徒数でも日本はOECD平均を上回っている。『図表でみる教育（2019年版）』によると，初等教育段階でのOECD平均が21人に対して日本は27人，前期中等教育段階では，OECD平均が23人に対して日本は32人となっており，中学校段階は調査国中最も

10）https://www.oecd.org/education/education-at-a-glance/educationataglance2019-dataandmethodology.htm（accessed：20191223）
11）国立教育政策研究所「OECD国際教員指導環境調査」（http://www.nier.go.jp/kenkyukikaku/talis/　accessed：20191223）

多くなっている[12]。

（3）入り口の管理

　教育の成果と連動して，教育にどの程度資源が投入されているのか，投入すべきなのかは，各国の大きな関心事である。新自由主義的な政策が強まると，「費用対効果」が重視されるようになる。一方，より高い教育を受けることが，より高い収入や名声を得る職業に就くための必要条件として考えられるようになると，義務教育終了段階以降の教育へのアクセスが増加する。先進国では義務教育の無償が保障されるとともに，また後期中等教育や高等教育への進学が増加するとともに，これらを市民の権利として無償化するべきなのか，あるいは教育を受けることは個人の利益であるから個人が負担すべきと考えるのか，といった議論が生じている。つまり，教育費は誰が負担すべきなのか，誰が教育によって利益を得るのか，といった課題が浮かび上がる。

　こうした課題を丁寧に見ていくと，各国によって事情が異なることが理解できる。日本では義務教育の無償が憲法第 26 条や教育基本法第 5 条等で規定されているが，実際には授業料を徴収しないことを意味しており，給食費や諸経費等は保護者の負担となっている。北欧諸国等では，学用品の支給等が行われており，保護者の負担はほとんどないか少なくなるように配慮されている。また，ヨーロッパの大陸諸国のように高等教育等の授業料無償化を行っている国がある一方，アメリカ，イギリス，オーストラリア等のように，高額の授業料を徴収すると同時に，奨学金制度を充実させ，優秀な学生の進学機会を保障しようとする国もある。日本では高等教育機関の経済的に不利な立場の学生を対象に貸与型ではなく給付型での個人支援を開始しているが，原則は授業料を徴収する制度を維持するとともに，貸与型奨学金による返済義務を負わせる制度となっている。

　OECD の『図表でみる教育（2019 年版）』では，在学者 1 人当たりの

---

12) https://www.oecd.org/education/education-at-a-glance/educationataglance
2019-dataandmethodology.htm（accessed：20191223）

教育支出，国内総生産（GDP）に対する教育支出の割合，公財政教育支出等が指標として挙げられている。

3．各国における教育改革の方向性

（1）福祉国家から新自由主義国家へ

　そもそも，19世紀には，国が国民の生活に極力関与しない自由主義（リベラリズム）の考え方が主流であった。こうした考え方による国家は，自由放任（レッセフェール）型の「夜警国家」と呼ばれていた。20世紀に入り，生存権を保障するために，国家が個人生活に介入し，公正さを実現しようとする動きが強くなった。

　1970年代まで各国で目標とされていたのは福祉国家論であった。福祉国家においては，国民の不平等を緩和するために国が積極的に医療，福祉，教育といった領域に関与していくことが目指された。教育政策においては，中等教育や高等教育の量的拡大によって，国家が教育に積極的に介入することが求められていた。

　エスピン-アンデルセン（Esping-Andersen）は，福祉国家を，①社会民主主義型，②保守主義型，③自由主義型の3つに類型化した（エスピン-アンデルセン，2001a）。①社会民主主義型は，スカンジナビア諸国に見られるように，普遍的な資格要件と高度な報酬比例給付を組み合わせ，比較的高い水準の社会福祉給付を行うものである（エスピン-アンデルセン，2001a，p.77）。②保守主義型は，ドイツやフランスに見られるように，社会福祉を国が関与しながら，職業集団を基礎とした協同組合等が中心となって担っていく体制である（同前，p.68）。③自由主義型は，アメリカやイギリスに見られるように，市場による競争的個人主義を基盤とし，純粋な貧困者だけを政府援助の対象とすることを基本とする（同前，p.72）。ただし，地中海ヨーロッパ諸国や日本を含む東アジア諸国は，こうした分類では十分に説明できていない。そこでは，国家のみならず，家族を分析視点に含む重要性が指摘されている（エスピン-アンデルセン，2000，p.35）。

　しかし，1973年に起きた第1次石油危機は，各国の経済成長を停滞

18

させた。各国は巨額の財政赤字と貿易赤字とに苦しみ，福祉国家論は行き詰まることとなった。石油ショックによる国の財政赤字を削減するために，「平等」よりも「自由」を重視する新自由主義的な国家政策へと転換していったのは，イギリスのサッチャー元首相（在職1979-90年）やアメリカのレーガン元大統領（在職1981-89年）等である。彼らはNPMと呼ばれる手法を導入し，国家の少ない歳入に見合った歳出の削減を行った。国の領域にも市場原理に基づいた民間活力を導入し，目標管理と事後検証による行政の効率化を推し進めた。国の予算削減の主な対象となったのは，医療，福祉，教育といった領域である。

　教育の目的・目標は，各国が目指す国の在り方と密接に関連する。NPMの考え方における教育政策として目指されたのは費用対効果を重視した教育であり，具体化されていったのは，国家等による共通カリキュラムの導入，国家等の共通テストによる生徒の成績管理，それを基にした学校評価，そして学校評価に基づいた学校選択，といった改革であった[13]。

　福祉国家において重視された「平等を保障するための教育」という理念は，NPMにおいては，「自己責任を伴う選択としての教育」という理念へと置き換えられ，インプットに対するアウトプットを重視する「人的資本」に対する投資としての教育という理念が，重視されるようになったのである。ただし国家の在り方は一様ではない（エスピン-アンデルセン，2001a）。国として教育の目的・目標をどのように設定するのか，義務教育として共通に学ぶべきものは何か，あるいは個性に応じた多様な教育を提供するにはどのように制度を設計するのか，といった課題が問われている。

　近年重視されている，証拠に基づいた政策は，新自由主義的な国全般の政策に合致する効率的な教育改革の実施を目指しているものであるが，同時に，新たな課題も提示していると考えられる。ここでは教育の公正さと教育の多様性の2点に絞って考えてみよう。

13）大田直子『現代イギリス「品質保証国家」の教育改革』（世織書房，2010年）

（2）教育の公正さ

　第一に，教育の公正さをどのように確保していくのか，という課題である。これまでは後期中等教育の卒業率や高等教育進学率及び卒業率が重要な指標として位置づけられてきた。つまり成果・結果として教育機会，教育への参加を保障することが重視されてきた。しかし実態を丁寧に見ていくと，国によって多少の違いがあるにしても，家庭環境等の影響が教育機会に大きく関係していることがデータによって裏づけられるようになってきた。OECD の PISA 調査は，学力のみならず，学習状況等についても調査を行っている。ドイツは家庭環境の影響が教育の成果に強く影響していること，つまり階層の再生産性が強いことが指摘されてきた。日本でも近年教育の結果に対する家庭環境の影響が指摘されている（大竹，2005/吉川，2019 など）。こうした様々な要因による教育機会の不平等を少なくするための政策が各国で進められている。

　教育機会の均等は，とりわけ教育のスタート地点としての幼児教育を各国が重視することに反映している。その契機の 1 つとなったのが，OECD のプロジェクト「人生の始まりこそ力強く（Starting Strong）」が 1998 年に開始されたことである。「人生の始まりこそ力強く」は，2001 年に最初の報告書を公表した後もプロジェクトが継続され，2017 年に 5 番目の報告書が公表されている。OECD の『図表でみる教育』では，幼児教育及び保育の年齢別在籍率が 2012 年から指標として取り上げられるようになった（インディケータ C2，2018 年版以降は B2）。ただし幼児教育を義務化するのかは国により対応が分かれている。OECD 加盟国において，3 歳児の在学率は 100%あるいはそれに近い国がある一方で，スイス（2%）やアメリカ（42%）のように低い国もある（2017 年の OECD データ）。OECD 加盟国平均では，0 歳児 9%，1 歳児 40%，2 歳児 62%，3 歳児 87%，4 歳児 88%，5 歳児 94%，6 歳児 97%となっており，3 歳児から 5 歳児平均で 87%となっている（同前）。日本では，0 歳児 7%，1 歳児 33%，2 歳児 50%，3 歳児 83%，4 歳児 95%，5 歳児 96%となっており，3 歳児から 5 歳児平均は 91%である（同前）。日本では 3 歳児から小学校就学前の子ども及び満 3 歳未満で特

別な事由がある子どもに対して教育・保育給付を行い，幼児教育の無償化に近づける政策を 2019 年 10 月から進めている（「子ども・子育て支援法第 19 条」等参照）。

　こうした幼児教育への関心の高まりは，ノーベル経済学賞を受賞したアメリカの経済学者であるヘックマン，J. J.（James J. Heckman）の『幼児教育の経済学』（原著 2013 年，邦訳 2015 年）等の研究によって多くの教育政策関係者にも注目されることとなった。ヘックマンの研究の基礎データの中心となっているのは，アメリカが 1960 年代後半から実施した「ヘッドスタート計画」等の追跡調査研究である。

（3）教育の多様性

　第二に，子どもたちの文化的，社会的，宗教的背景等の多様性（ダイバーシティ）である。経済のグローバル化の進展に伴い，他国へと移動する人々が増加し，学校や教室で多様な子ども達が共に学ぶことが日常化しつつある。例えば，家庭での使用言語と学校における学習言語が異なる子どもに対する支援は重要な課題として位置づけられる。また，社会的習慣が異なる子ども達に対して折り合いをつける力が重要となる。共通の社会的ルールをシチズンシップ教育等として学校で教えることが求められるが，その基準をどのように設定するのかは，文化的，社会的，宗教的問題等もあり難しい課題である。ヨーロッパ諸国は共通の学校，共通の基準を設定するところが多いが，アジア諸国等では，宗教や宗派によって学校を分離するところもある。社会全体では，多様な人々が増加することにより，異質性を排除する動きが出てきていることにも留意する必要がある。ヨーロッパ諸国は 2015 年以降のシリア難民等の増加によりこうした危機に直面していると言えよう。

　多様性を尊重することは，個に応じた教育を保障することを求めることにつながる。イギリスやアメリカ等では，ホームスクーリングやチャータースクールが取り入れられている。日本ではいじめ等による不登校への対応策として，2016 年に「義務教育の段階における普通教育に相当する教育の機会の確保等に関する法律」が制定，施行された。同法

は，不登校児童生徒への教育機会を支援することを目的とし，学校以外の場（フリースクール等）における学習活動を規定し，教育の機会を保障しようとしている。しかし，運用によってはフリースクール等の存続を危うくする可能性もある（永田，2019）。

　また，支援を要する子どもを取り込んだインクルーシブ教育が各国で推進されている。2006 年 12 月 13 日，国連総会において障害者の権利に関する条約が採択された[14]。同条約第 24 条において，障害者が義務的な教育から排除されないこと，生活する地域社会において初等中等教育を享受することができるよう締約国に求めている。ここでも個に応じた教育と共同・共通の教育との相克が生まれる可能性がある。

4．今日の教育改革を分析する視点

（1）教育改革が生み出すもの

　近年の教育改革の特色は，第一に国境を越えた国際化・グローバル化であり，それに伴う投資としての教育に対する効果測定である。第二に国内における分裂を回避するために必要な教育の機会均等と公正さである。

　第一の国際化・グローバル化は，優秀な人材の移動をもたらす。優秀な人材はより良い高等教育や研究の機会を求めて国境を越えて移動する。ヨーロッパやアジアにおける高等教育圏，あるいは英語圏を中心とする学生や研究者の移動は，学修・研究環境の良い大学等への優秀な人材の集中をもたらすとともに，そうではない国には「頭脳流出」をもたらす。各国は優秀な人材を集めるために重点大学への資源の集中を進めるようになる。

　教育・研究に対する投資効果は，こうした人の移動に伴う教育・研究環境の整備を重視する環境と連動する。OECD や EU が教育に関するデータ化を推し進めることにより，国家による教育政策が比較の対象となり，その優位性が論じられるようになる。それを可能にするのが共通

14）外務省ホームページ参照（https://www.mofa.go.jp/mofaj/gaiko/jinken/ index_shogaisha.html　accessed：20191227）

の測定尺度となるテストの開発である。その中心的な役割を担っているのが，義務教育終了段階では OECD の PISA 調査である。高等教育ではイギリスの高等教育専門誌が実施している THE（Times Higher Education）や上海交通大学等の ARWU（世界大学学術ランキング）等である。PISA に代表される国際学力調査は平均点による順位づけが行われる。各国は平均点を上げるための教育改革を進めていく。同時に，PISA は学力のレベルによる分布も公表している。成績上位層，中位層，下位層がそれぞれ多いか少ないかが分析できるようになっている。そこからどの層を教育政策の主な対象として平均点の引き上げを目指すのかが決定されていく材料となる。ただし，こうした国際学力調査が測定している学力は，学力や資質・能力の一部に過ぎないことに留意しておく必要がある[15]。

第二に，それゆえに必要とされる教育の機会均等と公正さの問題である。主に 20 世紀後半，教育は「消費」であるという考えから「投資」であるという考え方へと移行してきた（いわゆる人的資本論）。人的資本論は，ベッカー（1976）やシュルツ（1964）等の経済学者によって広められた。そこでは経済活動に寄与する人間の諸能力が重視されることになる。

新自由主義的な国家観において，個人の社会的な成功は，その人の才能と努力の結果であり，失敗は個人の自己責任に帰される（フリードマン，1980）。それゆえに，教育は個人にとってより切実な問題となる。経済，人，物，金が容易に国境を超える 21 世紀において，経済活動における人的有用性が引き続き強調されていることと，人的資本論の基本的考え方は合致すると言えよう。そこでは経済活動における国民の有用性を高めることが国の大きな関心事となり，そのために組織的，体系的

15）国立教育政策研究所『教育課程の編成に関する基礎的研究報告書5　社会の変化に対応する資質や能力を育成する教育課程編成の基本原理』（2013 年）（https://www.nier.go.jp/05_kenkyu_seika/pdf_seika/h25/2_10_all.pdf　accessed：2019 1227），奈須正裕『「資質・能力」と学びのメカニズム』（東洋館出版社，2017 年）等参照。

な学校教育が目指されることとなった。

　こうした人的資本の考え方は，近年の新自由主義的な国家観に結びつけられるようになってきた。国にとっては優秀な人材の確保が重要な政策課題となる。優秀な人材を確保するために，不利な環境にある優秀な人材にも国の支援が必要になる。幼児教育が近年重視されてきたのはまさにこうした教育機会の保障という側面があるからである。一方で，国が教育資源をどのように配分するのかは，その国の経済基盤と国家戦略の一環として位置づけられることを意味する。その結果，先端大学及びそのための学校と，そうではない学校の多様性，あるいは階層化が生じていく。優秀な人材を確保するために資源を集中的に投資する学校と，それ以外の学校という相違を生み出す。

　人的資本論は優秀な人材を確保するためという側面があることにも留意する必要がある。教育機会の保障は，義務教育段階における放課後の問題（日本でいえば塾や習い事，学童保育等が挙げられよう），義務教育終了後の後期中等教育や高等教育の在学率や費用，職業と教育との連動等，多くの視点がある。

（2）各国の教育改革の位置づけ

　1980年代以降の新自由主義が大きな影響を与えている時代においても，国家の目指す方向性の相違は，教育政策の相違となって現れる。各国の教育政策は，それぞれの独自性がある。先に見たエスピン-アンデルセンの分類に従えば，以下のように整理できよう。①の社会民主主義型は北欧諸国に見られるタイプであり，税負担が大きい分，教育等にも国が多くの支出を行う。スウェーデンやフィンランドでは共通の学校に通いながら，個性化・個別化した教育が特色である（第7章及び第8章）。②の保守主義型は，ドイツやフランス等ヨーロッパ大陸諸国に見られるタイプであり，税負担は大きいが，福祉領域で保険による一定の市場化が進んでいる。教育政策では，近年インプットを重視する政策からアウトプットを重視する政策へと変容しつつある（第9章及び第10章）。イギリスは教育改革においてアウトプットを重視するという点

で，②の保守主義型から③の自由主義型への転換を，ほかの国々より早く導入したと言える（第3章及び第4章）。③の自由主義型は，アメリカに代表される，低い税負担と市場優位の国である。教育政策は，地域や人種等による格差が大きかったが，連邦政府が教育に関わり，質を高めようとしている（第5章及び第6章）。アジア諸国の多くは，鎮目・近藤（2013）によれば，新たな④の家族主義型となる[16]。アジア諸国の教育政策は，経済を発展させるために，国際化・グローバル化の影響を強く受けている（第11章及び第12章）。

　こうした国・地域別の分析とともに，教育の機会均等や公正さを考えるために，UNESCO の教育政策（第2章）や EU の共通する教育政策（第9章），高等教育における人の移動と各国の教育資源の配分（第13章），生涯学習における教育の機会と公正さ（第14章）についても本書では整理する。その上で，日本における教育改革の意味（第15章）を改めて考えていこう。

研究課題

(1) 教育政策の根拠となるものは何かを考え，整理してみよう。

(2) OECD の PISA 調査で測定できるものと，できていないものを考え，整理してみよう。

(3) 教育の公正さはどのように保障されるべきかを，自分なりにまとめてみよう。

---

16) 鎮目真人・近藤正基『比較福祉国家—理論・計量・各国事例—』（ミネルヴァ書房，2013年）

参考文献

エスピン-アンデルセン・G.（岡沢憲芙・宮本太郎監訳）『福祉資本主義の三つの世界』（ミネルヴァ書房，2001 年 a）

エスピン-アンデルセン，G.（渡辺雅男・渡辺景子訳）『福祉国家の可能性—改革の戦略と理論的基礎』（桜井書店，2001 年 b〈原著 1990 年〉）

エスピン-アンデルセン，G.（渡辺雅男・渡辺景子訳）『ポスト工業経済の社会的基礎—市場・福祉国家・家族の政治経済学』（桜井書店，2000 年〈原著 1999 年〉）

大竹文雄『日本の不平等—格差社会の幻想と未来』（日本経済新聞社，2005 年）

国立教育政策研究所『生きるための知識と技能〈1〉～〈7〉』（ぎょうせい，明石書店）

国立教育政策研究所『成人スキルの国際比較— OECD 国際成人力調査（PIAAC）報告書』（明石書店，2013 年）

シュルツ，T.W.（清水義弘訳）『教育の経済価値』（日本経済新聞社，1964 年）

永田佳之編『変容する世界と日本のオルタナティブ教育—生を優先する多様性の方へ』（世織書房，2019 年）

中留武昭『アメリカの学校評価に関する理論的・実証的研究』（第一法規，1994 年）

フリードマン，M. フリードマン，R.（西山千明訳）『選択の自由—自立社会への挑戦』（日本経済新聞社，1980 年）

ベッカー G. S.（佐野陽子訳）『人的資本—教育を中心とした理論的・経験的分析』（東洋経済新報社，1976 年）

ヘックマン, J. J.（古草秀子訳）『幼児教育の経済学』（東洋経済新報社，2015 年）

吉川徹『学歴と格差・不平等—成熟する日本型学歴社会（増補版）』（東京大学出版会，2019 年）

OECD 教育調査団（深代惇郎訳）『日本の教育政策』（朝日出版社，1972 年）

OECD（矢倉美登里ほか訳）『OECD 成人スキル白書—第 1 回国際成人力調査（PIAAC）報告書』（明石書店，2014 年）

OECD（各年）『図表でみる教育— OECD インディケータ』（明石書店）

2 | 教育的疎外状況の克服に向けて

藤田晃之

　私達が生きる社会は，国家間及び社会内の不平等拡大の危機に常に瀕してきた。このような状況の改善のために，これまで何がなされ，今後何をなすべきなのか。

　本章ではまず，第2次世界大戦後，教育機会保障に向けて世界規模で展開された施策を整理し（1.），開発途上国を中心とした課題（2.）と先進国における課題（3.）を具体的に指摘した上で，社会的包摂と社会統制との表裏一体性を踏まえつつ，今後の方向性について考えるための糸口を提示する。

はじめに

　今日，2015年に国際連合（以下，国連）総会が採択した「持続可能な開発目標（SDGs）」における「目標4：すべての人々への包摂的かつ公正な質の高い教育を提供し，生涯学習の機会を促進する」の達成に向けた教育改革が世界各国で展開されている。しかしながら，開発途上国を中心として，富裕層と貧困層，男性と女性，人種的・民族的多数派と少数派などの間に歴然とした教育格差が残る国は依然として多い。また，先進国においても，社会構造的な排斥を受けてきた若者達への教育訓練プログラムの提供は必ずしも円滑に進んでいない。教育を受ける機会からの疎外，あるいは，教育プログラム内での疎外によって，社会的弱者を一層不利な立場に追いやってきた悪循環をどのように断ち切るかは，世界に共通する重要な教育政策課題であると言えよう。

　本章では，第2次世界大戦後の教育的疎外状況の克服に向けた世界的な動向を踏まえつつ，現状と課題を明らかにしていく。

1．積年の課題としての教育機会保障

（1）基本的人権としての教育を受ける権利

　戦争は人の心の中で生まれるものであるから，人の心の中に平和のとりでを築かなければならない。──1945年に国連教育文化会議で起草，採択された「ユネスコ（国連教育科学文化機関）憲章」は，その冒頭部でこう宣言した。同憲章は，第2次世界大戦を「無知と偏見を通じて人間と人種の不平等という教義を広めることによって可能にされた戦争であった」と振り返り，平和構築にとって教育が不可欠であることを前提としつつ，「すべての人に教育の充分で平等な機会」を保障することを憲章当事国の「決意表明」であるとした[1]。

　その後，1948年の「世界人権宣言」（第3回国連総会採択），1959年の「児童の権利に関する宣言」（第14回国連総会採択），1966年の「国際人権規約」（第21回国連総会採択）などにより，教育を受ける権利は基本的人権の1つとして位置づけられ，教育機会の保障は世界の多くの国が承認する教育改革の理念となった。

　しかし，1980年代初頭をピークとした石油危機によって開発途上国の累積債務が増大し，多くの途上国において教育費が削減されたことにより，教育機会の保障に向けた歩みは停滞を余儀なくされた。このような中で，1985年にパリ（フランス）で開かれた第4回ユネスコ国際成人教育会議が，教育を受ける権利をより能動的に捉えた「学習権」の普遍的な保障を求めた宣言を採択したことは特筆されて良い。「学習権宣言」と呼ばれることも多い当該宣言の冒頭部を以下に抄出する[2]。

　学習権の承認は，人類にとって，これまでにもまして重要な課題となっている。

---

1) UNESCO Constitution（http://portal.unesco.org/en/ev.php-URL_ID=15244&URL_DO=DO_TOPIC&URL_SECTION=201.html　accessed：20200401）
2) UNESCO（1985）*Fourth International Conference on Adult Education：Final Report*, p.67

　学習権とは，
　　　読み，書く権利であり，
　　　問い，分析する権利であり，
　　　想像し，創造する権利であり，
　　　自分自身の世界を読みとり，歴史をつづる権利であり，
　　　教育資源にアクセスする権利であり，
　　　個人的・集団的力量を発達させる権利である。

　成人教育パリ会議は，この権利の重要性を再確認する。
　学習権は未来のためにとっておかれる文化的ぜいたく品ではない。
　それは，生き残るという問題が解決されてから生じる権利ではない。
　それは，基礎的な欲求が満たされたあとに行使されるものではない。
　学習権は，人類の生存にとって不可欠な手段である。（中略）
　それは基本的人権の1つであり，その正当性は普遍的である。学習権は，
人類の一部に限定されてはならない。すなわち，男性や工業国や富裕層や学
校教育を受けられる幸運な若者達だけの排他的特権であってはならない。

（2）「ダカール行動枠組み」の採択

　そして1990年には，ジョムティエン（タイ）において，ユネスコ，
ユニセフ，世界銀行，国連開発計画の主催によって「万人のための教育
（EFA：Education for All）世界会議」が開催され，初等教育の普遍化，
男女の就学差の是正等を目標とした「万人のための教育宣言」及び「基
礎的な学習ニーズを満たすための行動の枠組み」が採択された。
　しかしその後，「万人のための教育宣言」が示した諸目標が達成され
ない状況が続いていることを踏まえ，2000年にダカール（セネガル）
において，ユネスコ等の主催により「世界教育フォーラム」が開催さ
れ，2015年までに達成すべき具体的な6つの目標を掲げた「ダカール
行動枠組み（Dakar Framework for Action）」が採択された。まず，本
枠組みが立脚していた状況認識を引用する[3]。

---

　3) World Education Forum（2000）. The Dakar Framework for Action. （https://
　　unesdoc.unesco.org/ark:/48223/pf0000121147　accessed：20200401）

　この 2000 年の時点において，未だ 1 億 1,300 万人以上の子ども達が初等教育を享受することができず，8 億 8,000 万人の成人が非識字者であり，教育システム全体において男女差が浸透しており，また，学習の質や獲得すべき人間的価値や技能の供給が個人及び社会の必要性より大きく立ち遅れているという状況は受け入れ難いものである。（多くの）青年及び成人は社会への十分な参加及び十分な所得を確保するために必要となる技能や知識へのアクセスを否定されている。万人のための教育に向けた一層の進展無しには，国家的並びに国際的に合意された貧困削減の目標は見失われ，国家間及び社会内の不平等は拡大してゆくだろう。

　その上で，本枠組みは，次の 6 点を目標として掲げたのである[4]。

・就学前児童の福祉及び教育の改善
・2015 年までにすべての子どもが良質の無償初等義務教育を受け終了できるよう確保
・生活技能プログラムへの公平なアクセスを確保
・2015 年までに成人識字率の 50％改善を達成
・2015 年までに初等中等教育における男女格差を解消
・教育のすべての側面における質の向上

（3）SDGs「目標 4」への継承と発展

　この「ダカール行動枠組み」を引き継ぎ，世界各国で今日展開される教育改革の基調となっているのが，2015 年に第 70 回国連総会が採択した「持続可能な開発目標（SDGs）」における「目標 4：すべての人々への包摂的かつ公正な質の高い教育を提供し，生涯学習の機会を促進する」である。

　2015 年 9 月 25 日，国連総会は「我々の世界を変革する：持続可能な開発のための 2030 アジェンダ（Transforming our world：the 2030 Agenda for Sustainable Development）」を採択し，持続可能でよりよい世界を目指すため 2030 年までに達成する 17 の目標を設定し，地球上の「誰 1 人取り残さない（leave no one behind）」ことを宣言した。そ

4）Ibid.（accessed：20200401）

のうち「目標4」は次のように定められている[5]。

目標4：すべての人々への，包摂的かつ公正な質の高い教育を提供し，生涯学習の機会を促進する

4.1　2030年までに，すべての子どもが男女の区別なく，適切かつ効果的な学習成果をもたらす，無償かつ公正で質の高い初等教育及び中等教育を修了できるようにする。

4.2　2030年までに，すべての子どもが男女の区別なく，質の高い乳幼児の発達支援，ケア及び就学前教育にアクセスすることにより，初等教育を受ける準備が整うようにする。

4.3　2030年までに，すべての人々が男女の区別なく，手頃な価格で質の高い技術教育，職業教育及び大学を含む高等教育への平等なアクセスを得られるようにする。

4.4　2030年までに，技術的・職業的スキルなど，雇用，働きがいのある人間らしい仕事及び起業に必要な技能を備えた若者と成人の割合を大幅に増加させる。

4.5　2030年までに，教育におけるジェンダー格差を無くし，障害者，先住民及び脆弱な立場にある子どもなど，脆弱層があらゆるレベルの教育や職業訓練に平等にアクセスできるようにする。

4.6　2030年までに，すべての若者及び大多数（男女ともに）の成人が，読み書き能力及び基本的計算能力を身に付けられるようにする。

4.7　2030年までに，持続可能な開発のための教育及び持続可能なライフスタイル，人権，男女の平等，平和及び非暴力的文化の推進，グローバル・シチズンシップ，文化多様性と文化の持続可能な開発への貢献の理解の教育を通して，すべての学習者が，持続可能な開発を促進するために必要な知識及び技能を習得できるようにする。

　ここで，この「目標4」においては，「万人のための教育宣言」に基づく諸目標の達成を目指した「ダカール行動枠組み」に比べて，より高度なターゲットが設定されていることを見落とすべきではないだろう。

---

5) Transforming our world：the 2030 Agenda for Sustainable Development (https://sustainabledevelopment. un. org/post2015/transformingourworld accessed：20200401)（なお，訳文については外務省による「仮訳」を引用した (https://www.mofa.go.jp/mofaj/files/000101402.pdf　accessed：20200401)。）

具体的には，就学前教育の拡充を明示的に求めたこと，保障すべき無償
制公教育を中等教育段階まで拡張したこと，ジェンダーに限らず障害者
や先住民などの多様な脆弱層に言及しつつ格差の解消を強調したこと，
教育へのアクセスに留まらず「就業や起業」及び「持続可能な開発の促
進」のために必要な知識及び技能の習得を目標化したことなどが挙げら
れる。

２．開発途上国を中心とした課題

（１）SDGs「目標 4」の全般的な達成状況

　では，このような「目標 4」は，どの程度まで達成されてきたのだろ
うか。ここではまず，国連経済社会理事会が 2019 年 5 月 9 日付けでと
りまとめた「特別報告書―持続可能な開発目標の達成に向けた進捗状況
について」から，「目標 4」に関する記述を引用する[6]。

　近年，教育へのアクセスと在籍状況は確実に改善してきてはいるものの，
2017 年現在，6 歳から 17 歳の子ども・若者のうち 2 億 6,200 万人は就学し
ておらず，読解力と数学において半数以上の子ども・若者が獲得すべき能力
の最低水準に達していない。また，急速な技術革新は機会と課題を同時にも
たらすが，学習環境，教師の資質能力，教育の質はいずれもそのスピードに
追いついていない。ライフサイクル全体にわたる学習成果を改善させるため
には，特に脆弱な環境にある女性や少女，社会から取り残された人々に改め
て焦点を絞る必要がある。
・72 カ国における最近のデータによれば，3-4 歳児の 10 人中 7 人は，識字・
　計算，身体的発達，社会・情緒的発達，学習のうち少なくとも 3 領域にお
　いて望ましい発達状況にある。
・2015 年現在，全世界において，初等教育及び前期中等教育の対象となる年
　齢の子どものうち推定でおよそ 6 億 1,700 万人（対象年齢層の 50% 以上）
　は，読書と数学において獲得すべき能力の最低水準に達していない。この
　うち約 3 分の 2 は学校に在籍しているものの，教室で実質的に学んでいな

---

6) United Nations Economic and Social Council（2019）*Special edition：progress
towards the Sustainable Development Goals.* pp.10-11
（https://undocs.org/E/2019/68　accessed：20200401）

いか，事実上の中退者である。

・2016 年現在，7 億 5,000 万人の成人（その 3 分の 2 は女性）が非識字の状態にあり，世界の非識字人口の半分は南アジア諸国に，4 分の 1 はサブサハラ・アフリカ[7]諸国に集中している。

・多くの開発途上国において，効果的な学習のための環境を提供する上で必要な基本的なインフラや施設・設備が未だに不足している。中でも，サブサハラ・アフリカ諸国は最大の課題に直面しており，電気，インターネット，コンピュータ，基本的な飲料水にアクセスできる初等学校及び前期中等学校は全体の半数に達していない。

・2017 年現在，奨学金を使途とした ODA は 13 億ドルに達した。その約 3 分の 2 は，オーストラリア，フランス，日本，イギリス，北アイルランド，欧州連合（EU）諸機関によるものである。

・2015 年以降，適切な養成教育を受けた小学校教員の割合にはほとんど進展が見られず，世界全体の平均値は約 85％で停滞している。その割合が最も低いのはサブサハラ・アフリカ諸国である（64％）。

　このようにサブサハラ・アフリカや南アジアの国々を典型として，開発途上国における教育格差や教育条件整備の立ち後れは，依然として顕在的な問題として残されている。以下，SDGs「目標 4」の特質に鑑み，就学前教育，初等中等教育，脆弱層の教育アクセス，職業的スキルの獲得に焦点を絞り，それぞれの現状に迫ってみよう。

（2）就学前教育に関する基礎データの欠落

　SDGs「目標 4」は初等教育を受ける準備を整えるため，就学前教育の拡充を求めているが，多くの開発途上国において，その実現は容易ではない。

　例えば，世界銀行は，「教育のベンチマークに係る取り組み（SABER）」プログラムの一貫として，就学前教育機関在籍者の「認知」「言語」「身体」「社会情緒」の 4 領域の発達指標を定め，各国からのデータを集約しているが，そのような項目について自国の教育統計としてデータ収集を行っている途上国は多数派ではない。例えば，低・中所得国（low

---

7）Sub-Saharan Africa。サハラ砂漠より南のアフリカ。

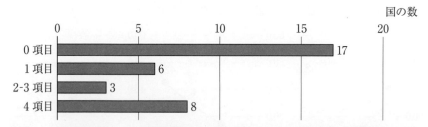

図 2-1　世界銀行による就学前教育指標 4 項目のうち自国の教育統計として
　　　　データ収集している項目数別に見た低・中所得国の数（対象 34 カ国）

出典：UNESCO. 2018. *Global Education Monitoring Report 2019 : Migration, Displacement and Education - Building Bridges, not Walls*. UNESCO. Figure 9.3（調査期間：2012 年— 2017 年。調査実施時期は国によって異なる）

and middle income countries）のうち 34 カ国を対象としたある調査では，その半数（17 カ国）が，当該 4 項目について全くデータを収集していないという結果が得られた（図 2-1）。途上国の多くは，就学前教育の質を保障しつつその拡充を図るために必要な基礎データさえ，十分には整備できていない現状にあると言えよう。

（3）初等中等教育の普及における格差

　また，SDGs「目標 4」は，2030 年までに世界各国が保障すべき無償制公教育を中等教育段階まで拡張したが，その実現の過程においても困難が予測される。

　とりわけサブサハラ・アフリカ諸国においては，年齢層を問わず就学していない子ども・若者の割合が増加傾向を示しており（図 2-2），初等・中等教育機関の卒業（修了）率も低いままとなっている。2017 年現在では，初等学校の卒業率が 64％（世界平均値 85％），前期中等学校の卒業率が 37％（同 73％），後期中等学校の修了率が 27％（同 49％）であった[8]。

　サブサハラ・アフリカ諸国におけるこのような実態は，識字率にも影響を与えており，例えば，2017 年現在のシエラレオネにおける 7-14 歳

---

8) UNESCO（2018）. *Global Education Monitoring Report 2019 : Migration, Displacement and Education - Building Bridges, not Walls*. UNESCO., Table 8.2

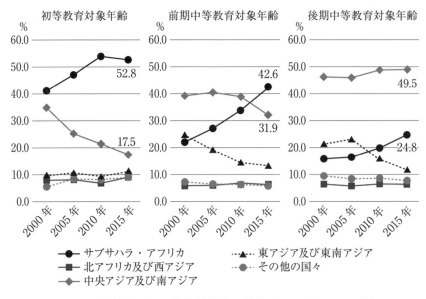

図 2-2　年齢層別にみた非就学率の推移（2000 年— 2015 年）
出典：図 2-1 に同じ，Figure 8.2

児のうち基本的な読解力を有している割合は 16.0％に留まっている[9]。

（4）開発途上国において顕在化する教育格差

　ここで，このような格差は国と国との間で生じているのみならず，そ
れぞれの国内で複層的に生じていることを確認しておく必要がある。
SDGs「目標 4」は，「教育におけるジェンダー格差を無くし，障害者，
先住民及び脆弱な立場にある子どもなど，脆弱層があらゆるレベルの教
育や職業訓練に平等にアクセスできるようにする」と明示しているが，
途上国における脆弱層は教育へのアクセスにおいて大きな課題に直面し
ているのが実態である。

---

9) ibid. Figure 8.5（同様の指標を用いた調査では北朝鮮の 7-14 歳児のうち 95％
が基本的な読解力を有するとの結果が得られている。（CBS and UNICEF（2018）
Democratic People's Republic of Korea：Multiple Indicator Cluster Survey.
Pyongyang, Central Bureau of Statistics of the DPR Korea/UNICEF.）

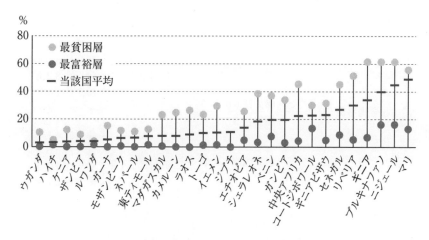

図 2-3　家庭の経済状況別に見た完全非就学率

出典：UNICEF. 2015. *The Investment Case for Education and Equity.* Figure 13（原
データは，GPE（Global Partnership for Education）2012. *Results for Learning
Report 2012：Fostering Evidence-Based Dialogue to Monitor Access and Quality in
Education.* GPE による。調査期間は 2006 年-2011 年。調査実施時期，対象者の年
齢層は国によって異なる）

　例えば，世界銀行が設立した国際団体「教育のためのグローバル・パ
ートナーシップ」による就学状況調査は，完全非就学率（全く在学経験
のない若者の割合）が高くなればなるほど，国内での最貧困層（20 パ
ーセンタイル未満）と最富裕層（80 パーセンタイル以上）との間の就
学率の差も大きくなることを明らかにした。また，このような経済格差
は，初等中等諸学校の卒業率・修了率にも顕在的に表れている[10]。最
貧困層の完全非就学率や中退率はサブサハラ，とりわけ西アフリカ諸国
において高く，例えばギニアでは，最貧困層の完全非就学率が 62％で
あるのに対し，最富裕層における完全非就学率は 7％に留まっている
（図 2-3）。

　また，ユネスコによる「教育における疎外と周縁化に関するデータベ
ース（GMR 2010）」によれば，カンボジアの 17-22 歳の若者の平均在
学年数は 6.0 年であるが，最富裕層では 8.2 年，最貧困層では 3.4 年と

---

10) UNICEF（2015）*The Investment Case for Education and Equity.* Figure 14,
　　Figure 15

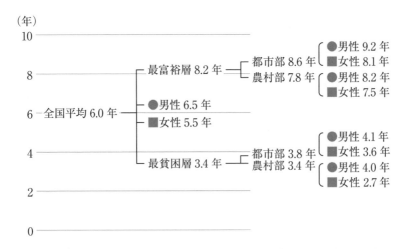

図 2-4　カンボジアにおける階層・属性別平均在学年数（2010 年）
出典：UNESCO. Deprivation and Marginalization in Education 2010（http://www.
unesco.org/new/fileadmin/MULTIMEDIA/HQ/ED/GMR/html/dme-4.html
accessed：20200401 ）

顕在的な格差が確認できる。ここに居住地と性別を加えて捉えると，平
均在学期間が最も長いのは都市部在住最富裕層の男性で 9.2 年，最も短
いのは農村部在住最貧困層の女性で 2.7 年となる（図 2-4）。

　この他，開発途上国における教育的疎外状況について考える上では，
難民や国内避難民という最も脆弱な存在を忘れてはならない。途上国の
一部では 1990 年代の地域紛争の悪化によって，クルド難民，ルワンダ
難民，コソヴォ難民，東ティモール難民等の問題が発生している。ま
た，シリア，イラク，コロンビアが典型であるように，内戦や武装集団
による迫害などを理由とした国内避難民を多く抱える国も少なくない。
例えば，ナイジェリア北東部では，260 の学校のうち，28％は銃弾や砲
撃などによる被害を受け，20％は放火され，32％は略奪されるなどし
て，多くの人々が国内避難民とならざるを得なかったことが報告されて
いる[11]。緊急な移住を強いられる場合，避難先が国外の場合はもとよ

11) UNESCO（2018）*Global Education Monitoring Report 2019*：*Migration, Dis-placement and Education - Building Bridges, not Walls.* UNESCO. p.60

りそれが国内であっても，生活基盤を失うなどの大きな犠牲と困難を伴
い，子ども達にとっては教育の中断を意味する。しかも，国内避難民に
ついては国家主権の原則に鑑み，国際機関等による保護や支援の対象と
することは難しいという点も視野に収めておくべきだろう。

(5) デジタル・ディバイド

　SDGs「目標 4」が「技術的・職業的スキルなど，雇用，働きがいの
ある人間らしい仕事及び起業に必要な技能を備えた若者と成人の割合を
大幅に増加させる」ことを目指し，国連経済社会理事会が当該ターゲッ
トの評価指標として「具体的な ICT スキルを獲得している若者及び成
人の割合」を挙げたことは極めて今日的であると言えよう。人工知能
（AI）やロボット技術などを軸とする情報通信技術の急速な発達は，
人々の雇用に対しても直接的な影響を与え，デジタル・ディバイド（情
報通信技術を利用できる者と利用できない者の間に生じる格差）の縮小
は世界各国が直面する急務の教育課題である。

　しかしながら，この領域においてもまた，途上国の多くは不利な立場
に置かれている。例えば，過去 3 カ月間にコンピュータの活用等に関連
の具体的な活動を行った成人の割合を見てみると，「添付ファイルつき
の電子メールを送信する」については，高所得国の成人のうち 70.0％
の成人が「したことがある」と答えた一方で，下位中所得国の成人のう
ち同様の回答をした者は全体の 5.5％にしか過ぎない。また，表計算ソ
フトの使用についての回答を見ても，高所得国 39.1％，下位中所得国
2.9％と大きな格差が確認できる（図 2-5）。

3．先進国における課題

　当然のことながら，SDGs は地球上のすべての国で達成を目指すべき
諸目標であり，「目標 4」もまた開発途上国のみを対象としたものでは
ない。この点については，「目標 4」の前身とも言うべき「ダカール行
動枠組み」に基づく各国の現状と課題を整理したユネスコによる報告書
EFA Monitoring Report 2010：Reaching the marginalized が次のよう

38

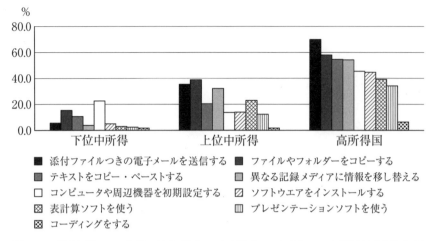

凡例:
- ■ 添付ファイルつきの電子メールを送信する
- ■ ファイルやフォルダーをコピーする
- ■ テキストをコピー・ペーストする
- ■ 異なる記録メディアに情報を移し替える
- □ コンピュータや周辺機器を初期設定する
- ▨ ソフトウエアをインストールする
- ⊠ 表計算ソフトを使う
- ▥ プレゼンテーションソフトを使う
- ⊠ コーディングをする

横軸:下位中所得　上位中所得　高所得国

図2-5　所得グループ別に見た過去3カ月間にコンピュータ関連の活動を行った成人の割合
出典:図2-1に同じ。Figure 11.1(調査期間:2014年—2017年)

に指摘している[12]。

　教育における疎外の影響はすべての国に及んでいる。絶対的な平均値で見れば学業達成度は先進諸国のほうが高いが、先進国にも国内に大きな格差が存在し、それは社会問題になっている。EU全体では、18歳から24歳の若者の15%は最終学歴が中学校レベルである。スペインではその数値が30%にも達する。

　米国のデータから明らかなように、人種や経済階層が教育に大きな影響を及ぼすことは明白である。アフリカ系アメリカ人は白人に比べ中退の確率が2倍も高く、貧困家庭出身の若者は、富裕層の若者に比べ中退の確率が3倍も高い。国際学力調査を見ると、国内でどの程度の格差があるのかがよく分かる。国際数学・理科教育動向調査(TIMSS)の数学達成度では、米国は48カ国中第9位だが、米国でも貧困層が多く通う学校の平均点だけを見れば順位は13位も下がる。米国の調査対象者のうち下位10%の成績は、タイやチュニジアの平均点よりも低い。

12) UNESCO(2010)*EFA Monitoring Report 2010: Reaching the marginalized.* UNESCO Publishing, p.10(ここでの引用は、UNESCO. 2010.『EFAグローバルモニタリングレポート2010—疎外された人々に届く教育へ—概要(日本語版)』UNESCO Publishing, p.24によった。)

（1）イギリスおける NEET の "発見" とその影響

　とりわけ，1990年代後半から先進諸国で顕在化してきた若年者失業問題は，各国内の教育的疎外状況への関心を高める契機となった。例えば，1997年にはEUが雇用サミット（Luxembourg Jobs Summit）を開催して若年者雇用戦略の策定に着手し，1998年のG8サミット（Birmingham Summit）では，「成長・雇用・社会的包摂（Growth, employability, and inclusion）」をコミュニケにおける独立項目として設定して若年者等の失業問題への積極的施策の必要性を明示した。

　このような国際的な動向をリードしてきたのはイギリスである。1997年に政権についたブレア首相は，G8サミットにおける議論の俎上に若年者雇用と社会的包摂を載せる上でのリーダーシップを発揮するとともに，同国内閣府内に「社会的排斥対策室（Social Exclusion Unit）」を創設した。同室は，社会構造的に不利な立場に追いやられてきた若者達の実態調査に着手し，その結果は報告書 *Bridging the Gap* として1999年に公表された。本報告書は，16-18歳の若者のうち約9%が「就学も就労もしておらず，教育訓練も受けていないNEET（Not in Education, Employment or Training）」状態にあり，そのうち3分の1は12カ月以上継続してNEETのままでいることを示した。同時に，彼らが特定の地域や民族集団に集中していることも明らかにし，これらを通じて，社会的排斥による不平等の固定化を "発見" したと言えよう。それまで，若年者失業問題をアンダークラス（貧困層）特有の指向性，慣習，サブカルチャーなどの文脈の中で捉えてきたイギリスにとって，本報告書は若年者施策の方向転換をもたらす重要な契機となった。

　本報告書の巻頭言はブレア首相によって記され，それが「社会的排斥から身を守るための最善の手段は職を得ることであり，職を得るための最善の手段は，適切な訓練と経験を提供する良質な教育を受けることである」と書き起こされている[13] ことが示すように，本報告書以降のイギリスにおいては，教育的疎外状況の改善に向けた包括的施策が展開さ

---

13) Social Exclusion Unit（1999）*Bridging the Gap : New Opportunities for 16-18 Year Olds Not in Education, Employment or Training*, Cabinet Office, UK, p.6

れた。そしてそれはヨーロッパ各国にも影響を与え，2000年代のEUにおける若年者施策の主軸を形成していったのである（詳細については第9章において扱う）。

（2）アメリカにおける半世紀の蓄積と新たな課題

アメリカ合衆国（以下，アメリカ）では，1964年に制定された公民権法（Civil Rights Act of 1964）によって人種による差別の完全撤廃がなされるまで，アフリカ系アメリカ人（黒人）を中心とした「有色人種」に対する顕在的な差別が続いてきた。無論，教育も例外ではない。すべての者に対する法の下の平等を定めた合衆国憲法修正箇条の発効後も，「分離すれども平等」の論理の下でマイノリティーへの差別は継続された。

公民権法成立から半世紀。アメリカにおいて展開された教育改革では，その負の遺産の解消が常に重要な課題とされてきた。アングロサクソン系アメリカ人（白人）と，アフリカ系アメリカ人（黒人）を中心とした人種・民族的マイノリティーとの間の教育格差解消を企図した施策には，これまで莫大な予算が充てられてきたし，近年ではその成果も具体的に見え始めている（中等教育段階を中核とした具体的な施策等については，第5章・第6章で扱う）。

しかしながら，アメリカは今，ヒスパニック（中南米諸国からの移民と彼らをルーツに持つ者）の急増という新たな課題に直面している。2000年から2010年までの同国の人口増加のほとんどはヒスパニックの増加によるものであり，この10年でヒスパニック人口は1.43倍となった[14]。さらに，2050年までの人口動態予測によれば，アメリカの全人口に占めるヒスパニックの割合は，2010年の16.0%から2050年には30.2%と大きく上昇することが見込まれている。白人のうち「非ヒスパニック（Non-Hispanic White alone）」に区分される者の割合が，2010年の64.7%から2050年には46.3%と減少し，黒人は2010年の12.9%

14) U. S. Census Bureau（2011）*2010 Census Briefs：Overview of Race and Hispanic Origin*, U.S. Department of Commerce

をほぼ維持すると推計される中で，ヒスパニック人口のみが突出して増加するのである[15]。人種差別の歴史を背景とした黒人への教育疎外を焦点化した教育格差解消施策から，ヒスパニックを対象の中核に据える施策への転換の過程においては，母語・母文化の保持などのニーズへの対応や，ナショナル・アイデンティティをめぐる枠組みの再構築など，これまで潜在的であった課題が表面化することが予測される。

　2018年から厳格化されたメキシコからの不法移民に対する国内措置や，2019年1月に施行された移民保護協定がメキシコからの入国条件を細かく定め，必要な書類を完全に準備できていない亡命申請者についても一律に入国を認めない方針を採用したことなどは，トランプ政権による「特異な施策」としてのみ解釈されるべきではないだろう。

（3）EUにおける移民政策の変容

　EUにおける移民政策は，1999年に欧州理事会が採択した「タンペレ・アジェンダ」に端を発し，2004年の「ハーグ・プログラム」の確定によって共通化されるに至った。EU加盟国が統一して経済移民を合法的に認めなければ不法移民の増加が助長され，また，加盟国が個々に経済移民に関する決定をすればEU圏内の移動の自由によって他の加盟国に影響を与えることなどが，共通の移民政策の確立を促した。

　移民の受け入れは，きめ細やかな教育や支援，職業訓練等の提供を必然的に要請する。一方，移民の若者達は自国で生まれ育った若者達に比べて中退率が高く（図2-6），フランスでは中等学校における留年率も移民の若者のほうが2倍近いとの統計が発表されている[16]。それでもなお，EUが移民の受け入れを積極的に推し進めてきたのは，移民を脆

---

15) Ortman, J. M. and Guarneri, C. E.（2009）. United States Population Projections : 2000 to 2050. U.S. Census Bureau.（https://www.census.gov/content/dam/Census/library/working-papers/2009/demo/us-pop-proj-2000-2050/analytical-document09.pdf　accessed：20200401）

16) Ichou, M.（2018）*The Forms and Determinants of Children of Immigrants' Academic Trajectories in French Primary and Secondary Schools.*（Background paper for Global Education Monitoring Report 2019.）

42

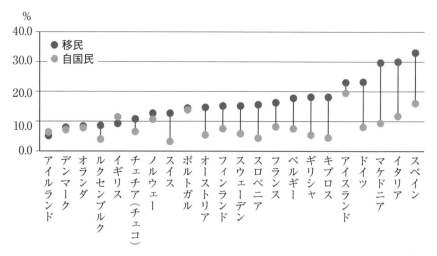

図2-6　ヨーロッパ主要国における教育・訓練機関からの中退率
（18 歳-24 歳：2017 年）
出典：図 2-1 に同じ，Figure 3.7

弱なマイノリティーとして周縁化せず，社会の成員として包摂・統合
し，労働市場や日常の生活においても共生を図ろうとする意図があった
からである。

　しかし，2015 年，マケドニア政府が不法移民の国内通過を禁止する
政策を転換し 3 日間の入国を許可したことを契機に，ヨーロッパへの移
動が容易になった中東やアフリカ諸国からの移民が急増した。EU 加盟
国は一様に財政負担の増加に直面することとなり，労働市場の不安定化
や治安の悪化を懸念する国民からの批判も高まりを見せた。

　これを受け，EU 加盟国の多くは移民政策を大きく変容させてきてい
る。ドイツは 2018 年末に，高度な専門性を有する者あるいは高等教
育修了者，かつ，ドイツ語の運用力に問題のない者の移民申請と国内労
働市場への参入を優遇する方針を打ち出し，フランスでも政治亡命者や
難民については受け入れを拡大する一方，経済移民の受け入れについて
は受け入れ基準を厳格化する方針を 2016 年に確定させた。また，EU
からの脱退を決定したイギリスも，移民申請者のうち，高度な専門性を

有する者や，大学あるいは大学院修了者を特に優遇する方針を 2018 年に明らかにしている[17]。

4．まとめにかえて─社会的包摂と社会統制─

　既に確認したとおり，2000 年の「ダカール行動枠組み」が警告した「国家間及び社会内の不平等」の拡大，とりわけ教育的疎外として現象化してきた不平等の拡大は，世界全体を巨視的に捉えれば抑止されてきたと言えよう。しかし，その進捗のペースは鈍化しており，サブサハラ・アフリカ諸国では悪化する側面も確認されている。また，それぞれの国の状況を詳細に捉えれば，数多くの課題が浮かび上がってくる。1人ひとりが階層や属性等にかかわりなく社会に参画し，経済的に自立し得る社会的包摂を達成することは世界のすべての国や地域に共通する課題であり，教育的疎外状況の克服はそのために不可欠な手段である。

　しかし同時に，この世界共通の課題には，表裏一体の形で潜在する問題が伴うことも忘れてはならないだろう。

　デュルケム（Emile Durkheim）が指摘するように，教育は，何が知であり，何が価値であるかを教え込むという最も系統的な社会統制の装置でもある[18]。「およそ教育的働きかけは，恣意的な力による文化的恣意（arbitraire culturel）の押しつけとして，客観的には，1 つの象徴的暴力（violence symbolique）をなすものである」というブルデュー（Pierre Bourdieu）とパスロン（Jean-Claude Passeron）の指摘[19]は，看過し得ない問題を提起している。

　この問題は，例えば，イタリアのファシズムにおける「国家（Stato）」，ドイツのナチズムにおける「民族共同体（Volksgemeinschaft）」，日本

17) OECD (2019), *International Migration Outlook 2019*, OECD Publishing, p.232, p.234, p.284
18) 麻生誠・山村健訳『道徳教育論 1・2（世界教育学選集）』（明治図書出版，1964年）(Emile Durkheim, *L'Éducation morale*, Librairie Félix Alcan, 1925)
19) 宮島喬訳『再生産：教育・社会・文化』（藤原書店，1991 年），p.18 (Pierre Bourdieu et Jean-Claude Passeron, *La reproduction:éléments pour une théorie du système d'enseignement*, Editions de Minuit, 1970, p.19)

の軍国主義における「国体」などを想起することによって一層鮮明となろう。いずれのケースにおいても，独裁政権による弾圧・強制と同時に国民の自発的参加を誘導する仕組みが組織化され，その中で教育は大きな役割を果たした。無論これらは，近代における国民国家の形成とともに発生したナショナリズムが歴史的展開の中で極端に歪んだ事例である。しかし，教育が常に国民形成を担い，一定の価値（善さ）を志向する営みである以上，教育の社会統制機能はどの国においても，どの時代においても消滅し得ない。さらに，グローバル化の進展する今日，メインストリーム集団が承認する知や価値の体系が，マイノリティー集団を包有し同化するプロセスは，国の枠を超えて展開すると言えよう。

　社会的包摂と社会統制の表裏一体性を視野に収めながら，各国における教育改革の動向を捉える必要がある。

研究課題

(1) ユネスコが無償提供する「教育格差データベース（World Inequality Database on Education）にアクセスし，各国の教育格差の現状について調べてみよう。（https://www.education-inequalities.org/ accessed：20200401）

(2) 国連が開設する「SDGs ナレッジ・プラットフォーム（Sustainable Development Goals Knowledge Platform）」にアクセスし，「目標4」の達成に向けた進捗の状況と課題について調べてみよう。（https://sustainabledevelopment.un.org/sdg4　accessed：20200401）

(3) 日本における教育的疎外の状況と，その改善に向けた施策の動向について調べてみよう。

参考文献

青木紀，杉村宏『現代の貧困と不平等：日本・アメリカの現実と反貧困戦略』（明石書店，2007 年）

北村友人，佐藤真久，佐藤学 編著『SDGs 時代の教育：すべての人に質の高い学びの機会を』（学文社，2019 年）

齋藤純一『社会統合：自由の相互承認に向けて』（岩波書店，2009 年）

ジェフリー・ウォルフォード，W.S.F. ピカリング（黒崎勲，清田夏代訳）『デュルケムと現代教育』（同時代社，2003 年）

ピエール・ブルデュー，ジャンクロード・パスロン（宮島喬訳）『再生産：教育・社会・文化』（藤原書店，1991 年）

宮島喬，佐藤成基編著『包摂・共生の政治か，排除の政治か――移民・難民と向き合うヨーロッパ』（明石書店，2019 年）

3 | イギリスの教育改革(1)
―教育制度の概要―

植田みどり

　イギリス[1]では，1970年代の教育改革以降，学校現場への権限委譲と地方教育行政機能の縮小，教育におけるアカウンタビリティの保障，参加と責任等の方向性の中で，様々な教育制度の改革が行われてきた。

　本章では，学校制度，学校経営，教育課程，教員養成・研修の視点から，改革の経緯及び背景を踏まえて，その制度的な特徴を整理する。

1. 学校制度

　イギリスでは，5〜11歳までの初等教育学校（primary school），11〜16歳までの中等学校（secondary school）の11年間が義務教育である（付録 p.282 参照）。義務教育の前に無償の就学前教育が，義務教育の後に多様な中等・高等教育及び訓練の機会が提供されている。

（1）無償化された就学前教育

　イギリスでは2008年から，義務教育が始まる前の0〜5歳児の教育段階を，就学前教育基礎課程（Early Years Foundation Stage；EYFS）として制度化した[2]。

　2012年にはそれを改訂し，「就学前教育基礎課程の法的枠組み（Statutory Framework for the Early Years Foundation Stage：SFEYFS）」として整備している。これは，0〜5歳児に対する教育活動の目的と原則，学習と発達の要件について規定したものである。（表3-1）。就学前教育

---

1) 本書でいうイギリスとは，イングランドを指す。
2) 2019年1月現在，3〜4歳児の94%が就学前教育を受けている。（DfE, Provision for Children under five years of age in England January 2019, June 2019）

表 3-1　就学前教育基礎課程の法的枠組み及び評価基準

領域	項　目	内　　容	評価の観点
主要領域	コミュニケーションと言語	相手の話をしっかりと聞き，説明を理解し，自分の考えを話す。	聞く力，注意力理解力スピーキング
	身体的発達	自分の動きをコントロールし，物を扱う。健康の大切さを理解し，生活に必要なことを自ら行う。	体と手の動き健康と自己管理
	個人的・社会的・情緒的発達	行動や話すことに自信を持ち，気持ちや行動をコントロールし，他者と良好な関係を作ること。	自信と自己認識感情と行動のコントロール関係作り
特定領域	言語的能力	音や文字から始まり，読み書きに進むこと。本，詩，その他の様々な読み物に接すること。	読む書く
	数学的能力	数を数え，数を理解し，活用すること。簡潔な和と差の計算を行うこと。形や空間を描き，計ること。	数字形，空間，測量
	世界観	周りの世界（自然，人，社会等）を探究し，観察し，発見することで，それらを理解すること。	人間と地域世界技術
	美的表現	素材，材料を介して探究し，遊ぶこと。美術や音楽，踊りや動き，ロールプレー，デザインや技術等の多様な活動を介してアイデアや気持ちを共有すること。	メディアと材料の探究と活用イマジネーション

出典：DfE, Statutory framework for the early years foundation stage, March 2017, pp.7-12 より筆者作成

を提供するところとして教育水準監査院（Office for Standards in Education, Children's Services and Skills：Ofsted）に認証[3]されている機関[4]は，この枠組みに従って教育活動を提供することが求められている。

　このように就学前教育段階における教育活動が基準化され，それに基

---

3)「2006 年子育て法（Childcare Act 2006）」により，Ofsted は，就学前教育を提供する機関を認証し，評価することが規定された。

4) 就学前教育を提供する機関は多様で，nursery school（幼稚園に類似する機関），nursery class（初等学校に併設された保育学級），reception class（4 歳児を対象とした初等学校に併設された学級），day nursery（保育園に類似する機関），childminder（自宅などで小規模な保育を提供する個人）などがある。

48

づく評価制度等が整備されるなかで，2010年9月から，3，4歳児の就学前教育の無償化を，2014年9月からは貧困家庭の2歳児の就学前教育の無償化を実施した。これは様々な調査[5]で，社会経済的に困難な状況の家庭の児童への早期からの適切な教育機会の提供により，初等学校以降の学力向上が見られること等が明らかにされたことから導入された。無償化の内容は，すべての3，4歳児に対して週15時間の就学前教育を無償化するというものである[6]。

　認証されている提供機関に対して，原則対象児童の年齢及び人数に応じて，1人当たり週15時間分の補助金が国から支給される学校教育費特定補助金（Dedicated School Grant；DSG）の就学前教育分として地方当局（Local Authority：LA）[7]を通して支給される。

（2）公平性を保障する義務教育制度

　義務教育は，「義務教育年齢に該当するすべての子どもに対して，学校への規則的出席またはその他の方法により，その年齢，能力及び適性に応じて，または教育の特別なニーズがある場合にはそれに応じた効果的なフルタイムの教育を受けさせることは親の義務である」（「1996年教育法《The Education Act 1996》第7条」）と規定されている。

　この規定により，保護者は「その他の方法（otherwise）」の1つとしてホームエデュケーション（home education）を選択できる[8]。その場

---

5) 代表的な国内調査としては，1997年から実施されたThe Effective Provision of Pre-School Education Project（EPPE）及びThe Effective Pre-School Primary and Secondary Education Project（EPPSE）が挙げられる。EPPE及びEPPSEでは3歳から16歳（EPPEでは11歳）までの児童生徒のパネル調査を行い，社会経済的に困難な状況の家庭の児童への早期の適切な教育機会の提供により初等学校以降の学力向上が見られること等が明らかになった。
6) 貧困家庭の子どもに対しては2歳から週15時間，共働き家庭の子どもには週30時間が無償となっている。
7)「2004年子ども法（The Children's Act 2004)」により，それまでの地方教育当局（Local Education Authority：LEA）から地方当局に改称された。便宜上，本書では年代に関係なく地方当局で統一する。
8) ホームエデュケーションを申請せず学校に通わせない場合は，罰金が課され

合，地方当局は，保護者の作成する教育活動計画や子どもの安全面及び
健康福祉面が適切であるかを判断する。また実施後も地方当局は定期的
な確認を行う。なお，地方当局が適切でないと判断した場合は，学校へ
の出席命令を出すことができる。

　イギリスの学校には，児童生徒が通学する上で地理的に合理的な範囲
としての通学区域（catchment area）が設定されている。学校は，入学
者決定要項（Admission Policy）[9]を公表し，それに基づいて入学者を
決定する。保護者は順位づけした希望する複数の学校を，就学年齢の前
年度に地方当局に申請する。希望する学校に入学できず，そのことに不
服な場合は，保護者は不服申立委員会（the Schools Adjudicator）に申
し立てることができる。

　イギリスでは1996年教育法において，特別な教育的配慮が必要な
（Special Educational Needs；SEN，以下「特別支援教育」と略す）児
童生徒もできるだけ通常の学校で受け入れるように規定された。ただし
条件として，特別な教育的配慮が必要な児童生徒に必要な教育が提供で
きること，他の子どもたちに対しても効果的な教育ができること，資源
の有効活用が図られることが規定されている。2015年以降は，特別支
援教育の対象者を，地方当局による公的な判定を経て特別支援教育の認
定書（SEN statement）を受領し，個別指導支援計画（Education, Health
and Care Plan：EHC Plan）を策定される児童生徒と，特別支援教育の
支援（SEN support）を受ける児童生徒（個別指導支援計画は策定され
ない）の2種類に区分している。

（3）多様な機会を保障する義務教育終了後の教育

　「2008年教育・技能法（Education and Skills Act 2008）」により，

る。罰金を支払わない場合は起訴される。2019年3月現在，ホームエデュケー
ションを受けている児童生徒数は6万544人である。（Office of the School
Adjudicator, Annual Report September 2018 to August 2019, January 2020, p.35）
9）公立学校及び有志団体立管理学校は地方当局が，有志団体立補助学校及び地方
補助学校は学校理事会が作成する。内容としては，学校の近隣に居住しているこ
と，兄弟姉妹がすでに在籍していることなどが代表的な方針である。

2013年から段階的に，義務教育終了後の16歳から18歳までの2年間，教育または訓練を受けることを義務づけるという離学年齢の引き上げ（Raising the Participation Age；RPA）が行われた。ここで規定された教育また訓練の形態としては，次の3つである。

①シックスフォーム（またはシックスフォームカレッジ）また継続教育機関でのフルタイムの教育
②週に20時間あるいはそれ以上の就労あるいはボランティアに従事している場合は，パートタイムで教育または訓練
③見習い訓練（apprenticeship）[10] プログラム

　このような制度が実施された背景としては，1990年代からの若年無業者の増加という問題があった。イギリスでは，コネクションズ（Connexion Services）[11] 等の若年無業者数を削減する取り組みが実施されていた。また中等教育終了一般資格試験（General Certificate of Secondary Education；GCSE）の多様化を図るなどの取り組みも行われた。若年無業者数は減少傾向を示したが，根本的な問題の解決には至らなかった。そこで，さらなる取り組みとして，義務教育を終了する年齢である16歳以降も，教育あるいは訓練機関に在籍させることで，中等教育終了一般資格あるいは職業資格を取得する機会を与え，無業者になることを回避させるとともに，教育及び訓練の機会を提供することで人材育成を図ることを目指したのである。

10）職場での実習と教育，訓練機関での学習を組み合わせた訓練のことである。
11）13歳から19歳の若者無業者への包括的な支援を行うための制度として，2001年から実施されたものである。若年無業者を学習面だけでなく，経済面，生活面，健康面，精神面等の問題を包括的に支援するために，コネクションサービス事務所の設置，支援のためのパーソナルアドバイザーの配置などの事業が展開された。

2. 学校経営

(1) 多様な学校経営形態

　イギリスの学校は大きく分けると，国からの公的資金が投入される公費維持学校（maintained school）と，公的資金が投入されない独立学校（independent school）に区分できる。公費維持学校には，地方自治体との関係性や創設母体の関与の大小によって多様な学校が存在する（図3-1）。

　公費維持学校には，地方自治体によって設立され，土地も建物も地方自治体が所有する公立学校（community school）と，創設母体等がある公営学校（publicly founded school）と，2010年に新設された公営独立学校（publicly founded independent school）がある。公営学校には，有志団体立管理学校（voluntary controlled school）と有志団体立補助学校（voluntary aided school）[12]，地方補助学校（foundation school）[13]がある。公営独立学校には，既存の学校が転換する形のアカデミー（academy）と新規に開校されるフリースクール（free school）がある。

　アカデミー及びフリースクールは地方当局から離脱し，国（学校補助金庁，Education Founding Agency：EFA）から直接補助金を受け取る学校である。これらは，全国共通教育課程（National Curriculum）や全国共通教員給与基準（school teacher's pay and conditions）の遵守義務がないこと，在職する教員に教員資格の取得義務がないなど，公的資

---

12) 有志団体立管理学校と有志団体立補助学校は，土地や建物を創設母体が所有する点では共通しているが，教職員の雇用者については，有志団体立管理学校は地方当局，有志団体立補助学校は学校となっている点が異なる。また学校理事会の構成については，有志団体立管理学校は創設母体の代表が過半数を超えることはできないが，有志団体立補助学校の場合は，過半数以上が創設母体の代表で構成される。

13) 1988年から設置された国庫補助学校（grant-maintained school，地方当局から離脱し中央政府から直接補助金を受ける学校）等が，2001年に転換する形で導入された学校形態である。土地建物は学校または創設母体が所有する。教職員の雇用は学校が行う。学校理事会においては創設母体がある場合は創設母体の代表の理事は多数とならないように規定されている。

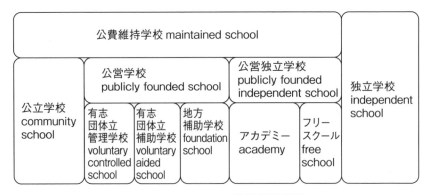

図 3-1　イギリスの学校経営形態
出典：法令等を基に筆者作成

金を受ける学校でありながら，公立学校及び公営学校よりも独立学校[14] に近い自主裁量権を有している。

（2）学校理事会制度

　イギリスにおいて学校経営の経営主体として拡充整備が図られてきた組織が学校理事会（School Governing Body）である。

　学校理事会は，「1944 年教育法（Education Act 1944）」によって，保護者や地域住民が学校経営に参画する仕組みとして法的に設置された組織である。「1986 年教育法（第 2）（Education Act 1986（Second））」及び「1988 年教育改革法（Education Reform Act 1988）」により，学校経営の権限と責任の担い手として規定され，学校の最高意思決定機関として位置づけられた。

　現在の学校理事会の構成員は，表 3-2 の通りである[15]。構成員は学

14）独立学校には公的資金が全く配分されないため，国の関与をほとんど受けない。全国共通教育課程や全国共通教員給与基準の遵守義務なし，教員の教員資格の取得義務なしなど学校経営全般に関する自由裁量権を有する。また，学校監査も独立学校独自の監査枠組みに基づいて実施される。ただし，児童生徒の福祉や安全等に関する事項は国の監査を受ける。

15）「学校理事会（構成）規則 2012（School Governance（Constitution）（England）Regulation 2012）」に規定されている。

表 3-2　公立及び公営学校における学校理事会の構成員

学　校　種	保護者	教職員 （校長含む）	地方 当局	創設者	パートナー シップ	共同選出
公立学校	少なくとも2名	校長＋1名	1名	なし	なし	全体の3分の1を超えないこと
地方補助学校（創設母体なし）	少なくとも2名	校長＋1名	1名	なし	少なくとも2名、あるいは全体の4分の1以内	全体の3分の1を超えないこと
地方補助学校（創設母体あり）	少なくとも2名	校長＋1名	1名	少なくとも2名、あるいは全体の45％以内	なし	全体の3分の1を超えないこと
地方補助学校（認証）	少なくとも2名	校長＋1名	1名	全体のカテゴリーより2名以上多い（多数となること）	なし	全体の3分の1を超えないこと
有志団体立管理学校	少なくとも2名	校長＋1名	1名	少なくとも2名、あるいは全体の4分の1以内	なし	全体の3分の1を超えないこと
有志団体立補助学校	少なくとも2名	校長＋1名	1名	全てのカテゴリーより2名以上多い（多数となること）	なし	全体の3分の1を超えないこと

出典：DfE, The constitution of governing bodies of maintained schools, August 2017, p.28 より筆者作成

校種によって異なるが，保護者代表理事（parent governors），教職員代表理事（staff governors），地方当局理事（local authority governors），共同選出理事（co-opted governors）は，すべての学校種に配置されるものである。保護者代表理事は，保護者の中から互選で選出される。教職員代表理事も教職員の互選で選出される（校長は必ず理事に就任する）。地方当局代表は，地方当局が派遣する理事である。共同選出理事は，効果的なガバナンスと学校の成功に貢献するスキルを有している者として学校理事会が理事に任命する者である。そのほかに，創設母体となる組織がある学校においては，創設者代表理事（foundation/trust governors）を任命することができる。また創設母体を持たない地方補助学校においては，効果的なガバナンスと学校の成功に貢献できるスキルを持った個人をパートナーシップ理事（partnership governors）

として任命することができる。このような理事の他に，準メンバー（associate member）を配置することも可能である。これは，学校の効果的な経営と学校の成功に貢献できる特別な専門性と経験知を有している者である。ただし理事ではないので，理事会への参加は認められるが投票権は持たない（ただし，小委員会においては投票権を有する）。

学校理事会の権限と責任[16]は，学校の教育成果に責任を負う校長を管理すること，予算を効果的に活用すること，学校の目標を達成すること，学校の福祉や安全性を確保した施設管理をすること，教職員配置を行うことなど学校経営全般に関する事項である。一方で日常的な学校の運営責任は校長に信託されている。例えば，財務や教育課程に関する校長と学校理事会の権限と責任の配分については表3-3の通りである[17]。

3．教育課程

（1）全国共通教育課程

イギリスは「1944年教育法」において宗教教育が義務づけられていたのみで，それまでは全国的に統一された教育課程の基準はなかった。しかし，「1988年教育改革法」により，全国共通教育課程が導入され，教育大臣が定める教育課程の基準の下で，学校が教育課程を編成し，実施することが規定された。全国共通教育課程の遵守義務は，公立学校及び公営学校に適応される。公費維持学校の中でもアカデミー及びフリースクールには遵守義務がない。また独立学校も遵守義務はない。

1988年当時は，必修10教科であったが，1995年に情報教育（ICT）（2013年より，「コンピューティング」に名称変更）が，2000年には市

16）詳細については，DfE, The constitution of governing bodies of maintained schools, August 2017及びDfE, Governance handbook, March 2019に記載されている。

17）National Governors Association, Tools and Checklists：Maintained Governing Body Delegation Plannerには，財務，教育課程以外にも，教育外活動，生徒指導・放校，人事，人事評価，入学，施設・保険，健康・安全，学校組織，保護者への情報提供，学校理事会の役割・手順・開発についての権限と責任の分担について記載されている。

表3-3　財務と教育課程に関する校長と学校理事会の権限分担

	内　　容	学校理事会	学校理事会小委員会	学校理事個人	校長
財務	予算年度の初めに第1次予算案を承認すること（地方当局の方針に応じて，学校理事会の委員会に委譲することもできる）	○	○	×	×
	年次行動計画に合意し，特別予算の執行状況を確認すること（例：体育・スポーツ施設，読み書きの時間，サービスプレミアムなど）	○	○	△	△
	毎月の支出を確認すること	○	○	△	○
	課金と免除方針を確立すること	○	○	△	△
	契約を結ぶこと（学校理事会は財務的な制限に合意する必要がある）	○	○	△	○
教育課程	すべての児童生徒に全国共通教育課程を保障すること	○	○	○	○
	児童生徒のための教育課程上の免除規定を検討すること	△	△	○	○
	教育課程の自由度を高めるために，どの資源を使いながらどの教科を教えるべきかを決定すること（学校外での活動も含む）	○	○	○	△
	性教育等の教育方針を立て，評価すること（初等学校において教えるべきか否かの決定を含む），子どもに受けさせない権利を保障するために保護者に情報が提供されることを保障すること	△	△	○	○
	キャリア教育の戦略に関する法的なガイドラインによって示されたキャリア教育に関する明確な助言を提供すること	△	△	○	○
	法的な規定あるいは理事会の要求に基づく宗教教育を保障する責任	○	○	○	○
	すべての児童生徒に法的な規定に基づく集団行動を日常的に保障すること	×	×	○	○

○：法的権限として認められる項目
△：法的には認められているが，学校理事会協会としては推奨しない項目
×：法的権限として認められていない項目
出典：National Governors Association, Tools and Checklists：Maintained Governing Body Delegation Planner より筆者作成

表 3-4　全国共通教育課程とキーステージ区分

キーステージ（KS）		KS1	KS2	KS3	KS4
年齢		5-7	7-11	11-14	14-16
学年		1-2	3-6	7-9	10-11
中核教科	英語	●	●	●	●
	算数・数学	●	●	●	●
	理科	●	●	●	●
基礎教科	美術・デザイン	●	●	●	
	市民性教育			●	●
	コンピューティング	●	●	●	●
	デザイン・技術	●	●	●	
	外国語＊1		●	●	
	地理	●	●	●	
	歴史	●	●	●	
	音楽	●	●	●	
	体育	●	●	●	●
その他の 必修教科	宗教	●	●	●	●
	性教育			●	●

＊1：KS2 では外国語，KS3 では現代外国語となる。
出典：DfE, The national curriculum in England Framework document, December 2014, p.7, より筆者作成

民性教育（citizenship education）が必修教科（中等学校のみ）となり，現在は，必修 12 教科が規定されている。そして，キーステージごとに教科が配置されている（表 3-4）。

　学校は，全国共通教育課程に規定されている教科と，全国共通教育課程に規定されている教科以外で指導が義務づけられているもの（宗教，性教育，人格形成・社会性・健康及び経済教育《Personal, Social Health and Economic Education：PSHE》[18] の 3 つ）と，学校独自の教育活動を組み合わせて教育課程を編成する。

　全国共通教育課程には，学習プログラム（programmes of study）と

18）教科横断的な教育活動を行うもの。具体的には，薬物教育，経済教育，性関係教育，健康教育等を具体的な活動として提示されている。

到達目標（attainment targets）が記載されている。学習プログラムでは，教えるべき知識や技能，理解の内容について，各教科のキーステージごとに到達目標に基づいた基本的な指導内容が記述されている。次に到達目標には，多様な能力や発達段階の異なる児童生徒が，学習プログラムが示す内容について，各キーステージの終了時までに習得することが期待される知識，技能及び理解力について記述されている。なお，到達目標については，それまで設定されていたレベルがなくなり，各教科共通で「各キーステージの終了時に，児童生徒は当該プログラムに示される事項，スキル及び手順，方法について習得することが期待される」と記述されている。

（2）全国共通テスト

　全国共通教育課程の学習到達度を確認するために，全国共通教育課程に基づく評価が行われる。この評価には，全国共通教育課程テスト（Standards Assessment Test：SAT，National Test などと表される）及び教員による評価がある（表 3-5）。

　就学前教育基礎課程の終了時には，同課程での児童の学習成果及び修得した能力等が表 3-1 で示した基準に基づいて評価され，「就学前教育基礎課程プロファイル（EYFS Profile）」[19] が作成される。これは初等学校に渡され，入学時点での各児童の習得している能力が判断され，入学後の指導に活用される。

　初等学校入学後は，第 1 学年において，フォニックステスト（phon-

19）学習目標（Early Learning Goals）として次の 17 項目を規定。
1. コミュニケーションと言語（①注意深く聞く，②理解する，③話す）
2. 身体的発達（④体の動きと手の動き，⑤健康と自己管理）
3. 個人的，社会的，精神的発達（⑥自己肯定感と自己認識，⑦感情のコントロールと行動，⑧関係性の構築）
4. 言語的能力（⑨読み，⑩書き）
5. 数学的能力（⑪数字，⑫図形・空間・長さ）
6. 世界の認識（⑬人類・地域，⑭世界，⑮技術）
7. 芸術的・デザイン的表現（⑯メディア及び情報収集と活用，⑰創造性）
（DfE, Early years foundation stage profile 2020 handbook, December 2019）

表3-5　全国共通教育課程に基づく評価枠組み

年齢	学　年	キーステージ	学校段階	評　価
3-4		Early Years		
4-5	レセプションクラス	Early Years		教員による評価（認定的な評価もある） Early Years Foundation Stage Profile
5-6	1年	KS1		フォニックステスト
6-7	2年	KS1		全国テスト 教員による評価（英語，算数，理科）
7-8	3年		初等学校	
8-9	4年	KS2		
9-10	5年	KS2		
10-11	6年			全国テスト 教員による評価（英語，算数，理科）
11-12	7年	KS3		
12-13	8年	KS3	中等学校	
13-14	9年			
14-15	10年	KS4		一部の生徒がGCSEを受験
15-16	11年	KS4		多くの生徒がGCSEを受験，あるいはその他の資格試験を受験

出典：https://www.gov.uk/national-curriculum（accessed：20200228）より筆者作成

ics screening check）[20] が行われる。キーステージ1の終了時には，英語（リーディング，文法・句読法・スペリング），算数のテスト及び教員による評価も行われる。

　キーステージ2の終了時には，英語（リーディング，文法・句読法・スペリング），算数のテスト及び教員による評価が行われる。

　キーステージ4の終了時の評価は，中等教育終了一般資格試験（GCSE）によって行われる。GCSEでは，学校が開設する科目を決め，教科ごとに採用する試験委員会[21] を決める。生徒は開設されている科

20）1学年の6月に実施されるもので，40単語の読みを確認する。その結果で進級するにあたってリーディングに関する支援が必要かどうかの確認が教員によって行われる。

21）AQA，OCR，Pearson，WJEC Eduqasの4社が試験委員会として認証されている。

目から，英語，数学，理科の中核教科のほかに数科目を選択する。評価
は，ペーパー試験とコースワークによって行われる。グレードとして 9
段階（1～9 段階，1 の下に U）が設定され，4 が標準的合格（standard
pass）で，5 以上は上位合格（strong pass）とされている。GCSE に代
わるものとして，English Baccalaureate（EBacc）[22] も提供されている。
　また大学に進学する場合は，GCE・A レベル資格試験（General Cer-
tificate of Education・Advanced Level）を受け，各大学が学部や学科
ごとに指定する 2～3 教科において合格点をとらなければならない。

4．教員養成・研修

（1）多様な教員養成制度

　イギリスの公立学校及び公営学校で教員になるためには，教員資格
（Qualified Teacher Status：QTS）を取得しなければならない。この教
員資格は，大学あるいは学校等の多様な機関が提供するプログラムを修
了することで取得することができる。

　提供機関は多様である。大きく分けると，高等教育機関で提供される
大学卒業後の 1 年間（フルタイム）の教員養成コース（Post Graduate
Certificate in Education：PGCE）と，学校がグループを組んで，学校
現場での実習を中心としたプログラムを大学卒業後の者を対象に提供す
るものがある[23]。学校がグループを組んで提供するプログラムには，
SCITT（School-Centred Initial Teacher Training）や School Direct な
どがある。またこの種類の中には，School Direct（給与型）や Teach
First Leadership Development Programme，Postgraduate teaching
apprenticeship（PGTA）のように，給与支給型のものもある。また，

22）EBacc では，英語（English language and literature），数学（maths），理科
　　（sciences），地理（geography）または歴史（history），言語（language）の科目
　　が提供されている
23）2019/20 年の大学卒業後のプログラムへの新規在籍者のうち，55％（1 万 6,243
　　人）が学校がグループを組んで行うプログラムに在籍している。
　　（DfE, Initial Teacher Training（ITT）Census for 2019 to 2020 England, Novem-
　　ber 2019）

学部に在籍しながら，学士（degree）と教員資格を 3〜4 年間かけて同時に取得するコースもある。

イギリスでは，教員の離職率の高さ，中でも新任教員の離職率は高いことが問題となっている[24]。そこで 2018 年 4 月に教員登録機構（Teaching Regulation Agency：TRA）[25] が設置され，教員資格所有者のデータベース作成及び運用，教員資格取得プログラムの登録者の管理，導入教育受講者の成績管理，海外での教員免許保持者の確認，教員の不祥事や違法行為への対応等を行い，教員への人材確保と安定的な雇用及び質の確保を行っている。

（2）基準化された教員の資質能力と職能開発システム

イギリスでは 2011 年に，教員スタンダード（Teachers' Standards）が発表された。これでは，教授活動に関することと，個人的及び専門的な事項に関することの 2 つの側面から教員として必要最低限の資質能力が規定されている。教授活動に関することでは，次の 8 項目を規定した。

①児童生徒を奮起させ，動機づけ，挑戦させるような高い期待を児童生徒に対して持つこと
②児童生徒に対して，よりよい発達と成果を生み出すこと
③よい教科と教育課程の知識を提示すること
④よりよく構造化された授業計画を立て，教授すること

---

24) David Foster. *Teacher recruitment and retention in England*, House of Commons Library, December 2019 においても，現職の教員の離職率が 9.8%（2018年）で，2013 年以来最低の数値となっている一方で，新任教員が 5 年以内に離職する割合は 32.2%（2016 年）で，1997 年以来の最高数値となっている。
25) これは，教授・リーダーシップカレッジ（National College for Teaching and Leadership：NCTL）が教育省のエージェンシー（Executive Agency）として改組されたものである。教授・リーダーシップカレッジは，2000 年に教員と学校管理職の育成のための研究及び研修の拠点として設置された全国リーダーシップカレッジ（National College for School Leadership：NCSL）が 2013 年に Teaching Agency と統合して改組されたものである。

⑤すべての児童生徒の強みとニーズに応えるような教授をすること
⑥間違いのない建設的な評価を行うこと
⑦安全でよい学習環境を保障するための児童生徒への効果的な指導を
　行うこと
⑧専門職としての広範な責任を果たすこと

　教授に関することは，教員自身[26]の専門的職能開発に活用されるだ
けでなく，採用の際の基準や教員評価，学校監査の際の教授活動の評
価，上級給与表への昇級の際の評価，導入教育の基準等に活用されてい
る。また，個人的及び専門的な事項に関しては，倫理綱領的な内容と
なっており，不適格教員を判定する際の基準として利用される。

（3）基準化された学校管理職の資質能力と育成システム

　学校管理職の資質能力の標準を定め，その質を管理するため，1997
年に初めての校長職の専門職基準（National Standards for Headship）
が策定された。そして全国校長資格付与プログラム（National Profes-
sional Qualification for Headship：NPQH，以下，NPQH とする）が導
入された[27]。専門職基準は，2000 年，2004 年と改訂された後，2015 年
に大幅に改定され，卓越した校長の専門職基準（National standards of
excellence for headteachers）が発表された。この規準では，①質と能
力，②児童生徒と教職員，③システムとプロセス，④自己改善型学校シ
ステムの4領域で，校長として求められる事項が規定されている。

　この基準に基づき，「全国専門職資格の内容と評価枠組み」（National
Professional Qualification《NPQ》Content and Assessment Frame-
work）及び「全国専門職資格の質枠組み」（National Professional Qual-
ification《NPQ》Quality Framework）が策定された。そして，それらの

---

26)「2002 年教育法（The Education Act 2002)」により，教員及び校長への教員評
　価が実施されている。職務契約に基づいて年間の目標が設定され，その活動状況
　が評価される。評価結果に基づいて次年度以降の職能開発の機会が提供される。
27) 2004 年に取得が義務化されたが，2010 年に義務化は停止された。

枠組みには①戦略と改善，②教授学習と教育課程の卓越性，③影響を調整すること，④パートナーシップの運用，⑤資源活用とリスク管理，⑥能力開発の6項目について，各々学習方法，学習内容，評価基準が規定されている。

あわせて，NPQH を含めた4つの養成プログラム，①ミドルリーダー養成（National Professional Qualification for Middle Leadership：NPQML），②シニアリーダー養成'（National Professional Qualification for Senior Leadership：NPQSL），③校長養成（NPQH），④トップリーダー養成（National Professional Qualification for Executive Leadership：NPQEL）が整備された。これらの養成プログラムは，教育省の認証を受けた提供機関（provider）[28] によって提供されている。

28）全国規模で提供できる機関が11機関，地域限定で提供できる機関が39機関である（2020年現在）。種類は，大学，学校のネットワーク（Teaching Schools, Federation, MAT など），校長会，民間企業など多様である。

研究課題

(1) イギリスでは公平性を保障するために，どのような教育制度を打ち出したのかを整理し，その意義と課題をまとめなさい。

(2) イギリスでは保護者の学校経営への参画のために，どのような教育制度を打ち出したのかを整理し，その意義と課題をまとめなさい。

(3) イギリスでは教員の質保障のために，どのような教育制度を打ち出したのかを整理し，その意義と課題をまとめなさい。

主要参考文献資料

大田直子『現代イギリス「品質保証国家」の教育改革』（世織書房，2010 年）

日英教育学会編『英国の教育』（東信堂，2017 年）

文部科学省編著『諸外国の初等中等教育』（明石書店，2016 年）

文部科学省編著『諸外国の教育行財政—7 カ国と日本の比較—』（ジーアス教育新社，2014 年）

4 イギリスの教育改革(2)
―教育政策の特徴―

植田みどり

　イギリスでは，1970 年代以降，「新自由主義」や「第三の道」，「大きな社会」などの政治理念の下で，様々な教育改革が行われてきた。その特徴を整理すると，第一に自律性の追求，第二に自己責任の追及，第三に格差是正の追求である。ここでは，学校経営，地方教育行政，そして教職員の働き方改革という視点からその特徴を明らかにした上で，どのような課題解決に取り組んできたのかを整理する。

1．学校経営改革

（1）自律的学校経営から自己改善型学校システムへ

　「1988 年教育改革法（Education Reform Act 1988）」で導入された自律的学校経営（Local Management of Schools：LMS）により，学校は学校経営に関する権限，特に財政面での権限を持ち，自律的に学校経営に取り組んできた。その結果として，学校間の格差は拡大し，その関係は競争的関係となった[1]。そこで，1997 年に発足した労働党政権は過度な競争原理の弊害を是正し，国全体での教育水準向上を図る教育改革を目指し，学校の自律性は維持しながらも，地域を基盤とした学校同士の協働的な関係づくりに基づく学校経営改革を行った。代表的な施策が，1999 年に導入された Excellence in Cities（EiC）である。都市部やへき地等における学校の教授学習や生徒指導，リーダーシップの改善を促進させることを目的に，国が予算を投入して，学校が複数の学校と協働的

---

1) 1990 年代における学校の競争的関係により生じた課題に対応するために，2000 年代では学校の協働的関係を構築することが目指されたと指摘されている。（David Hopkins, The Emergence of System Leadership, NCSL, 2009）

に取り組むための事業を展開した[2]。

　2010年以降も，単体の学校同士の協働的関係から，ネットワーク化された協働的な学校経営システムの構築が目指され，教育省は，新しい学校システムとして，Academy Chains, Teaching Schools などを提言した[3]。そして David Hargreaves 氏らは，そのような学校システムを「自己改善型学校システム（Self-Improving School System：SISS）」として理論づけた[4]。自己改善型学校システムとは，単体の学校を経営体と捉えるのではなく，複数の学校で構成される学校群を1つのシステムとして捉え，優れた学校及びスクールリーダーがその学校群全体の学校改善を先導し，責任を担う構造を構築し，各学校及び学校群の学校改善に取り組むととともに，学校間の相互支援機能（school-to-school support）により学校の自己改善能力を高め，各学校が自己改善型の学校となることを目指す仕組みである。

　2016年以降の保守党政権下でも，このネットワーク化された協働的な学校経営システムは，学校主導型システム（school-led system）として提言され[5]，マルチアカデミートラスト（Mulch Academy Trust：MAT）の拡充という形で推進されている。

　MAT とは，公営独立学校（state-funded independent school）であるアカデミー（academy）[6] 及びフリースクール（free school）[7] が，理

2）Education Action Zones（教育水準向上を図るための地域ベースの学校グループ。規制緩和された中で民間資金等も活用しながら学校改善を行う）の指定，Excellence Clusters（学校改善のための学校の小グループ）の設置，Leadership Incentive Grant（LIG，協働的な関係の学校の小グループを設置するための予算）などの事業が展開された。
3）DfE, The Importance of Teaching, 2010
4）次の4つの報告書をとりまとめた。
　・Creating a self-improving school system, September 2010
　・Leading a self-improving school system, September 2011
　・A self-improving school system in international context, January 2012
　・A self-improving school system：towards maturity, October 2012
5）DfE, Education Excellence Everywhere, 2016
6）アカデミーは，もともと労働党政権下の「2000年学習とスキル法（Learning and Skills Act 2000）」及び「2002年教育法（The Education Act 2002）」により

事会（Board of Directors，教育省との契約主体となる組織）の下で学校間連合を構成して運営される仕組みである。現在，学校監査で最も悪い評価の inadequate の場合は，スポンサーアカデミー（sponsored academy）[8] に転換しなければならない。そのスポンサーの多く[9] は転換型アカデミー[10] である。つまり，スポンサーとなった転換型アカデミーが所属する MAT の傘下に入り，学校改善支援を受けて学校改善に取り組む仕組みがつくられている。このように MAT というネットワーク型の協働的な学校システムは，学校改善支援という機能を果たしているのである。

　自己改善型学校システムのもう 1 つの代表的な取り組みが，ティーチングスクール連合（Teaching Schools Alliance）である。これは，ティーチングスクール（Teaching School）として教育省に認定された優れた学校[11] が，他の学校や関係機関等と連合（alliance）を組んで，提携校に教員研修や学校改善支援等を提供し，各学校の学校改善を促進させる取り組みである。具体的な活動は，①学校での教員養成，②継続的な職能開発とリーダーシップ開発，③学校間支援の 3 領域である。

導入されたものであるが，「2010 年アカデミー法（Academy Act 2010）」，「2011 年教育法（Education Act 2011）」により，それまでの社会経済的に貧困な地域の中等学校に限定されたものから，すべての地域及びすべての学校を対象とした新たなアカデミー制度となった。

7）フリースクールは，公営独立学校の 1 つの形態で，アカデミーと同じ特徴を持つ新設校である。

8）地域学校コミッショナーが学校と協議して，学校改善支援に適したスポンサーを配置する。

9）2020 年 1 月現在，スポンサーのうち，69％が転換型アカデミーである。（DfE, Approved Academy Sponsor list, January 2020）

10）学校監査で最も高い評価である outstanding を受けている学校が，アカデミーに転換したタイプ。

11）認定基準は，① Ofsted の監査結果が outstanding である，②成果を上げるためのパートナーシップを提供できる，③学校改善における優れたリーダーシップの実績がある，④校長が卓越している，⑤学校管理職が優れていることである。4 年契約。認証後は，1 年目は 6 万ポンド，2 年目は 5 万ポンド，3 年目以降は 4 万ポンドの運営資金が支給される。

　ティーチングスクールは，その数を拡大する中で，2020年2月に，6カ所のティーチングスクール拠点（Teaching School Hubs）を設置し，ここを中心として，200～300校でネットワークを構成し，相互に学校管理職や学校理事が支援し合い，学校同士が学び合うことで学校改善のさらなる促進を目指している。

　イギリスでは，このような協働的な取り組みを推進するために，優秀な学校管理職が重要であるとして，2000年に全国スクールリーダーカレッジ（National College for School Leadership：NCSL）が設置され，学校管理職の育成のための研究開発及び研修等の拠点とされた。そして全国スクールリーダーカレッジでは，システムリーダーシップ[12]モデルを提言し，National Leaders of Education（NLE）やLocal Leaders of Education（LLE）などの，優秀な学校管理職を育成し，協働的な学校関係の構築を推進している。

（2）学校監査と学校改善

　自律性や自由裁量権を付与されたイギリスの学校は，自己責任を持って活動し，その結果を公表する。そして国はその結果を評価するという役割へ転換している。イギリスでは，1992年にそれまでの勅任視学官制度（Her Majesty's Inspectorate：HMI）[13]を改編する形で教育水準監査院（Office for Standards in Education：Ofsted[14]）が設置された。Ofsted は，独立政府機関（non-ministerial government department）

---

12) 個々の組織の内外で働くリーダーで，自己及び他の組織の改善についてシステムとして提供できる最高のリソースを共有し，提供することができること，そしてすべての子ども及び若者の人生と人生のチャンスによい影響をもたらすための思考と政策と実践に影響を与える役割を担う人物。（Robert Hill, The importance of teaching and the role of system leadership, NCSL, 2011）
13) 1839年から導入された制度。勅任視学官は女王陛下から任命され，省庁から独立した立場で，学校教育の状況を視察し，その状況を評価し，報告する専門職であった。（高妻紳二郎『イギリス視学制度に関する研究』多賀出版，2007年）
14) 1992年の設置当初は，「Office for Standards in Education」であったが，監査対象の拡大にともない，2001年から名称が「Office for Standards in Education, Children's Services and Skills」と改称され，現在に至っている。

として，省庁から独立し，議会に対して責任を負う機関である。

Ofsted の機能は，第一に，すべての年齢の人の教育及び訓練機関（公費維持学校，独立学校の一部[15]，その他の高等教育機関以外の教育機関，保育機関，養子縁組機関，教員養成関係機関）への監査機能である。第二に，就学前教育及び子ども社会サービス機関が保育及び若年の弱者支援の機関として適しているかを判断する規制機能である。第三に，教育及び訓練の質の改善に活用するための報告書を発行すること，また教育及び訓練に関する政策の効果について政策立案者に情報提供するという報告機能である。

Ofsted の長官は，主席勅任監査官（Her Majesty's Chief Inspector：HMCI）である。その下に勅任監査官（HMI）と，Ofsted と直接契約を結び，勅任監査官とともに監査活動を行う監査官（Ofsted Inspectors）がいる。Ofsted には全国に8つの地方事務所がある。

1993年に最初の学校監査が実施されて以降，監査項目や監査基準，監査方法，監査活動の運営方法，監査結果のフィードバックの方法が改定され（表4-1），その機能の拡充整備が図られてきた[16]。これまでの改訂の中で大きな方向転換となったのが，Ofsted の策定した共通の自己評価フォーム（Self-Evaluation Form）に基づいた学校監査になった2005年である。学校は毎年，自己評価フォームに基づく自己評価を行い，Ofsted のデータベースに掲載する。監査官は事前に自己評価の内容及び学校の各種データを分析した上で，監査の観点を焦点化し，学校訪問を行う。これにより，学校訪問期間の短縮，受け入れ準備等に関す

---

15) 独立学校への監査機関としては，独立学校学校監査局（Independent Schools Inspectorate：ISI）が教育省により認証されている。独立学校は，Ofsted の監査か，独立学校学校監査局の監査かのどちらかを選択することができる。なお，独立学校への監査の枠組み（Framework，Handbook 等）は，公費維持学校とは別に策定されている。

16) 機能としては，行政統制機能（久保木匡介『現代イギリス教育改革と学校評価の研究』花伝社，2019年など），品質保証国家機能（大田直子『現代イギリス「品質保証国家」の教育改革』世織書房，2010年など），学校改善機能（窪田真二，木岡一明『学校評価の仕組みをどう創るか─先進5カ国に学ぶ自律性の育て方』学事出版，2004年や，高妻紳二郎，前掲書など）が指摘されている。

表 4-1 学校監査の制度変遷

時　期	監査周期・監査期間	監査項目	監査基準	監査概要
2005 年以前	4 年ごと→6 年ごと1 週間程度（学校段階や規模により異なる）	・児童の効果性 ・児童生徒の成績 ・学校の教育の質 ・学校のリーダーシップとマネジメント	7 段階 ① excellence ② very good ③ good ④ saticefactory ⑤ unsatisfactory ⑥ poor ⑦ very poor	・包括的な監査項目 ・大規模な監査チーム ・厳格な監査基準 ・学校改善支援の側面が少ない
2005 年～2012 年	6 年ごと→3 年ごと1 週間→2～3 日間	・教育の質 ・教育の標準 ・リーダーシップとマネジメント ・児童生徒の精神的，道徳的，社会的，文化的発達 ・児童生徒の満足への貢献度	4 段階 ① outstanding ② good ③ satisfactory ④ inadequate	・通知が 2 日前に ・Ofsted が定めた共通の自己評価フォームに基づく監査 ・担当監査官は，事前に自己評価フォームを確認し，課題の明確化と学校のリーダーシップとマネジメント能力等を確認する。訪問後は課題に対してどれだけの改善能力があるのかを判断する ・outstanding 及び good の評価結果の学校は監査周期が 5 年ごとに ・監査は，地域監査提供機関（RISPs：CfET Education Trust, Serco Education and Children's Services, Tribal Group）が Ofsted との契約により実施
2012 年～2015 年	3 年，あるいは 5 年ごと＊監査結果により異なる	・児童生徒の学力 ・教授学習の質 ・児童生徒の態度と安全 ・リーダーシップと経営の質 ＊児童生徒の精神的，道徳的，社会的，文化的発達及び児童生徒のニーズに応じた教育の提供は追加項目となった	4 段階 ① outstanding ② good ③ requires improvement ④ inadequate（notice improvement/special measure）	・保護者アンケート（Parent View）は Web ベースに ・outstanding の評価を受けた学校は監査を受けなくてよくなった。ただし，学校の状況については常にデータ上で管理されているので，経営状況や成績が下降傾向を示した時点で特別監査や再監査の対象となる

2015 年～2019 年	3 年，あるいは 2 年ごと ＊監査結果により異なる ※ outstanding の評価を受けた学校は監査対象外となる	・効果的なリーダーシップとマネジメント ・教授，学習，評価の質 ・児童生徒の個人的発達，行動，福祉 ・子どもたち及び学習者の学習成果	4 段階 ① outstanding ② good ③ requires improvement ④ inadequate (special measure/serious weakness)	・通知は直前に（その日，あるいは 15 分前） ・監査は，勅任監査官と Ofsted の監査官が実施（全国を 8 地域に分割し，各地方に Ofsted の地方事務所を設置，各事務所に学校教育，就学前教育，子どもサービス等の各部門の専門の勅任監査官を配置，各地方事務所には Ofsed と契約している監査官が登録されている） ・全学校種に共通したフレームワーク（common inspection framework）によって監査
2019 年～	新設校は 3 年ごとに監査 新設校以外の通常監査は 3 年，あるいは 2 年ごとで，2 日間（150 人以下で good の初等学校は 1 日） ＊監査結果により異なる ※ outstanding の評価を受けた学校は監査対象外となる	・学校全体の効果性 ・教育の質 ・行動と態度 ・個々の発達 ・リーダーシップとマネジメント	4 段階 ① outstanding ② good ③ requires improvement ④ inadequate	・通知は前日（10 時半～14 時）に通知。ただし前日通知なしでも（15 分前に通知）訪問は可能 ・監査は，勅任監査官と Ofsted の監査官が実施 ・訪問時は授業観察を中心に行う。併せて管理職及び教育課程の責任者，学校理事会理事との面談を行う。訪問時に監査結果についてのフィードバックを行う ・教育の質についての判断では，訪問時の授業観察及び面談等で収集した根拠を重視する

出典：各改訂時の Handbook 及び Framework を基に筆者作成

る学校の負担軽減が図られた。またこれにより，学校の自己評価能力の向上が重視されることとなった。

　学校は，学校監査結果及び学校の状況を分析し，学校改善に取り組むことが求められている。そのため Ofsted 及び教育省は，多種多様なデ

ータを集約したデータシステムを作成し，各学校がデータに基づいた学校改善や教育活動の見直し等を行えるような環境整備を行っている。国家レベルのものとしては，Analyse School Performance（ASP）がある。これは，それまでの RAISE online[17] を改訂したもので，各年度の教育成果（全国共通試験の結果など）の分析結果，School Data Dashboard のデータ，児童生徒に関するデータなどが集積されている。あわせて，データ活用に関する支援も含まれた内容となっている。また教育省のホームページ上には DfE Sign-in や Find and compare school in England などの各種データベースがあり，各学校がそれらを活用し，データに基づく教授学習の改善及び学校改善に取り組むことができるような仕組みが整備されている。

2．地方教育行政改革

（1）子どもサービス行政に一元化された地方教育行政

　イギリスの地方自治体（図 4-1）は，教育も含めた地域社会に必要で多様なサービスを提供する責任と役割を負っている。そのうちの教育行政機能を任うのが，地方当局（Local Authority：LA）[18] と言われる。「2004 年子ども法（The Children's Act 2004）」により教育行政機能が子どもサービス行政に一元化されたことで，それまでの地方教育当局（Local Education Authority）の名称が，地方当局に変更された。また責任者の名称も教育長（Chief Education Officer, Director of Education など）から，子どもサービス担当長（Director of Children's Service：DCS）となった。

　地方当局の教育行政に関する基本的な役割は，次の 3 つである。

　①当該地域住民のニーズに沿った効果的な初等教育及び中等教育を保障し，地域住民の精神的，道徳的及び知的・身体的発達に（その権限の及ぶ範囲において）寄与すること（「1996 年教育法《Education Act 1996》第 13 条」）。

---

17) 学校監査結果及び学校に関連するデータを集約したデータシステム。
18) 本章では便宜上，原則として「地方当局」に統一して表記する。

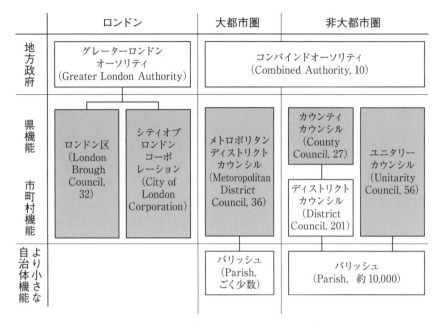

図 4-1　イングランドの地方自治体構成

注）・網掛した自治体が教育行政を担う自治体
　　・カッコ内の数字が自治体数。数値がないものは 1 つを意味する

出典：自治体国際化協会，『英国の地方自治（概要版）― 2018 年改訂版―』, 2019年, p. 10 より筆者作成

　②高い教育水準を推進すること及びすべての子ども達の教育的可能性の実現を推進すること（「1996 年教育法第 13A 条」）。

　③学校の多様性の確保及び保護者の選択を拡大すること（「2006 年教育法《Education Act 2006》第 2 条」）。

　「2004 年子ども法」[19] 以降は，このような教育行政機能が子どもサービスに一元化される形になったことで，子どもの福祉や安全安心のために，学校を拠点とした一元的な子どもサービスを展開する仕組み（例えば，拡大サービス《Extended Service》[20]）も整備されるとともに，そ

――――――――――

19) 2003 年の "Every Child Matters"（すべての子どものために）で示された，すべての子どもが，①健康であること，②安全であること，③楽しく，目標を達成すること，④積極的な貢献をすること，⑤経済的な成功を達成すること，という政策目標を実現するために制定された。

れを支える地方当局の機能も重視された。

（2）アカデミーの拡大による地方教育行政の役割変容

　2010年以降のアカデミーの学校数の拡大[21]は，地方当局の基本的な役割の遂行にも影響を与えている。前述した「1996年教育法」等で規定されている教育行政における法的責任は現在も維持されていながらもその役割の遂行の主体は，MAT等のネットワーク型の協働的な学校経営システムによる学校経営及び学校改善支援の機能の拡充により，そのシステムを統括するNLE等を有する優秀な学校管理職であるシステムリーダーが担っている。すなわち，学校間支援を促し，その学校同士の協働的活動を調整し，支援するなどの中間層[22]としての地方当局の役割が転換してきていると言える。

　2014年にアカデミーの品質管理と普及拡大のために全国学校コミッショナー（National Schools Commissioner）及び8人の地域学校コミッショナー（Regional Schools Commissioner）が配置されたことで，アカデミー及びフリースクールを統括する系統と，公立及び公営学校を統括する系統という2つの学校管理体制が生まれている（図4-2）。

　これにより地方当局は，常に地域学校コミッショナーと協議しながら地域内の教育の質を確保することが求められている[23]。地方当局は日常的に，アカデミーも含めた地域内の学校の経営状況をモニタリングし，経営状況に応じて助言等の活動を展開する。公立及び公営学校で

20）朝食クラブや放課後学童クラブ，母親学級，社会福祉サービス斡旋など，学校の状況や地域，保護者のニーズに基づいて学校理事会が活動内容を決めて提供する。2005年にすべての学校が提供することが政策目標として設定された。（DfES, Extended schools：Access to opportunities and services for all, 2005）

21）アカデミー（フリースクール含む）数は，2010年が807校であったのに対し，2019年1月現在，7,939校（39.2%）である。初等学校では5,350校（31.9%），中等学校では2,589校（75.0%）である。（DfE, Schools, pupils and their characteristics, January 2019, June 2019）

22）NFER, What Works in enabling school improvement? The role of the middle tier, 2013

23）DfE, Schools causing concern, September 2019

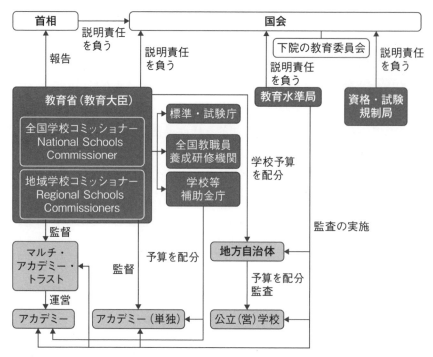

図 4-2　イギリスの中央及び地方教育行政組織図
出典：国立教育政策研究所『地方教育行政の組織と機能に関する国際比較研究』
2019 年 3 月，p.51 より引用

あっても，学校監査で最も低い inadequate と評価された場合は地域学
校コミッショナーによりスポンサーアカデミーへの転換が行われる。ま
た，requires improvement となった場合には，地方当局が地域学校コ
ミッショナーと連携しながら学校へ介入し，学校改善を支援する。この
ように常に地域学校コミッショナーとの関係性において地方当局の役割
遂行が求められるのである。

3．教職員の働き方改革

　イギリスの学校は，教育活動以外にも，福祉や医療機関等と連携し，
包括的な子どもサービスを提供する拠点としての役割を担っている。ま
たアカウンタビリティを示すためやデータに基づく教育活動の改善のた

めに事務作業も増加している。このようなことを背景として，1997年
の労働党政権発足以降，教員の労働環境整備の視点からの教職員改革が
実施されてきた。

　1998年に当時の教育雇用省（Department for Education and Employ-
ment：DfEE）が回状（2/98）を発行し，教員の労働環境整備に関する
改革の方針を示した。そして，改革の具体的な検討を行うために，プラ
イスウォーターハウスクーパーズ社と教育技能省（Department for
Education and Skills：DfES)[24]，教員組合，校長会が合同で，教員の労
働環境及び勤務実態調査を行い，「教員労働環境調査（Teacher Work-
load Study)」を2001年12月にとりまとめた。その内容を踏まえて，
改革の方向性を示した政府文書「水準のための時間（Time for Stan-
dards)」が2002年10月に発表された。そして，それらを実行してい
くに当たり，「水準向上と労働環境改善：全国協約書（Raising stand-
ards and tackling workload：a national agreement)」が2003年1月に
教育技能省，校長会，組合等[25]の間で締結された。これにより具体的
な改革が始まった。

　協約書では，教員が教職の専門家としての業務に専念できるような環
境整備を行うための施策が盛り込まれた。例えば，教員の業務契約内容

24）2001年に教育雇用省から改編された。同省は，2007年に子ども・学校・家庭
　省（Department for Children, Schools and Families：DCSF）となり，その後の
　2010年に教育省（Department for Education：DfE）となり現在に至る。
25）協約書を結んだ組織は次の通りである。
　・政府関係：教育技能省　ウェールズ議会（Welsh Assembly Government）
　・校長会関係：National Association of Headteachers（NAHT）
　　　　　　　　Secondary Heads' Association（SHA）
　・組合関係：Association of Teachers and Lectures（ATL）
　　　　　　　GMB
　　　　　　　National Association of Schoolmasters Union of Women Teachers
　　　　　　　（NASUWT）
　　　　　　　National Employers' Organisation for School Teachers（NEOST）
　　　　　　　Professional Association of Teachers（PAT）
　　　　　　　Transport and General Workers' Union（TGWU）
　　　　　　　UNISON

表4-2　イギリスの教員が日常的な業務としてすべきでない業務

集金すること	学級名簿を作成すること（教員は，児童生徒の配置について適切な指示をすること）	児童生徒のレポートを回収整理すること	ICT機器の不具合への対応及び簡潔な修理を行うこと	会議の議事録をとること（教員には議事のポイントが伝えられる）
児童生徒が欠席したときに，欠席について追跡確認すること（教員に情報を伝えるスタッフが必要）	記録を保存し，ファイリングすること（教員は保存する資料について指示すること）	職業体験学習の運営業務をすること（教員は，アドバイス等の児童生徒への支援をすること）	新規のICT機器を調達すること	入札のコーディネートと決定をすること（教員は専門的な内容を入札の内容に盛り込むこと）
大量の印刷をすること	教室の掲示物の掲示をすること（教員は，掲示の内容について専門的な意思決定をすること）	試験の運営業務をすること（教員は児童生徒に合致した試験を見極める専門的な責任を持つ）	備品を発注すること（教員は選定に関与すること）	個人的な助言を追求し，提供すること
文書の入力をすること	出席状況データの分析をすること（教員は分析結果を活用すること）	試験監督をすること	在庫管理をすること	児童生徒のデータを運用すること（教員は，児童生徒のデータを活用すること）
標準的な文書を作成すること（教員は適切に内容の枠組みを指示すること）	試験結果の処理をすること（教員は，試験の分析結果を活用すること）	教員の代わりに入ること	備品及び教材の整理，準備，発注，修理をすること	児童生徒のデータを入力すること（教員は，管理システムに児童生徒の初期データを入力する）

出典：ATL, DfES, GMB, NAHT, NASUWT, NEOST, PAT, SHA, TGWU, UNISON, WAG, Raising standards and tackling workload：a national agreement, January 2003, p.5 より筆者作成

の変更である。具体的には表4-2に示す教員が日常的な業務としてすべきでない業務を契約内容に入れない，欠席教員の代替はさせない，ワークライフバランスを保つ，PPA Time（Plan, Preparation and Assessment Time）[26] を保障する，管理及びリーダーシップのための時間を保障するなどが示された。その他にも，独立した検証委員会（Implementation Review Unit）を設置し，政策を検証すること，教員の全体的な

26）教員の勤務時間の1割をこの時間として確保することが，学校に義務づけられた。実施の形態は学校に任されている。

表 4-3　イギリスにおける教員以外のサポートスタッフや専門職

種　類	業務内容	名　称
学習支援 Learning Support Staff	教室で教員と活動し，児童生徒の学習を支援する	Teaching Assistants（TA），Higher TA　など
事務 Administrative Staff	学校全体の運営事務を支援する	School Business Manager, Secretary　など
福祉及び児童生徒支援 Welfare and Pupil Support	休憩時間，ランチタイムなど授業外及び教室外での児童生徒の福祉等に関する支援を行う	Learning Mentors, Midday Supervisor, Parent Support Advisor, Play Worker　など
専門技術 Specialist and Technical Support	教授学習において専門的及び技術的な支援を行う	Librarians, ICT staff, Food Technician, Science Technician　など
用務 Site Staff	学校の環境整備，安全，調理等を行う	Caretakers, Cleaning Staff, Catering Staff　など

出典：統計データ等を基に筆者作成

労働時間を短縮すること，サポートスタッフを拡充整備すること（研修や資格制度の整備），管理職チームの改革（研修等の実施），変革経営プログラム（Change management programme）の実施及び Transforming School Workforce Pathfinder Project などの支援プログラムの実施，協約内容の実施状況のモニタリングなどが示された。そして，これらを 2003 年～2005 年を 3 期に区分して実施された。

　その後も協約書において示された取り組みは継続して実施され，例えば教員以外の職（表 4-3）の配置は着実に進み，量的にも拡大し，現在は約半数を占めるまでになっている[27]。

　イギリスでは 2003 年の協約書以降，学校管理職が中心となり，教員と教員以外の職が協働的に教育活動に取り組む学校づくりを重視してきた。学級内では教員と補助教員（Teaching Assistnts：TA）が協働的に活動することで，個に応じた教授活動が展開されている。また学級外

27）教職員のうち，教員が 48%，教員以外の職が 52% となっている。教員以外の職のうち，28% が補助教員（Teaching Assistants：TA）で，24% が補助教員以外の職となっている。（DfE, School Workforce in England November 2018, June 2019）

では，特別支援教育や福祉的な専門家が児童生徒及び保護者に対して支援したり，専門機関との連絡調整を行うなど専門的知識を生かした業務を教員と連携しながら行い，適切で迅速な支援を展開している。このように協働的な活動ができる要因としては，業務内容が明確であることや，求められる資質能力に応じた採用を行うとともに研修等の人材育成も重視していること，そしてデータに基づいた業務及び配置の割り振りを行っていることなどが指摘されている[28]。

　拡充された当初は，教員の個人アシスタント的な役割が多かった補助教員であるが，調査研究等[29]により，学習成果を上げるためには，子どもへの個別指導や特別支援教育に配慮した活動に補助教員が関与することが重要であることが指摘された。そのため補助教員の業務は，児童生徒への集団及び個別指導を通して教授学習の支援を行うことに重点が移っている。また，補助教員アプレンティスシップ（Teaching Assistants Apprenticeship）[30]プログラム等を展開し，優秀な人材を取り込むとともに，学校現場で育成する取り組みも始まっている。

---

28) 教員以外の職に関する取り組みは検証調査が行われ，その検証結果に基づき，よい実践に関する情報提供及び支援が展開され，普及が図られた。代表的な検証調査が，2003年から2009年にかけて実施されたDISS Project（The Deployment and Impact of Support Staff Project）である（http://maximisingtas.co.uk/research/the-diss-project.php, accessed：20200315）。これは補助教員等の配置によって，児童生徒の学習状況，行動，学力等にどのような影響を与えるかを調査したものである。調査結果から，特に特別支援教育において成果が上がっていることが指摘された。この調査はその後，EDTA project（The Effective Deployment of TAs projects），MAST study（The Making a Statement study），SENSE study（The SEN in Secondary Education study），The Teaching Assistants' Talk Studiesへと引き継がれた。現在はこれらの調査研究成果に基づいてMITA（Maximising the Impact of Teaching Assistants）が展開されている。このプロジェクトでは，補助教員を活用するための学校へのコンサルティングサービスや資料提供，研修の実施等が行われている。また，EEF（Education Endowment Foundation）により常に，補助教員の財政投資効果や効果的な活用等に関する検証が行われ，それに基づく情報やツールキット等が提供されている。（https://educationendowmentfoundation.org.uk/tools/guidance-reports/making-best-use-of-teaching-assistants/#closeSignup, accessed：20200327）

29) Peter Blatchford, Anthony Russell, Rob Webster, Reassessing the Impact of

　このようにイギリスでは，教員以外の職を活用しながら協働的な学校組織開発を行い，教育活動の質的改善や児童生徒への学習指導及び特別支援教育の充実，福祉的な支援の改善を図ってきている。その結果，学校改善や教育活動の質的改善が図られている一方で，補助教員や専門家との連絡調整等の時間の増加，事務的な活動等への支援の減少などにより，教員の勤務時間の短縮化などは実現ができていない実態も指摘されている[31]。そのため，現在は教員の働き方改革（Reducing School Workload）に取り組んでいる。教育省では，勤務実態調査等の結果[32]を分析，検討し，採点業務，計画立案と教材開発，データマネジメントの 3 点に焦点を当てた働き方改革の方向性を提示した。具体的には，各学校で取り組むためのツールキットの開発及び提供，それに基づく活動への支援を展開している。

Teaching Assistants. How research challenges practice and policy, Routledge, 2011 及び Paula Bosanquet, Julie Radford, Rob Webster, The Teaching Assistant's Guide to Effective Interaction How to maximise your practice, Routledge, 2015 にまとめられている。

30）60 週間のプログラムで，学級内での児童生徒指導，支援，その他の活動を通して教授学習活動を支援するとともに，補助教員としての職能開発を行うもの。

31）2018 年の OECD の TALIS 調査においても，イギリスの教員（中等学校）の労働時間は世界で 4 番目に長く（週当たり 46.9 時間），しかも労働時間が長い上位 5 カ国の中で課外活動の時間が最も短いという特徴がある。（教員環境の国際比較：OECD 国際教員指導環境調査（TALIS）2018 報告書—学び続ける教員と校長—の要約，p.12）

32）2016 年と 2019 年に勤務実態調査（Teacher Workload Survey）を実施し，その結果を分析しながら，政策立案が行われてきている。

研究課題

(1) イギリスにおける学校監査制度の特徴を整理し，その意義と課題を
まとめなさい。

(2) 自律的学校経営と自己改善型学校システムの違いを整理し，それぞ
れの意義と課題をまとめなさい。

(3) イギリスではアカデミーの拡大が，様々な教育政策に影響を与えて
います。本章で取り上げた教育政策の事例から，どのような影響を
与えているのかについて整理し，アカデミーの拡大の意義と課題を
まとめなさい。

主要参考文献

自治体国際化協会『英国の地方自治（概要版）― 2018 年改訂版―』（2019 年）
文部科学省編著『諸外国の初等中等教育』（明石書店，2016 年）
文部科学省編著『諸外国の教育行財政―7 カ国と日本の比較―』（ジーアス教育新
社，2014 年）
Peter Earley (2013) *Exploring the School Leadership: Changing Demands, Changing
Realities*, Bloomsbury. p.159

5 | アメリカの教育改革(1)
―基礎学力をどう保障するか―

藤田晃之

　本章では，アメリカ合衆国における「学力向上」を目指す教育改革に注目し，2000年代以降に焦点を絞って，その特質と課題を整理する。まず，同国の学校制度・教育行財政制度の概要をまとめ（1.），1983年以降今日まで続く学力向上のための教育改革動向の全体像をスケッチする（2.）。その上で，ブッシュ政権（3.・4.），オバマ政権（5.），トランプ政権（6.）による教育政策の特質を探ることにする。

はじめに

　アメリカ合衆国（以下，アメリカ）では，連邦政府には教育行政上の命令権が付与されていない。教育行政権を有するのは，州政府及び地方教育当局としての学校区（school district）教育委員会である。しかし，連邦の教育政策は，目的・運用基準等を特定した連邦補助金として具体化され，強制力を伴わずして全米各地の教育に極めて大きな影響を与え，その方向性を決定づける。本章では，アメリカが国を挙げて取り組んでいる「学力向上」を目指す教育改革に注目し，主に2000年代以降に焦点を絞りながら，その特質と課題を整理する。

1. 学校制度・教育行財政制度の概要

　アメリカでは，合衆国憲法規定に基づき，教育は「各州または人民に留保（reserve）された」権限の1つとされ，連邦教育省には教育行政上の命令権が与えられていない。連邦政府は，国軍における兵士教育，国外駐留兵士の子ども達を対象とする学校教育等を例外として，学校教育に関する強制力を伴った施策を講じることは一切できない。そのた

め，例えば日本の小学校・中学校・高等学校に相当する学校段階区分に注目しても 6-3-3，5-3-4，6-2-4，4-4-4 等の他，6-6，8-4 等の 2 段階，4-2-2-4 等の 4 段階など多様性が確認できる。

　しかし，連邦政府による教育政策が全米の教育に対して規定力を持たないとみなすことは誤りである。連邦の影響力は極めて大きい。連邦政策は目的・運用基準等を特定した連邦補助金として具体化され，強制力を伴わずして全米各地の教育実践を嚮導するのである。

　一方，法制上，直接的な教育行政権が与えられているのは州政府である。日本の学習指導要領に相当する教育課程の基準の策定，教員免許制度の確立と運用，学校設置基準の制定，義務教育完了年齢の決定等，州教育当局の権限は広範に及ぶ。

　また，各州内の地方教育行政機関，すなわち，学校区（school district）教育委員会に大きな自律的権限と責任が付与されていることもアメリカにおける教育行政制度の特質である。学校区は全米に約 14,000 あり，各教育委員会の組織及び権限は原則として市町村から独立している。通常，学校区教育委員会は，州政府から権限の委譲あるいは負託を受け，学校の設置，学校段階の区分，教職員の任命・配置，教職員給与の決定，教科・科目等の開設等に関する自律的な権能を有している。

　また，公立初等中等教育諸学校は，ごく少数の州立機関を除き，学校区教育委員会によって設置されるため，学校区が異なれば，道路を 1 つ隔てた距離であっても学校段階の区分が違うことは珍しくない。生徒達は原則として，居住地の教育委員会が定める通学区域ごとに就学指定された学校に在籍し，日本の高校入試に相当する入学者選抜はいずれの段階においても通常実施されることはない。なお，すべての州において，公立初等中等教育諸学校の授業料は無償とされる。

　ここで，公立初等中等諸学校教育費における連邦・州・学校区の負担割合を見ておこう（表 5-1）。教育改革における連邦政府の主導性を狙ったオバマ政権初期を除いて，連邦による教育費の負担は 1 割を常に下回っており，州や学校区ごとの独自性を生む構造の一端が示されている。

表5-1　公立初等中等諸学校教育費における連邦・州・学校区の負担率（%）

年度	連邦	州	学校区
1929-1930	0.4	16.9	82.7
1939-1940	1.8	30.3	68.0
1949-1950	2.9	39.8	57.3
1959-1960	4.4	39.1	56.5
1969-1970	8.0	39.9	52.1
1979-1980	9.8	46.8	43.4
1989-1990	6.1	47.1	46.8
1999-2000	7.3	49.5	43.2
2009-2010	12.7	43.4	43.9
2010-2011	12.5	44.2	43.3
2011-2012	10.2	45.0	44.8
2012-2013	9.3	45.3	45.5
2013-2014	8.7	46.3	45.0
2014-2015	8.5	46.6	45.0
2015-2016	8.3	47.0	44.8

出典：National Center for Education Statistics（2017）*Digest of Education Statistics 2017* Table 235.10

2. 学力向上を目指し続けた40年

　レーガン政権下の1983年4月，連邦教育長官の諮問機関「教育の卓越性に関する全国審議会（National Commission on Excellence in Education）」は，中等教育段階を中核とした教育の改善がアメリカの経済的競争力の回復にとって不可欠であるとの前提に立ち，学力の向上を強く訴える報告書『危機に立つ国家（*A Nation at Risk：The Imperative for Educational Reform*）』を取りまとめた。その序章には次のような指摘がなされている。

　アメリカは危機に立っている。貿易・産業・科学・技術革新の各分野においてかつて築き上げてきた揺るぎない地位は，世界中の競争相手に奪われようとしている。（中略）仮に，今日の凡庸な教育成果が，アメリカに敵対す

84

る勢力によって仕掛けられたものだとしたなら，これはもはや戦争行為と見なされてしかるべきである。

　このような危機感を背景としつつ，学力（アチーブメント）の向上を「至上命令」として掲げた教育改革が全米的に推し進められてからほぼ40年。国を挙げて学力向上に取り組むという基本的な方向性はいささかも揺らぐことなく今日に至っている。

　例えばオバマ政権は，全米的な教育改善を牽引するため，発足直後の2009年2月に制定した「景気対策法（American Recovery and Reinvestment Act of 2009, P.L. 111-5)」[1] による連邦財源を原資としつつ，「全米トップの学力を目指す競争的資金事業」とも言うべき「Race to the Top」に44億ドル（約4,400億円［1ドル100円として換算]）を充てた。また，初等中等教育法改正法として2015年に成立した「すべての生徒が成功する法（Every Student Succeeds Act, P.L. 114-95)」は，学業成績の低迷が続く学校に対して，学校経営の抜本的見直しや公費民営学校とも言うべきチャーター・スクール等への変更を行う権限を各州に付与し，生徒・保護者に対しては他の学校を選択する自由を与えた。

　さらに，2017年1月に就任したトランプ大統領が，選挙戦のスローガン「Make America Great Again」を就任演説にも使い，その後も繰り返し使用していることが象徴的に示すように，学力向上を求める姿勢は今日でも不変である。例えば，2019年10月に公表された抽出式学力調査の結果を受けたスピーチにおいて，デヴォス（Betsy DeVos）教育長官は「成績の改善が確認される教科があり，そういった生徒達が存在し，そのような傾向が見られる地域があると指摘する方々がいます。正しいかもしれません。けれどもそれはまさに，木を見て森を見ず，に過ぎないのです。（中略）学力の向上は不十分です。私たちの国の子ども達は，世界の友人達から見れば，遅れに遅れを重ねている（fall further

---

1) P.L.＝Public Law（連邦法の法律番号は，「法律の種類　議会の会次-当該会次内に成立した法の番号」によって示される。）

and further behind）のが現実なのです」と強い口調で訴えている[2]。

　しかしながら，この揺るぎのないゴール達成のための手法に注目すると，そこには大きな変容が確認できる。ここでは，2001 年のブッシュ大統領就任以降の動向に焦点を絞り，アメリカにおける初等中等教育の何が，なぜ，どのように改革されてきたのか，また，されようとしているのかを「学力の向上」をキーワードにしながら浮き彫りにしていくことにする。

3.「1 人も落ちこぼさない法」の成立とその背景

（1）アメリカが直面する人種・民族間格差──歴史的背景

　合衆国憲法は，1868 年に発効した第 14 条修正によって，すべての者に対する法の下の平等を定めている。しかし，その成立後，長きにわたって学校・病院・交通機関などの公共施設の利用に際して人種による制限が加えられ，それは「分離すれども平等」との解釈によって合憲とされてきた。アングロサクソン系アメリカ人（白人）とアフリカ系アメリカ人（黒人）とが同じ学校で学ぶことは，当時のアメリカにおいて想定すらされないことであった。

　この別学制の撤廃に向かう大きな転換点となったのは，1954 年に連邦最高裁判所が下したいわゆるブラウン判決（Oliver Brown, et al. v. Board of Education of Topeka, et al., 347 U.S. 483）である。人種による別学制を違憲としたこの判決は，公立学校における別学制の即刻廃止を命ずることはせず，他の公共施設等の人種による利用制限についての廃止命令も伴うものではなかったものの，「分離すれども平等」の原則を明示的に否定した点で歴史的な意義を有する。この判決は，その後の公民権運動の総体を支える礎としての役割を果たし，1964 年に制定された「公民権法（Civil Rights Act of 1964, P.L. 88-352）」によって，人種による

2）U.S. Department of Education, Prepared Remarks by Secretary DeVos on 2019 National Assessment of Educational Progress Results, October 30, 2019（https://www. ed. gov/news/speeches/prepared-remarks-secretary-devos-2019-national-assessment-educational-progress-results　accessed：20200401）

差別の完全撤廃がなされたのである。

　ブラウン判決を受け，公民権運動が全米的に展開されていた1950年代後半，その後のアメリカの教育改革のもう1つの方向性を決定づける大きなニュースが報じられた。

　ソビエト連邦による人工衛星「スプートニク」の打ち上げ（1957年）である。「米ソ冷戦体制」とも呼ばれた覇権争いの中で，人類初の人工衛星の打ち上げを成功させたソビエト連邦は，極めて高い科学技術力を基盤とした強力な軍事力を有することを世界に示した。これを重く見たアメリカ政府は，軍事力の強化と理系教科を中核とする学力向上に連邦資金を充てる方針を打ち出し，翌1958年には「国家防衛教育法（National Defense Education Act, P.L. 85-864)」を成立させた。

　1960年代後半におけるアメリカの教育改革は，人種による別学制の撤廃と，学力の向上を2つの柱として展開したと言って良い。しかし，長く続いた別学制の改善は容易には進展せず，一部の学校では人種間対立による混乱も生じた。また同時に，アフリカ系アメリカ人を中心として後期中等教育学校（ハイスクール）中退者が増加するなど，学校教育は大きな課題に直面することとなったのである。

　これらの状況を打開する手立てとして1970年代のアメリカが選択したのは，「教育の人間化」と総称される諸方策であった。学校における人種統合を積極的に推し進めることに並行して，キャリア教育（career education）を展開し，ハイスクールを中心として多様な選択科目の拡充を図った。各教科の学習を通して獲得される知識・技能等の社会的・職業的な応用可能性を具体的に伝え，学習の意義の認識につなげようとした当時の連邦施策は，日常生活や職業との関連性を強調した科目の新設を促し，それらは中退者を出さないための仕組みとして機能することも期待された。また，シルバーマン（Charles E. Silverman）によるフリースクールの提唱や，やイリイチ（Ivan Illich）による脱学校論などが大きな関心を集めたのもこの時期である。1960年代，国の威信をかけて学力の向上を目指した教育改革の振り子は，1970年代においてその向きを変え，大きく振り戻したと言ってよいだろう。

表 5-2　1980 年代以降の主たる教育改革動向（初等中等教育段階）

1981 年	レーガン大統領（共和党）就任
1983 年	「教育の卓越性に関する全国審議会（National Commission on Excellence in Education）」『危機に立つ国家（*A Nation at Risk：The Imperative for Educational Reform*）』を発表
1986 年	全米知事会（National Governors Association）『成果のとき（*Time for Results：The Governor's 1991 Report on Education*）』を発表 ・学力低迷校への「破産宣告」を含む強力な教育改革を求める
1989 年	ブッシュ大統領（共和党）就任
1989 年	全米の州知事による「教育サミット」開催（以降，1996 年，1999 年，2001 年，2005 年に開催） ・2000 年までの達成を目指す「全国共通教育目標」（就学前教育の拡充，理科及び数学における世界最高の学力の達成など 6 項目）の合意
1991 年	ブッシュ大統領　政策文書「2000 年のアメリカ（America 2000）」発表 ・「全国共通教育目標」の達成戦略
1993 年	クリントン大統領（民主党）就任
1994 年	連邦法「2000 年の目標：アメリカ教育法」（Goals 2000：Educate America Act, P.L. 103-227）制定 ・「全国共通教育目標」に教員の資質向上と学校と地域との連携強化を加えて法制化，各州の教育スタンダード策定支援
1994 年	連邦法「アメリカ学校改善法（初等中等教育法改正）」（Improving America's Schools Act of 1994, P.L. 103-382）制定 ・「2000 年の目標：アメリカ教育法」に即した各州の改革に対する財政的支援
2001 年	ブッシュ大統領（共和党）就任
2002 年	連邦法「1 人も落ちこぼさない法（初等中等教育法改正）」（No Child Left Behind Act of 2001, P.L. 107-110）制定 ・教育格差の改善を焦点化，アカウンタビリティを重視した各州の教育改革を促進
2007 年	連邦法「競争力強化法」（America COMPETES Act：America Creating Opportunities to Meaningfully Promote Excellence in Technology, Education and Science Act, P.L. 110-69）制定 ・理数教育の振興等
2009 年	オバマ大統領（民主党）就任
2009 年	連邦法「景気対策法」（American Recovery and Reinvestment Act of 2009, P.L. 111-5）制定 ・競争的資金事業「Race to the Top」
2015 年	連邦法「すべての生徒が成功する法（初等中等教育法改正）」（Every Student Succeeds Act, P.L. 114-95）制定 ・教育スタンダードの策定と評価システムの構築，学業成績低迷校への強制的介入
2017 年	トランプ大統領（共和党）就任

88

　このような中で提示されたのが，第2節冒頭に紹介した『危機に立つ国家』（1983年）である。アメリカ経済の弱体化に対する危機感を背景とした学力向上を訴える強い主張により，教育改革の方向は一気に転換し，再び学力向上へと向かった。

　無論，アメリカにおいて学力向上を企図する教育改革を推進する際，同国の歴史を背景とした学力格差をどのように解消するかは，常に大きな課題となる。しかし，既に確認したように，教育改革の振り子は1983年以降，学力向上の方向に振れたまま全く転換していない。

（2）「1人も落ちこぼさない法」の成立

　学力の向上を図りつつ学力格差を縮小すること。これは，アメリカにとっての「永遠の双子の目標」[3) である。そして，2002年1月，この至難の目標達成を明確に謳った連邦法「1人たりとも落ちこぼさないため，アカウンタビリティ，柔軟性，選択の原則に基づきつつ学力格差を解消するための法律（An Act to close the achievement gap with accountability, flexibility, and choice, so that no child is left behind)」（P.L. 107-110）が成立した。本法は，1965年に制定された初等中等教育法の2001年改正法であり，その通称（short title）は「1人も落ちこぼさない法（No Child Left Behind Act of 2001)」とされた[4)。80年代から継続する学力向上の教育改革を推進させつつ，その改革ベクトルが内在させる「落ちこぼし」の危険性を払拭するため，社会的に不利な立場に置かれてきた生徒達の学力（アチーブメント）向上のための手厚い施策を講じることを求めたのである。

（3）「1人も落ちこぼさない法」に基づく学力向上推進施策

　「1人も落ちこぼさない法」は，全10章（Title I - X）によって構成

---

　3) 詳しくは，今村令子『永遠の「双子の目標」—多文化共生の社会と教育（現代アメリカ教育）』（東信堂，1990年）を参照のこと。
　4) 連邦法の通称は，当該連邦法において正式に定められており，いわゆる俗称とは異なる。

されるが，とりわけ「第 1 章　社会的に不利な立場に置かれている者の学力向上施策（TITLE I-IMPROVING THE ACADEMIC ACHIEVEMENT OF THE DISADVANTAGED)」の諸規定は，「1 人も落ちこぼさない」ための中核的な施策の法的基盤となっている。

　1965 年に初等中等教育法が制定されて以来，その「第 1 章（Title I）」は，貧困世帯の子ども達を対象とする教育の拡充のための諸方策に対する連邦補助金規定とされてきた。「1 人も落ちこぼさない法」においてもその基本方針は引き継がれており，本法「第 1 章」が定める連邦補助金を受けることができるのは，①貧困世帯として認定される家庭の子どもが在校生の 40％以上を占める公立学校（在校生全体を対象とする教育プログラム（schoolwide program）に当該補助金を使用できる），及び，②貧困世帯として認定される家庭の子どもが就学しているがその在籍率が 40％に達しない公立学校（＝当該補助金の使途は貧困家庭の子どもを対象とした教育プログラム（targeted assistance program）に限定される）となっている。「第 1 章」に定められる補助金を受ける学校は一般に「Title I school」と呼ばれ，2014-15 年度現在では全米の公立学校のうち約 62％が該当し，それらの学校で学ぶ子ども達は全公立学校在学者のうち約 56％を占める[5]。

　ここで注目すべきは，「1 人も落ちこぼさない法」の「第 1 章」が，これまでの初等中等教育法の改正とは一線を画する大胆な学力向上策を提示したことであろう。

　具体的には，補助金を受けるすべての州に対して，英語と数学について 3 年生から 8 年生までの各学年と，ハイスクールのいずれかの学年を対象として，州内統一のテストを 2005 年までに実施するよう求めた。そして，2002 年 6 月（2001-02 年度終了時）以降 12 年以内，すなわち 2014 年 6 月までに，州内の公立学校に在籍するすべての子どもが，当該州が定める基準正答率に達することを補助金受領の条件とした。さらに，この目標達成のための手段として，設定した正答率に達した子ども

---

5) National Center for Education Statistics, Common Core of Data（CCD），Public Elementary/Secondary School Universe Survey, 2014-15

の割合を中核とした「適正年次到達指標」（Adequate Yearly Progress：AYP）を州ごとに定め，その結果を公表することを求めたのである。

（4）「第1章補助金交付校（Title I schools）」を対象とした施策

さらに同法は，「Title I schools」に対して一層具体的かつ大胆な学力向上施策を定めている。具体的には，AYP を 2 年連続して達成できなかった学校には学校区教育委員会による専門的な支援が提供され，その後も AYP 未達成状態が継続する学校については学校区教育委員会によ

表5-3　AYP 未達成の第 1 章補助金交付校に対する措置

2 年連続 ［学校改善］	学校区教育委員会による専門的な支援の提供に加え， 1. 当該学校に在籍するすべての生徒に対し，他の公立学校を選択する権利を与え，かつ， 2. 学校改善のための 2 年計画を策定し，学校区教育委員会からの承認を得ることを求める。（第1章補助金の10%を，教員研修，授業時数・授業日数の増加，保護者の学校参画の促進，新任教員に対する指導改善に当てるための計画を必ず含むものとする。）
3 年連続 ［学校改善］	上記の学校改善に加え，貧困世帯の子どもに対して州から認可を受けた機関による補習授業等を提供する。
4 年連続 ［矯正的な活動］	上記の学校改善に加え，以下のいずれかの措置を講ずる。 1. AYP 未達成の原因となった教員の配置転換 2. 新たな教育課程の策定と教員研修の実施 3. 学校経営における自律性の大幅な削減 4. 授業時間あるいは授業日数の増加 5. 助言を得るための外部専門家の任用 6. 校内組織の再編成
5 年連続 ［再構築計画の 策定］	上記の学校改善及び矯正的な活動に加え，学校区教育委員会は以下のいずれかの実施計画を策定する。 1. 学校の閉校及び，チャーター・スクールとしての再編 2. 校長及び教職員の総配置転換 3. 学校経営の民間企業委託 4. 州教育委員会による直接的な学校管理 5. その他，学校経営の抜本的変更措置
6 年連続 ［再構築の実施］	年度初日からの学校再構築の実施

出典：No Child Left Behind Act of 2001, Title I, Part A, Sec. 1116 に基づいて筆者作成

る支援・指導が段階的に強化され，未達成状態が 6 年継続する場合に
は，校長及び教職員の総配置転換や州教育委員会による直接的な学校管
理（state takeover）など，学校の再構築が強制的になされる（表 5-
3）。学力──直截的には州内統一テストにおける成績──の向上という
目に見える成果を出せない学校は，その存在すら根底から覆されるので
ある。

4．適正年次到達指標（AYP）の策定・運用と混乱

（1）当初指標の抑制的設定方策の採用

　2007 年に公表された「1 人も落ちこぼさない法」に基づく教育改革推
進状況に関する中間報告書によれば，2003-04 年度現在，AYP に基づ
く評価対象校の 75％は当該年度の AYP を達成している[6]。このデータ
を見る限りにおいては，「1 人も落ちこぼさない」ための教育改革は，
順調な滑り出しを遂げたと言えよう。しかしここで，全米の半数近い州
が「当初指標の抑制的設定方策」と呼ぶべき手法を採用していたことを
視野に収める必要がある。州内統一テストの基準正答率達成目標につい
て見ると，例えば，カリフォルニア州（3 学年〜8 学年：英語）では，
当初 3 年間の達成者割合の目標は 13.6％，その後の 3 年間については
24.4％と低く抑えられ，7 年目からは毎年度 10.8 ポイントずつ到達率
目標が引き上げられており（図 5-1），同様の方策をとった州は 23 州に
及ぶ[7]。

（2）AYP 未達成率の上昇

　このような「当初指標の抑制的設定方策」を採用した州では，抑制期
間の終了後，AYP の未達成率は年を追うごとに上昇していった。カリ

---

6) Kerstin Carlson Le Floch, Felipe Martinez, et al.（2007）*State and Local Implementation of the "No Child Left Behind Act." Volume III--Accountability under "NCLB" Interim Report*, US Department of Education

7) Center on Education Policy（2008）*Many States Have Taken a "Backloaded" Approach to No Child Left Behind Goal of All Students Scoring "Proficient"*

92

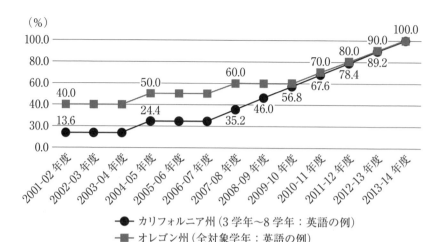

図 5-1 州内統一テストにおける基準正答率達成目標の例

出典：Center on Education Policy（2008）*Many States Have Taken a "Backloaded" Approach to No Child Left Behind Goal of All Students Scoring "Proficient"*

フォルニア州を例にとれば，2004-05 年度から 2006-07 年度まで 30％台前半であった AYP 未達成率は，2007-08 年度に 48％，2008-09 年度に 50％，2009-10 年度には 61％まで上昇した[8]。

　また，当初の到達目標を抑制しなかった州においても，2013-14 年度の州内統一テストの基準正答率達成 100％に向け到達目標値が高まるにつれ，AYP を達成できない公立学校は毎年度増加していった。2006-07 年度において 28％であった全米の公立学校における AYP 未達成率は，2010 年末には 38％に上昇し，2011 年 3 月にはダンカン（Arne Duncan）連邦教育省長官自らが「2011 年末までに AYP 未達成率は 82％にまで悪化し得る」との予測を示し，「『1 人も落ちこぼさない法』は崩壊している（broken）」と指摘する事態となった[9]。さらに，AYP 未達成率の上昇を抑えるため，2013-14 年度に到達すべき州内統一テストの正答率

8）Center on Education Policy（2011）*State Policy Differences Greatly Impact AYP Numbers*
9）U.S. Department of Education Press Release（2011）"Duncan Says 82 Percent of America's Schools Could "Fail" Under NCLB This Year", March 9, 2011

そのものを引き下げる州も現れ始め，州内統一テストの再受験を認め，再受験の結果を含めて AYP 達成率を算出する州も出現したのである[10]。

5.「すべての生徒が成功する法」の制定へ

（1）競争的資金「Race to the Top」の導入

2009 年 1 月に発足したオバマ政権にとって，「1 人も落ちこぼさない法」，とりわけ AYP をめぐる混乱を収拾させることは重要課題の 1 つであった。同年 2 月になされた施政方針演説においてオバマ（Barack H. Obama）大統領は，「我々の未来の経済にとって決定的に重要な 3 領域」に集中して財政投資するための予算を組むと明示し，当該 3 領域を「エネルギー」「医療」「教育」であるとした。さらに「グローバルな経済において最も価値あるスキルは知識であり，質の高い教育はもはや単なるチャンス（opportunity）につながる小道ではありません。——それはチャンスを得るための前提条件なのです」と述べている[11]。

政権成立直後，オバマ大統領は，州政府を対象とした競争的資金「Race to the Top」を創設し，各州に以下の 4 領域を包含した総合的な教育改革計画の立案を求めた。

○生徒が大学や職場で成功し，グローバルな経済のなかで競争できる力を獲得するために必要な教育スタンダードと評価制度を採用すること。
○優秀な教員や校長を採用し，現職研修制度を確立し，適切な報酬を与えること。
○生徒の学業成績を評価し，授業改善を図る上で必要な情報を整備すること。
○生徒の学力の低迷する学校に対して再構築を行うこと。

10）Center on Education Policy, 2011, op. cit.
11）https://obamawhitehouse.archives.gov/blog/2009/02/24/presidents-address-excerpt　accessed：20200401

　連邦政府が強い主導性を発揮し，財政難に陥っている多くの州に対して学力向上に向けた教育改革のインセンティブを与えることを通して，学力の向上を図りつつ学力格差を縮小するという「永遠の双子の目標」の達成に挑んだのである。

　このような動向の中で，2008 年末，全米州知事会（National Governors Association）と州教育長協議会（Council of Chief State School Officers）は，関連する民間団体と共に全米に共通するカリキュラムの基礎枠組み（コモン・コア・スタンダード）の作成に着手したことは特筆されてよいだろう。2010 年 6 月には英語と数学のスタンダードが Common Core State Standards として公表され，2013 年 4 月には理科のスタンダードが Next Generation Science Standards として公表された。

　「1 人も落ちこぼさない法」においては，州内統一テストの結果を中核とした学力向上に焦点を当て，厳しい制裁を伴うアウトカム・コントロールの手法が採用されたが，オバマ政権下の教育改革においては，全米共通のカリキュラムの基盤を形成し，その採用を促進することを通して，インプット・コントロールの付加，あるいは当該手法への接近が図られたと言えよう。

（2）「すべての生徒が成功する法」の制定

　またオバマ政権は，発足当初より「1 人も落ちこぼさない法」の改正に向けた準備に着手していた。しかし，リーマン・ショック後のアメリカ経済の立て直し，医療保険改革，ハリケーン等の自然災害対策などをめぐる審議に上院・下院の時間が割かれ，「1 人も落ちこぼさない法」の改正法案の策定とその審議は大幅に立ち後れた。初等中等教育法改正法として「すべての生徒が成功する法（Every Student Succeeds Act, P.L. 114-95）」が成立したのは，2015 年 12 月である。

　ここでは，連邦教育省が本法の特質として挙げた以下の 6 点をそのまま紹介しよう[12]。

---

12) https://www.ed.gov/ESSA　accessed：20200401

・社会的に不利な立場に置かれている生徒達や，教育ニーズの高い生徒達にとって不可欠な学習を保障する施策を維持することによって，公正な教育を推進する。
・初等中等教育法としては初めて，すべての生徒を対象とした高水準の教育スタンダードを求め，それによって生徒達が大学や将来のキャリアにおいて成功を収められるようにする。
・各州に対して，このような高水準の教育スタンダードの達成に向けた生徒の学力の向上について州内統一の年次評価をするよう求め，教育関係者，家庭，生徒自身，地域社会がそれらの重要な情報を得られるようにする。
・エビデンスに基づく改革や現場に即した改革など，各学校区における教育改革を支援し促進させる。
・質の高い就学前教育を受けることができる子ども達を増やすため，歴史に残る程度にまで予算を増額し維持する。
・生徒達の学力が向上しておらず，卒業率が長期間にわたって低迷しているような学業困難校においても，説明責任を果たす義務があり，また，肯定的な変容をもたらす方策が存在するという確信を維持する。

　これら6点のうち，まず注目すべきは，「1人も落ちこぼさない」という方針を前政権から引き継ぎつつも，「Race to the Top」事業内で求めていた教育スタンダードの導入を連邦教育法として初めて定め，その達成度の評価を州政府の義務とした点であろう。無論，連邦政府は教育行政上の命令権を有していないため，各学校における教育実践に対して拘束力を発揮するスタンダードを自ら策定することはできない。よってオバマ大統領は，全米州知事会や州教育長協議会などに働きかけ，カリキュラムの基礎枠組み（コモン・コア・スタンダード）の作成を求めたのである。それぞれの州が個別に各教科のスタンダードを独自に策定することは困難を極めるがゆえに，全米州知事会等にコモン・コア・スタンダードの策定に関わらせ，「すべての生徒が成功する法」に基づいて当該スタンダードの採用を各州に促すことによって，連邦政府の影響力を全米各地の学校における教育内容とその水準にまで及ばせたと言えよう。

また本法によって，就学前教育[13]の大幅な拡充が実施に移されたことも見落とされるべきではない。連邦教育省は，2015年4月に報告書『公正さを問うもの―アメリカにおける就学前教育― (*A Matter of Equity : Preschool in America*)』をとりまとめ，脳神経科学等の進展に伴って乳幼児期の教育の重要性が科学的な裏づけを得ているにもかかわらず，全米の4歳児のうち59％が公立の就学前教育機関に在籍していない現実を「当然あるべきものがない状態 (Unmet Need)」であるとした[14]。このような前提に基づく「すべての生徒が成功する法」は，Section 9212において，(1) 社会的に不利な立場に置かれた子ども達が幼稚園に入学できるような準備教育を提供すること，(2) これまで就学前教育に関わってきた諸団体が教育サービスの質の向上と提供方策の改善のために協同すること，(3) 保護者の就学前教育機関の選択を最大限に保障することを条件とした競争的資金を創設した。

そして何より，学業困難校について「肯定的な変容をもたらす方策が存在するという確信を維持する」という本法の特質は，オバマ政権による教育政策全体の特質を強く反映していると言えよう。とりわけ，教育困難校のチャーター・スクールへの転換を促進することにより抜本的な教育改善を図りつつ，保護者に学校選択権を付与することをとおして学校間の競争を促そうとする方策は，オバマ政権下で一層加速した（図5-2）。

6．トランプ政権下の教育政策

（1）連邦教育予算の縮小と学校選択制の拡充

2017年1月，トランプ（Donald J. Trump）がアメリカの第45代大

---

13) アメリカでは，多くの場合，幼稚園（kindergarten）は5歳児を対象とする1年制の教育機関と見なされ，初等教育の一環に位置づけられる。よって，就学前（preschool）教育は「pre-K」とも呼ばれ，幼稚園に入学する前の幼児を対象とした各種の教育プログラムを指すことが通例である。

14) U.S. Department of Education（2015）*A Matter of Equity:Preschool in America*（https://www2.ed.gov/documents/early-learning/matter-equity-preschool-america.pdf　accessed：20200401）

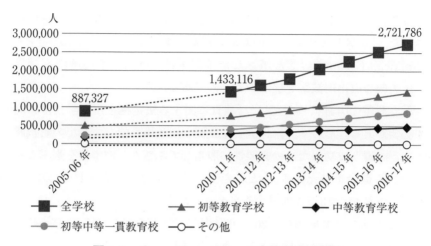

図 5-2　チャーター・スクール在籍者数の推移

出典：Digest of Education Statistics, 2016, *Digest of Education Statistics 2016*, Table 216.20

　統領に就任した。新政権の政策の基本的な方向性を示すこととなる施政方針演説は同年 2 月 28 日に行われた[15] が，演説中，「教育（education）」が用いられたのは，わずか 2 回であった。オバマ前大統領の同演説（2009 年）が，「教育」に 14 回言及しつつ，教育政策を同政権における最重要課題の 1 つに位置づけたこととは対照的である。

　以下，トランプ大統領の施政方針演説の中から「教育」が出現する部分のみを抄出し，全訳してみよう。

　教育は，私達の時代の市民の権利の問題です。私は，数百万人ものアフリカ系アメリカ人やラテン系アメリカ人の子ども達を含む，不利な立場に置かれた若者が学校を選択できるようにするための資金を提供する教育法案を可決するよう両党の議員に求めています。こうした若者の家族は，公立校，私立校，チャーター・スクール，マグネット・スクール，宗教学校，ホーム・スクールなどから，適した学校を自由に選べるようになるべきです。

---

15) https://www.whitehouse.gov/briefings-statements/remarks-president-trump-joint-address-congress/　accessed：20200401

トランプ政権初となる 2018 会計年度の予算教書は，2017 年 5 月に示
された。「アメリカの偉大さのための新たな礎（A New Foundation For
American Greatness）」と題された予算案は，財政赤字の解消を標榜
し，大幅な歳出削減案を提示するものであった。

教育政策の方針については，「教育に関する決定権を州や学校区に戻
す必要がある。その一方，保護者や生徒が，利用可能なすべての選択肢
から，学習と成功のための必要性に照らしてふさわしい学校を選ぶこと
のできる機会を拡充する。」とした上で[16]，連邦教育省予算を 2017 会
計年度予算から 13.5％削減する案を示した[17]。

またトランプ大統領は，2017 年 4 月に，連邦政府による教育統制を
廃する大統領令を発出し，次のように指摘している[18]。

合衆国憲法とアメリカ合衆国の諸法によって大統領としての私に与えられ
た権限に基づき，また，合衆国憲法に基づく連邦政府と各州との間の権限の
適正な分割を回復させ，さらに，州及び地方学校区による教育管理権に対す
る連邦の介入を禁ずる法令を厳格に遵守し，その理念をさらに高めるため，
（中略）次の通り命ずる。
1. 法令に準拠するカリキュラム，教育実践プログラム，学校経営，教職員
人事，学校及び学校制度に関する州及び学校区の管理権を保護することを行
政機関の方針とする。（以下略）

そして，当該大統領令は，コモン・コア・スタンダードに基づく連邦
施策についても，本来禁じられている連邦政府による教育介入であると
明示したのである。無論，大統領令も行政命令の 1 つであるため，現行
の連邦法に反する内容は実効性を持たない。しかし，ここで示されたト

16) Office of Management and Budget（2017）*BUDGET OF THE U.S. GOVERN-MENT : A New Foundation For American Greatness, Fiscal Year 2018*, p.2
17) Ibid. Table S-8
18) Presidential Executive Order on Enforcing Statutory Prohibitions on Federal Control of Education, April 26, 2017（https://www.whitehouse.gov/presidential-actions/presidential-executive-order-enforcing-statutory-prohibitions-federal-control-education/ accessed：20200401）

ランプ大統領の教育政策に関する方針は，「小さな政府」と「市場原理」を重視するネオリベラリズムそのものと言えよう。

　オバマ政権は連邦政府の強い主導性を全米の教育改革の推進力としつつ，その一環として学校選択制を拡大させる方策をとった。トランプ政権は，学校選択制の拡充に焦点を絞ってそれを継続・拡充させる一方，総体的な連邦政府の主導性は大きく後退させているのである。

（3）この 40 年の成果と展望

　さて，「1 人も落ちこぼさない法」制定以降のアメリカは，学力の向上を図りつつ学力格差を縮小するという「永遠の双子の目標」の達成に近づいたのだろうか。

　例えば，連邦教育省教育統計局（National Center for Education Statistics）が継続的に実施している抽出式学力調査（National Assessment of Educational Progress（NAEP））は，アメリカが目標の達成に向けてゆっくりとではあるが歩みを進めている事実を示している。8 年生の英語を事例として見ると，1990 年以降 2013 年までは平均点は緩やかな上

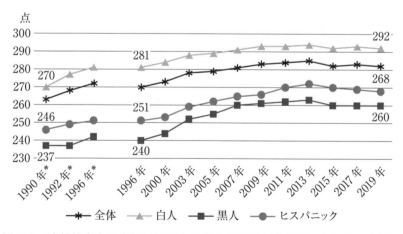

図 5-3　連邦教育省教育統計局による学力調査結果の推移（8 年生・英語）
注）＊問題用紙の拡大印刷等の特別措置対象者を除外して集計しているため参考値
出典：National Center for Education Statistics, NAEP Data Explorer（https://www.nationsreportcard.gov/ndecore/xplore/nde）

昇傾向を示しており，人種・民族の間に依然として残る大きな開きについても縮小傾向が確認できる（図5-3）。2013年以降は若干の低下あるいは停滞が見られるが人種・民族間の格差拡大の懸念があるとまでは言えないだろう。トランプ政権のネオリベラリズムによってこの流れがどのように変容するのか，さらには，アメリカはこのままネオリベラリズムの道を突き進んでいくのか，今後の展開を注意深く見守っていく必要がある。

研究課題

(1) アメリカにおける連邦・州・学校区（学区）がそれぞれ有する教育
　　行政の具体的な権限について調べ，整理しておこう。

(2) いずれかの州を選び，初等中等教育行政を所管する当該州の行政機
　　関（Department of Education など）が公式ウェブサイトにおいて
　　公表している「学力格差（achievement gap）」の是正策の概要を
　　整理してみよう。

(3) 教育行政機関によるアウトカム・コントロールとインプット・コン
　　トロールについて，それぞれの長所と短所を整理しておこう。

参考文献

石井英真『現代アメリカにおける学力形成論の展開—スタンダードに基づくカリ
　　キュラムの設計〔再増補版〕』（東信堂，2020 年）
今村令子『永遠の「双子の目標」—多文化共生の社会と教育（現代アメリカ教育)』
　　（東信堂，1990 年）
金子忠『変革期のアメリカ教育—学校編—』（東信堂，1985 年）
北野秋男，大桃敏行，吉良直『アメリカ教育改革の最前線：頂点への競争』（学術
　　出版会，2012 年）
ジャック・ジェニングズ（吉良直，大桃敏行，高橋哲訳）『アメリカ教育改革のポ
　　リティクス—公正を求めた 50 年の闘い』（東京大学出版会，2018 年）
ダイアン・ラヴィッチ（末藤美津子訳）『教育による社会的正義の実現—アメリカ
　　の挑戦（1945-1980)』（東信堂，2011 年）
松尾知明『アメリカの現代教育改革—スタンダードとアカウンタビリティの光と
　　影』（東信堂，2010 年）

6 アメリカの教育改革(2)
―働くための教育―

藤田晃之

　本章では，まず，アメリカにおける職業教育を理解するための前提となる
基礎的事項について整理し（1., 2.），職業教育に直接関連する連邦法の改
正動向をまとめ（3.），2012年に策定された職業教育分野におけるコモン・
コア・スタンダードの特質について解説する（4.）。その後，現在のアメリ
カにおける職業教育実践の特質について具体的なプログラムを挙げながら明
らかにしていく（5.）。

はじめに

　アメリカ合衆国（以下，アメリカ）において，学校教育が若年労働者
の育成を担い，十分な就業支援を提供することは容易ではない。若者
は，定職に就くまでの間に職から職への渡り歩きを繰り返すことが一般
的であり，そのような行動を通して自ら進むべき道を確定させていくこ
とが通例だからである。しかしその一方，「人づくりは国づくり」と言
われるように，国の産業と経済を支える労働者の育成はいずれの国にお
いても重要な課題であり，アメリカもその例外ではない。

　本章では，経済大国アメリカが，この「難題」にどのように取り組ん
できたのかを紐解いていこう。

1. アメリカ経済の変動の波と教育改革

　アメリカにおける教育改革は，同国の経済の好不況に呼応するかのよ
うに展開する傾向がある。前章において引用した『危機に立つ国家』
（1983年），及び，それを契機とした諸改革はその典型であろう。当時
のアメリカは，累積する貿易収支の赤字に直面し，産業の国際競争力の

低下に危機感を募らせていた。

　その後，いわゆる米ソ冷戦体制の終焉や情報産業の活性化，家計消費の伸び等に支えられた1990年代の好調期を経て，2000年代に入ると再びアメリカ経済には陰りが見え始める。2000年の後半から始まった株価の急激な低下はそれを象徴する出来事だった。「1人も落ちこぼさない法」の制定や同法に基づく教育改革が着手されたのはこの時期である。

　株価低迷をきっかけとする景気の後退を食い止めるため，政府は金利の大幅な引き下げを図り，一時期，それは住宅購入ブームと呼ぶべき状況を形成した。しかし，2007年にサブプライム住宅ローンが崩壊し，それは2008年のリーマン・ブラザーズ証券の破綻などの深刻な金融危機へと展開していく。このような厳しい状況のなかで，オバマ政権は発足したのである。

　オバマ大統領は，就任演説において，「どこに目を向けても，なすべき仕事があります。我が国の経済の現状は大胆で迅速な行動を求めています。新しい雇用を創造することはもちろん，成長のための新たな基盤を築くために私達は行動を起こすのです。（中略）そして，新たな時代の要請に応え得るよう，学校や大学を変革していきます。私達はこれらすべてを実現することが可能です。いや，実現するのです」と述べ[1]，経済の発展と雇用の安定，教育の振興とを明示的に結びつけているが，その背景には，当時のアメリカにおける若年者雇用をめぐる厳しい状況があった（表6-1）。

　「人づくりは国づくり」と言われるように，社会の形成者としての公民（国民）の育成，とりわけ国の産業と経済を支える労働者の育成は，いずれの国においても重要な課題である。冷戦体制終焉後のアメリカの教育改革においては，それがひときわ顕在化して進展してきた。全米規模での教育改革がなされるときには，強い産業・経済の復活とそれを担う人材育成が常に中核的な課題の1つとされてきたと言える。

---

1) https://obamawhitehouse. archives. gov/blog/2009/01/21/president-barack-obamas-inaugural-address　accessed：20200401

104

表6-1 若年者（15歳〜24歳）の就業をめぐる状況（1999年・2009年）

	アメリカ		日本		OECD平均	
	1999年	2009年	1999年	2009年	1999年	2009年
当該年齢の完全失業率（%）	9.9	17.6	9.3	9.1	15.0	18.0
当該年齢人口における失業者の割合（%）	6.5	10.0	4.4	4.0	7.2	8.2
当該年齢失業者における長期失業者の割合（%）	3.6	12.2	13.0	21.6	20.2	16.4
当該年齢人口におけるNEETの割合（%）	10.6	12.1	7.6	7.4	12.8	10.9

出典：OECD（2010）*Off to a Good Start? Jobs for Youth*, OECD Publishing, Table 2.1

2. アメリカ社会における 「職業生活への移行プロセス」 の特質

　アメリカにとって，学校教育を通して体系的に若年労働者の育成を行い，卒業後に進学を希望しない生徒に対する就業支援を円滑に提供することは，容易な課題ではない。その主たる理由は次のように整理できる。

　アメリカ社会において，学校での生活から職業生活への移行プロセスは，「パイプライン型」と「スワール（swirl・旋回流）型」とに分かれると言われている。前者の典型は，高校―大学―大学院へと進学し，その後，空隙のないままフルタイムの仕事に就くプロセスを経るもので，少数の有名大学（highly selective undergraduate institutions）に進学し，弁護士や医師資格あるいはMBA等を取得した者にほぼ限定される。その一方で，圧倒的多数の若者は，後者に分類されるプロセスを経て定職につく[2]。「スワール型」の特質については，OECDが2000年にとりまとめた報告書『第1次教育段階から職業生活への移行（*From Initial Education to Working Life：Making Transitions Work*)』が，次

---

2) Robert Zemsky, et al.（1998）"The Transition from Initial Education to Working Life in the United States of America"（A Report to OECD), p.7（http://www.oecd.org/edu/skills-beyond-school/1908306.pdf　accessed：20200401)

のように説明している[3]。

　（アメリカにおいて学校での生活から職業生活への移行期に多く見られる）
行動は，定職に就くまでの間に繰り返される職から職への渡り歩きを意味す
るものとして理解されている。より詳細に言えば，この期間において若者
は，多種多様な活動を短期間のうちに経験するのであり，職に就くことはそ
の一形態にしかすぎない。例えば，雇用促進のための教育訓練プログラム等
への参加，失業・無業状態，生徒・学生の立場への一時的回帰，パートタイ
ム就労，短期間のフルタイム就労などが挙げられる。

　このような移行期における不安定就労は，白人より人種・民族的マイ
ノリティーやハイスクール中退者に顕著に見られる。クラーマン
（Klerman）らの報告（1995 年）によれば，男性の場合，18 歳から 24
歳までの平均転職回数はおよそ 5 回（6 jobs），28 歳までにほぼ 7 回で
あるが，ハイスクール中退者の大半（75 パーセンタイル）は，24 歳ま
でに約 8 回，28 歳までには 9 回以上の転職経験を有している[4]。さらに
中退者の状況を詳しく見ると，27 歳までの転職回数は白人 8.1 回，ヒ
スパニック 7.4 回，黒人 6.0 回となっている[5]。ハイスクール中退者は
移行期における就労の不安定度が著しく高く，さらに，ハイスクールを
中退した人種・民族的マイノリティーグループは，そのような不安定な
就労機会すら得にくい。
　しかも，ハイスクール中退者の割合を人種・民族集団別に見ると，い
ずれも改善の傾向が確認され，特にヒスパニックにおいて著しく改善さ
れてきてはいるものの，最新データ（2016 年現在）においてもなお，
白人に比べて黒人の中退率は約 1.2 倍，ヒスパニックは約 1.7 倍となっ
ている（図 6-1）。

3）OECD（2000）*From Initial Education to Working Life : Making Transitions Work*, OECD Publishing, p.78
4）Jacob Klerman, Lynn Karoly（1995）*The Transition to Stable Employment : The Experience of US Youth in their Early Career*, National Centre for Research in Vocational Education, p.40
5）Ibid., p.42

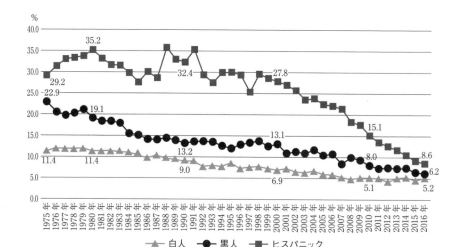

**図 6-1　16 歳～24 歳人口におけるハイスクール中退者の割合の推移
（主たる人種・民族別：1975 年-2016 年）**

出典：National Center for Education Statistics. 2019. *Digest of Education Statistics, 2017*. Table 219.70

　アメリカでは，若年労働者の育成や若年者の就業支援の改善が常に教育改革の焦点の 1 つとされながらも，学校教育に限定した取り組みによって見込まれる成果は限定的にならざるを得ないというジレンマを抱えている。しかも，そこには，黒人やヒスパニックを典型とした人種・民族的マイノリティーグループと白人との間の格差が存在する。

　翻って日本では，高等学校が公共職業安定所（ハローワーク）の一部業務分担として就職先斡旋機能を持ち，地元企業等との相互信頼関係を背景とした生徒推薦の慣行に基づく就職支援が長年実施されてきた。学校生活から職業生活への移行プロセスは，日米間で大きく異なっている。

　以下の紙幅では，連邦法の改正動向を跡づけながら職業教育の基本的な方向性についてまとめ，その後，1990 年代後半以降の施策を中核としつつ，アメリカにおける若年労働者の育成や若年者の就業支援の改善に向けた主な施策を挙げ，それらの特質を整理していこう。

3. 連邦法改正にみる職業教育の位置づけの変容

　職業教育を支える連邦法は，従来の関連法の全面的な改定を企図して1984年に制定された「カール・D・パーキンス職業教育法（Carl. D. Perkins Vocational Education Act, P.L. 98-524）」以来，1990年，1998年，2006年，2018年の改正を経て今日に至っている。（これら一連の職業教育法は，それぞれ「パーキンス法Ⅰ」「パーキンス法Ⅱ」「パーキンス法Ⅲ」「パーキンス法Ⅳ」「パーキンス法Ⅴ」と呼ばれることも多い。以下，本章でも踏襲する。）

　また，1994年には，これらの職業教育法（パーキンス法Ⅰ～Ⅴ）とは別に「学校から職業への移行機会法（School-to-Work Opportunities Act, P.L. 103-239）」が制定された。本法は，2001年10月までの時限法として成立し，2001年には更新されることなく廃止となったが，本法独自の連邦補助金支出を通して，各州における90年代後半の若年者就職支援施策に大きな影響を与えた。

　これらの連邦法を鳥瞰してみると，そこには，職業教育の位置づけの大きな変容――「不利な立場に置かれた者」を中核とする職業教育から，アカデミックな教育と統合され高等教育への進学も支援し得る職業教育への転換――が浮かび上がってくる（表6-2）。

　1984年のパーキンス法Ⅰでは，「これまでの職業教育において望ましい扱いを受けてこなかった者」に対する職業教育の拡充を求め，同法が定める補助金を受領した州に対して，受領総額の57％を対象者属性を特定した職業教育プログラムに使用するよう求めた（Sec. 202）。その具体的配分率は次の通りである。

・障害のある者：10％
・不利な立場に置かれている者（disadvantaged individuals）：22％
・職業訓練あるいは再訓練を必要とする成人：12％
・配偶者を持たない有子労働者あるいは専業家事担当者（homemaker）：8.5％

表6-2　連邦の職業教育法及び関連法における補助金支出の主たる狙い

制定年	法　律　名	補助金支出の狙いや特質
1984年	カール・D・パーキンス職業教育法（パーキンス法I） Carl D. Perkins Vocational Education Act, P.L. 98-524	「不利な立場に置かれた者」を対象とした職業教育への重点予算配分
1990年	カール・D・パーキンス職業教育及び応用技術教育法（パーキンス法II） Carl D. Perkins Vocational and Applied Technology Education Act Amendments of 1990, P.L. 101-392	高度技術社会において就労する上で必要なアカデミックな能力と職業技能的能力の双方を習得し得る教育プログラムの改善
1994年	学校から職業への移行機会法 School-to-Work Opportunities Act, P.L. 103-239	「職場における学習」と「学校における学習」の統合，アカデミックな教育と職業的教育との統合
1998年	カール・D・パーキンス職業教育及び応用技術教育法改正法（パーキンス法III） Carl D. Perkins Vocational and Applied Technology Education Act Amendments of 1998, P. L. 105-332)	高度にアカデミックな教育スタンダードの構築 職業技術教育を受ける生徒に対して提供されるアカデミックな教育と職業技術教育との統合，及び，中等教育と中等後教育との円滑な接続を支援する施策の促進
2006年	カール・D・パーキンス　キャリア・技術教育法（パーキンス法IV） Carl D. Perkins Career and Technical Education Act of 2006, P.L. 109-270 ※「職業教育」を「キャリア・技術教育」に改称	高度にアカデミックな教育とキャリア・技術教育の提供のためのスタンダードの構築 キャリア・技術教育を受ける生徒に対して提供される厳格かつ高度なアカデミックな教育とキャリア・技術教育との統合し，及び，中等教育と中等後教育との円滑な接続を支援する施策の促進
2018年	21世紀にふさわしくキャリア・技術教育法を強化する法（パーキンスV） The Strengthening Career and Technical Education for the 21st Century, P.L. 115-224	アカデミックな学力，具体的な職業知識とスキルに加えて，より汎用性の高い「雇用され得る力」の育成を焦点化 中等教育後のキャリア・技術教育の拡充とともに小学校からのキャリア・技術教育の開始 連邦政府の主導性を抑制し，州や地方の自律性を促進

出典：各法に基づき筆者作成

・職業教育における性差固定概念撤廃のためのプログラム参加者：3.5%
・矯正機関に入所している犯罪者：1%

　予算を集中させた「不利な立場に置かれた者」について同法は次のように定義している（Sec. 521）。

　アカデミックなもしくは経済的なハンディキャップがある者で，かつ，職業教育において彼らに成功をおさめさせるためには特別な援助を必要とする者を意味する（ただし，障害のある者を除く）。ここには，低所得世帯の家族，移民，英語の運用能力の不自由な者，中等教育からの中退者，中退する可能性のある者が含まれる。

　しかし，このような方策は，1990 年の「パーキンス法Ⅱ」において大幅に転換される。本法は「高度技術社会において就労する上で必要なアカデミックな能力と職業技能的能力の双方を習得し得る教育プログラムの改善」を主たる目標として成立し（Sec.2），同法による各州への連邦補助金は，何よりもまず職業教育カリキュラムとアカデミックなカリキュラムの統合のために使用されなくてはならないと定められた（Sec.201）。
　さらに 1994 年には，学校から職業への「移行機会法」が，若年労働者層の 4 分の 3 を占める学士の学位を持たない者の多くが今日の職場が要求する諸技能に欠け，高校卒業資格を持たない者がマイノリティーを中心に多く，中等後教育を経ない労働者の収入が低迷している等の事実認識に基づいて制定され（Sec.2），これを機にこの流れは一層鮮明となって現行法へと引き継がれている。
　ここで併せて留意すべきは，2006 年の「パーキンス法Ⅳ」において，職業教育（vocational education）という用語が，一括して「キャリア・技術教育（career and technical education）」に変更されている点であろう。従来からアメリカでは，職業教育が進学を希望しない者に対する「二流（second class）の教育」であると見なされる傾向が強く，職業教

育の関係者や研究者からは，このようなとらえ方に対する批判がなされてきた。すでに 1990 年代には，「職業教育」という用語に凝着した含意の払拭を困難と判断した関係団体や研究者らによって，「キャリア・技術教育」への呼称変更の動きが見られ[6]，「パーキンス法Ⅳ」における用語変更は，このような動向を連邦法として公に追認したものと言える（以下，本章では，vocational education, career and technical education の双方を一括して「職業教育」と表記し，必要に応じて「キャリア・技術教育」を用いる）。

　さらに，2018 年に成立した「パーキンス法Ⅴ」では，連邦政府の主導性を抑制しつつ州や地方の自律性を促進するニューリベラリズムに基づく手法を底流としつつも，若者の社会的自立を支援するための職業教育政策の側面が強化されている。そのうち，以下の 4 点は特に重要であろう。

○アカデミックな学力，具体的な職業知識とスキルに加えて，より汎用性の高い「雇用され得る力」の育成を焦点化（Sec. 122, 124）

○社会的需要のある職種・職業に接続する職業教育への補助金強化（Sec. 112, 113, 124, 125）

○ 5 年生からの職業教育及びキャリア形成支援の実施（Sec. 215）

○連邦補助金を受ける州の職業教育予算のうち 0.1% 以上を充て，職業教育の受講を勧めるべき対象となる「special population」の範囲の拡大（ホームレス，児童養護施設で生活する者，国軍に従事する親を持つ者の追加）（Sec. 112）

6）連邦教育省・教育科学研究所（Institute of Education Sciences）が管理・運営する教育関係文献データベース ERIC（Educational Resource Information Center）に収録される範囲では，「career and technical education」との用語を使用した文献の初出は 1989 年（1 件）である。その後，1991 年～98 年までは各年 1～7 件（92 年は収録なし）で推移した後，99 年に 24 件，2000 年に 40 件，2001 年に 78 件と急増し，2001 年から 2019 年の約 20 年間では当該用語を使用した文献の総数は 1,600 件を超えている。（2020 年 2 月現在）

4. 職業教育(キャリア・技術教育)コモン・コア

このような一連の動向の中で特に注目すべきは,2012年に公表され
た「職業教育コモン・コア(Common Career Technical Core)」であろ
う。前章5. で詳述したとおり,オバマ政権は全米州知事会(National
Governors Association)と州教育長協議会(Council of Chief State
School Officers)等に働きかけ,全米に共通するカリキュラムの基礎枠
組み(コモン・コア・スタンダード)の策定を強力に推し進めた。その
一環としての職業教育分野におけるコモン・コア・スタンダードは,各
州職業教育担当部局長連盟(National Association of State Directors of
Career Technical Education Consortium:NASDCTEc)が中核となっ
て作成された。

職業教育コモン・コアは,①汎用性の高い「雇用され得る力」のスタ
ンダード(Career Ready Practices),②16の「職業群」ごとに求めら
れる能力・技能のスタンダード(Career Cluster Standards),③「職業
群」を細分化した「職種群」ごとに求められる能力・技能のスタンダー
ド(Career Pathway Standards),④具体的な「職種」ごとに求められ
る能力・技能のスタンダード(Industry-based Standards)の4層構造
となっており(図6-2),このうち「職業群」は次のように区分されて
いる[7]。

- ・農業,食品,天然資源
- ・芸術,音響・映像,コミュニケーション
- ・教育,訓練
- ・行政
- ・接客,旅行
- ・情報技術
- ・製造
- ・自然科学,エンジニアリング

- ・建築
- ・ビジネス,経営
- ・金融
- ・保健
- ・人材開発
- ・法務,公安
- ・販売,マーケティング
- ・交通,運輸

7)National Association of State Directors of Career Technical Education
Consortium / National Career Technical Education Foundation. 2012. *Common
Career Technical Core*. NASDCTEc

112

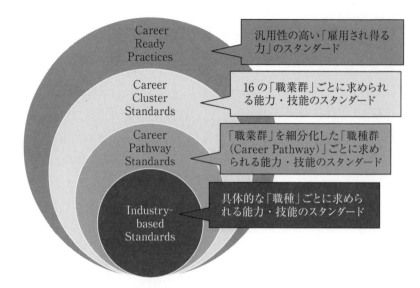

図6-2 職業教育コモン・コアの4層層構造
出典：Advance CTE, Common Career Technical Core, Programs of Study and Industry-Based Standards（https://careertech.org/sites/default/files/CCTC-IndustryStandards.pdf accessed：20200401）

　また，これらの「職業群（Career Clusters）」は，さらに「職種群（Career Pathways）」に下位区分される。例えば職業群「農業，食品，天然資源」は，「アグリビジネス」「動物」「環境」「食品生産」「天然資源」「植物」「農業施設・機械」の職種群による構成となっている。
　このような職業教育コモン・コアは，次の2側面において従来の職業教育推進方策とは一線を画す特質を備えていると言えよう。
　第一の特徴としては，職業専門領域ごとに独自に定められてきた標準的なカリキュラムと到達目標（Performance Elements）について全米共通の基礎枠組みを提示したことが挙げられる。とりわけ，中等後教育機関・高等教育機関への接続（進学）を前提とした学力保障も視野に入れつつ，各領域にいわば「横串を刺す」形式を伴って職業教育コモン・コアが提示されたことは画期的である。
　第二に，すべての職業群・職種群等に共通し，その基盤となる「雇用され得る力」が「Career Ready Practices」として提示され，職業教育

プログラムを通して育成すべき能力の重要な一部として位置づけられたことが特徴となっている。これまで，自立した社会人として必要な汎用性の高い能力については，各州政府や各種団体のみならず，個々の研究者・実践者らによって多様に提示されてはきたものの，全米共通の枠組みは存在していなかった。以下，職業教育コモン・コアが示した 12 項目の「Career Ready Practices」，すなわち「社会人として準備が整った人が実践する行動」を列挙する。

1. （他者や社会等に対して）責任を果たし，貢献できる市民及び従業者（employee）として行動する。
2. その場に必要なアカデミックなスキルや技術的スキルを用いる。
3. 自らの健康維持，経済状況の安定に努力する。
4. 明快かつ効果的で，論拠を伴ったコミュニケーションをする。
5. 自らの決定が環境・社会・経済に及ぼす影響を考慮する。
6. 創造力と創意工夫（innovation）に富む行動をする。
7. 物事を検討する際に有効かつ信頼性のある方略を採用する。
8. 論理的（批判的）思考（critical thinking）を活用して諸問題を捉え，解決に向けて粘り強く取り組む。
9. 清廉さ（integrity），倫理的なリーダーシップ，効果的なマネジメント能力を自ら形成しようとする。
10. 自らの目標にふさわしい今後の学習やキャリアパスを展望し計画する。
11. 生産性を向上させるためにテクノロジーを活用する。
12. 文化の多様性に関する理解やグローバルな視点を生かしつつ，チームの一員として生産的に働く。

教育施策及び教育実践の双方に対してアカウンタビリティーが厳しく問われる今日，職業教育コモン・コアが提示した 4 層のスタンダードに依拠する諸実践の成果（アウトカム）についても，データに基づく客観的な検証が求められている。その際，「職業群」「職種群」「職種」のス

タンダードの達成状況に関しては，職業に関する知識や技能についての検定試験・資格試験を典型としたこれまでの査定・検証の仕組みを基盤とすることができる。一方，汎用的な「雇用され得る力」としての「Career Ready Practices」の評価については，全米に共通する指標の策定には至っていない。現在，多くの州や関連団体が，「Career Ready Practices」のアウトカム評価の仕組みや方策について検討と試行を重ねている[8]。

5．職業教育（キャリア・技術教育）の 実践プログラムの多様性

　これまで整理してきたような連邦政府による施策は，どのような実践として具体化されているのだろうか。以下の紙幅では，アメリカにおける職業教育の実践プログラムの特質に迫ることにしよう。

　アメリカの公立ハイスクールは，その圧倒的多数が総合制（comprehensive high school）であり，当該通学区域内に居住する多様な生徒が在籍し，職業教育は選択科目の一部として提供されている。履修者が少ない科目，特殊な施設・設備を必要とする科目等は，学校区内の特定のハイスクールや，成人の職業教育プログラムも提供する地域職業教育センター（area vocational center）で集約的に開設され，生徒は必要に応じてそれらの科目を履修する。午前中は在籍ハイスクールでの授業に出席し，昼食後に当該職業科目を履修するためそれぞれの機関に移動して授業に参加することなども希ではない。そのためにスクールバスの定期運行を行うケースもあるが，生徒自らが自家用車を運転して移動するケースも一般的に見られる。

　これらの多様な選択科目の中から，1人ひとりの生徒が自らの関心や

8）例えば，ノースダコタ州では2015年に全米に先駆けてルーブリック（Career Ready Practices Rubric）の策定を行い，その後も試行と改善が重ねられている。（石嶺ちづる 2020．「アメリカにおけるキャリア教育のアウトカム評価指標の特徴―ノースダコタ州のCRPルーブリックを事例として―」『高知大学学校教育研究』第2号，pp.43-50）

将来展望，習熟度等に照らしてふさわしい科目を選択できるよう指導・助言を与えるのはスクールカウンセラーである。パーキンス法Ⅰ～Ⅴは，上級学校や職業への移行支援等を目的としたキャリアガイダンス及びカウンセリングをスクールカウンセラーの任務として定めており，全米スクールカウンセラー協会（American School Counselor Association）も，「生徒の学業の進展，キャリア発達，人間的・社会的成長の促進に向けた指導・支援」をスクールカウンセラーの中核的な使命として位置づけている[9]。

　以下，職業教育の多様な実践の中から，①アカデミックな教育と統合され高等教育への進学も支援し得る教育として実践される典型としての「テックプレップとプログラム・オブ・スタディ」及び「キャリアアカデミー」，②ハイスクールを中退した人種・民族的マイノリティーグループが直面する厳しい現実を踏まえて展開される「ジョブコア」を取り上げ，その特質を整理していく。

（1）テックプレップとその後継のプログラム・オブ・スタディ（PoS）

　まず，アカデミックな教育との統合やハイスクールと中等後教育機関との連携促進が企図されはじめた1990年代の職業教育の理念を最も明快に反映した仕組みとしてのテックプレップ（Tech-Prep programs）に注目する。

　テックプレップは，第9学年（多くの場合，ハイスクール初年次に該当する）から遅くとも第11学年までに開始されるもので，ハイスクールにおける教育と，準学士資格取得可能な高等機関（コミュニティー・カレッジ）における2年間の教育とを接続させた一貫教育を提供する仕組みである。ハイスクール在学時のどの学年から開始するかによって

---

9) American School Counselor Association, The ASCA National Model：A Framework for School Counseling Programs, ASCA, 2003（なお，2011-12年度現在で，公立ハイスクールに勤務するスクールカウンセラー（及び相当するスタッフ）はフルタイム当量で4万9,860人，1人当たりの生徒数は284名である。National Center for Education Statistics, Schools and Staffing Survey（SASS）, "Public School Data File," 2011-12）

「4＋2 (four plus two)」「3＋2」「2＋2」とも呼ばれる。具体的には，当該一貫プログラムにおいて，エンジニアリング・工業・農業・保健・商業等のうち1領域以上の専門的職業教育科目の履修と，数学・自然科学・コミュニケーション科目の計画的・継続的履修との双方を義務づけ，かつ，就労先の確保に向けた指導・援助を与えようとするものであり，一部の4年制大学の参画もなされた。

　1990年に制定された「パーキンス法Ⅱ」において連邦補助金の対象とされて以来，10年以上にわたって当該予算は拡充されてきたが，2006年の「パーキンス法Ⅳ」が，「プログラム・オブ・スタディ (Program of Study，以下 PoS)」をテックプレップの後継として導入したことを契機に，いわば新旧交代の潮流が生まれた。そして，2018年の「パーキンス法Ⅴ」では，テックプレップそのものが廃止され，PoSへの一本化が図られたのである。その背景としては，テックプレップによる一貫教育の履修と進学後の成績との間の相関を示すエビデンスが十分には得られなかったこと，及び，当該地域の産業界からのニーズの高い専門分野をテックプレップの対象分野とするような制度設計ではなかったことなどが指摘されている[10]。

　ここでは，「パーキンス法Ⅴ」が定めた PoS の定義（SEC. 7.（41））に基づきつつ，テックプレップとの相違点に焦点を絞りながらその特質を整理する。

　PoS は中等教育レベル及び中等後教育レベルの教育を空隙なくつなぎ，アカデミックな教育と専門的な職業教育とを総合的に提供する点ではテックプレップと軌を一にしつつも，①より汎用性の高い「雇用され得る力（employability skills）」の向上を図る要素も同時に含むこと，②地域産業のニーズに即した内容であること，③最終的には特定の職業分野に特化した教育を提供する体系的なプログラムであること，④多様な水準の職業資格に対応しつつ，初級段階のみで修了したり，中級段階

---

10) Lewis, Morgan V.（2008）Effectiveness of Previous Initiatives Similar to Programs of Study：Tech Prep, Career Pathways, and Youth Apprenticeships, *Career and Technical Education Research,* 33（3），pp. 165-188

から開始したりする履修者も認める柔軟性があること，⑤中等後教育機関への在籍を前提とした職業資格の取得をもってプログラムの修了とすることは，PoS への転換において新たに付与された特質である。

（2）キャリアアカデミー

キャリアアカデミー（career academies）は，低学力や出席不振などの問題を抱えるハイスクール在学生徒を主たる対象とした「学校内学校（a school-within-a-school）」である。当該プログラムの特質は，①自ら志願して選考された生徒を対象とし，②当該地域で雇用機会が充分にある職業分野に焦点を当てつつ，それに並行してアカデミック科目の系統的学習を義務づけ，③アカデミーに在籍する生徒には協力企業における夏季雇用の機会が与えられることにある[11]。

キャリアアカデミーの先行的実践事例は，1969 年にフィラデルフィア市内のハイスクール内に設立されたフィラデルフィアアカデミーまでさかのぼることが可能であるが，2019-20 年度現在では，全米のハイスクールのうち 406 校で 620 のキャリアアカデミーが設置されており，在籍者は 11 万 2,208 名とされる[12]。また，人種民族別の在籍者の割合を見ると，42％がヒスパニック，28％が黒人とマイノリティーの占める割合が高く，さらに在籍者全体の 67％は貧困層（学校給食無償あるいは減額対象者）であると報告されている。なお，これらのキャリアアカデミーは，特定の州や学校区による偏在が見られ，フロリダ州 171，カリフォルニア州 71，ニューヨーク州 53 など，多くのキャリアアカデミー

---

11) David Stern, et.al., Career Academies：Partnerships for Reconstructing American High Schools, Jossey-Bass, 1992（なお，日本におけるキャリアアカデミーの先行研究には，金子忠史「キャリアアカデミーの設立―職業高校の再構築に向けて」，現代アメリカ教育研究会『学校と社会との連携を求めるアメリカの挑戦』教育開発研究所，1995 年，pp.63-88 がある。）

12) National Academy Foundation, National Data 2019-2020（https://naf.org/wp-content/uploads/2020/02/NAF-National-2020-Data-One-Pager.pdf　accessed：20200401）なお，本段落において引用するデータはすべて，キャリアアカデミーの全米組織である National Academy Foundation に登録しているプログラムに限定したものである。

を有する州がある一方で，16州においては全く設置されていない。また，フロリダ州においては，全体の4割に近い63校がマイアミデイド（Miami-Dade）学校区に集中しているのが現状である。

このように，現状では全米に広く普及したとは言い難いキャリアアカデミーであるが，在籍した生徒の99%はハイスクールを卒業し，そのうち87%は高等教育機関への進学を予定しているなど，顕著な成果が報告されており[13]，オバマ政権下の2013会計年度連邦教育予算では，キャリアアカデミー振興のための競争的資金（今後3年間で10億ドル（約1,000億円））が新たに設けられた[14]。また，キャリアアカデミーに在籍した生徒は，他の学校に在籍した同様の属性を有する生徒に比べ，就業後の年間収入が11%高いとの実証研究もなされている[15]。

（3）ジョブコア

最後に紹介するのは，ハイスクールを中退した人種・民族的マイノリティーグループが直面する厳しい現実を踏まえて展開される寄宿制の教育・職業訓練プログラム「ジョブコア（Job Corps）」である。

連邦労働省によって所管されるジョブコアは，経済的に困窮した状況にあり，就業する上での困難に直面している若年層を対象とする寄宿制の教育・職業訓練プログラムである。ジョブコアの根拠法である「労働力革新機会法（Workforce Innovation and Opportunity Act, P.L. 113-128）」は，その対象者を次の①〜③の条件をすべて満たす者と定めており（Chapter 6, Subtitle C, Sec. 144），ここからジョブコアの役割を明快

13) National Academy Foundation. 2019. Impact Report 2019：The Power of Opportunities（https://naf. org/wp-content/uploads/2019/11/NAF_Impact_Report_2018-2019.pdf accessed：20200401）.

14) U.S. Department of Education, Fiscal Year 2013 Budget Summary and Background Information（http://www2. ed. gov/about/overview/budget/budget13/summary/13summary.pdf accessed：20200401）

15) Kemple, J. J., and C. J. Willner（2008）*Career Academies Long-term Impacts on Labor Market Outcomes, Educational Attainment, and Transitions to Adulthood.* MDRC.

に読み取ることができる。

①参加開始時において16歳以上，21歳以下である者。ただし，
　・22歳以上24歳以下の者については，当該年齢層の割合が在籍者の20%
　　を超えない範囲で参加を認める
　・障害者については，連邦労働省長官が定める年齢制限適用外の規定に
　　則って参加を認める
②経済的困窮状態にある者
③以下のうち1つ以上の条件に該当する者
　・基礎的技能（basic skills：8学年相当の読み書き計算の知識技能）に欠
　　ける者
　・中退者
　・ホームレス，家出人，または，養子
　・親
　・通常の就学あるいは就業に際して，教育・訓練上の特別な支援を必要と
　　する者

　2019年現在，ジョブコアは全米119カ所のセンターでの運営がなされている。2014会計年度における参加者総数は5万2,168人，平均在留期間は10.9ヵ月であった。当該年度の参加者の年齢別割合は，16・17歳が21.9%，18-20歳が50.4%，21-24歳が27.6%，24歳以上が0.1%であり，人種別では黒人が52.0%と最も多く，白人26.1%，ヒスパニック16.7%となっている[16]。

　各センターにおけるジョブコアの運営は，入札によって民間委託されているが，全センターの教育・訓練費は完全無償とされ，宿泊費・食費を含めて無償が原則である。参加者には，2週間ごとに小遣い（月額最高46ドル）が支給され，プログラム修了時にはその達成の程度（職業資格の取得状況，ハイスクール卒業要件の達成状況等）に応じて「修了祝い金（graduate benefits）」（最高1200ドル）の支給もある[17]。

16）Job Corps 2016 Job Corps Data http://www.jobcorps.gov/Libraries/pdf/who_job_corps_serves.sflb　accessed：20200401
17）OECD（2010）*Off to a Good Start? Jobs for Youth*, OECD Publishing, p.138

　このような，ジョブコアにおける教育・訓練の成果について，2000
年に実施された対費用効果検証によれば，教育訓練投資金額1ドルに対
し，社会が得た利益は2.02ドル（参加者1人当たりの公費負担は約1
万4,000ドル，社会的効果換算は約3万1,000ドル）と評価された。こ
の評価は，参加者の職業資格取得，収入の向上，犯罪率の低下，生活保
護等の受給率低下などを総合的に判断して算出されたものである[18]。
しかしながら，その評価は安定したものになってはいない。2018年に
は，ジョブコアが在籍生・修了生の就業に関する情報を十分に管理して
おらず，また，ジョブコアにおける教育訓練の成果がプログラム修了後
の就業行動に反映されていない状況（参加前に従事していた職務と修了
後の職務とが同等であったり，参加前の就業先の同じ職務に再従事した
りするケースなど）が少なくないことを指摘した監査報告書も出されて
いる[19]。

　また，連邦予算によって運営費のすべてがカバーされる性質上，ジョ
ブコアの運営・経営には常に厳しい監査がなされてきた。例えば，2011
会計年度においてジョブコアは総額2,620万ドル（約26億円）の経費
不足を生じさせ，会計監査の結果，不足額の約74％に相当する1,940
万ドルは，経費見積もりの甘さ，損益計算の不徹底など，経営上の課題
によって生じたものとされた[20]。さらに2019年には，運営委託契約の
際に，現行受託者が優遇され，公平な競争入札が行われてないことを問
題視する報告書も公にされている[21]。

　ただし，大多数の若者が「スワール型」のプロセスを経て学校での生

18) John Burghardt, et.al. (2001) *Does Job Corps Work? Summary of the National Job Corps Study*, Mathematica Policy Research, Inc.
19) U.S. Department of Labor：Office of Inspector General (2018) *Job Corps Could Not Demonstrate Beneficial Job Training Outcomes*, March 30, 2018
20) U.S. Department of Labor Office of Inspector General (2013) *The U.S. Department of Labor's Employment and Training Administration Needs to Strengthen Controls over Job Corps Funds,* May 31, 2013
21) United States Government Accountability Office. 2019. *JOB CORPS：Actions Needed to Improve Planning for Center Operation Contracts* (GAO-19-326)

活から職業生活へと移行し，その移行期においてハイスクールを中退し
た人種・民族的マイノリティーグループが特に大きな課題を抱えるアメ
リカにあって，ジョブコアが果たしている社会的な役割は極めて大き
い。その高い公共性からジョブコアには厳しい評価が下されることも多
いが，現時点において，ジョブコアの根底が揺るがされる事態が生じる
ことは考えにくい。

研究課題

(1)　日本における学校生活から職業生活への移行プロセスの特質を調
　　べ，アメリカとの違いを整理しておこう。

(2)　全米に 119 あるジョブコアセンターのうち任意のセンターを選び，
　　その公式ウェブサイトから当該センターの教育・訓練プログラムの
　　概要を把握し，その特質をまとめてみよう。(http://www.jobcor
　　ps.gov/centers.aspx　accessed：20200401)

(3)　いずれかの州を選び，初等中等教育行政を所管する当該州の行政機
　　関（Department of Education など）が公式ウェブサイトにおいて
　　公表している「プログラム・オブ・スタディ（Program of Study：
　　PoS)」の概要を整理してみよう。

参考文献

ウィリアム・スタル，ニコラス・サンダース（横井敏郎ほか訳）『学校と職場をつなぐキャリア教育改革―アメリカにおける School-to-Work 運動の挑戦』（学事出版，2011 年）

宇佐見忠雄『現代アメリカのコミュニティ・カレッジ―その実像と変革の軌跡』（東信堂，2006 年）

国際技術教育学会（宮川・桜井・都築訳）『国際競争力を高めるアメリカの教育戦略―技術教育からの改革』（教育開発研究所，2002 年）

寺田盛紀『日本の職業教育―比較と移行の視点に基づく職業教育学』（晃洋書房，2009 年）

西美江「アメリカにおける職業教育」堀内・佐々木・伊藤・佐藤編『日本と世界の職業教育』（法律文化社，2013 年）pp.89-110

バーバラ・エーレンライク（曽田和子訳）『捨てられるホワイトカラー―格差社会アメリカで仕事を探すということ』（東洋経済新報社，2007 年）

藤田晃之・中島史明「アメリカにおける若年者就職支援施策の特質と課題」『諸外国の若者就業支援政策の展開―ドイツとアメリカを中心に―（労働政策研究報告書 No.1）』（労働政策研究・研修機構，2004 年，pp.75-154）

7 | 北欧の教育改革(1)
―個性重視による学力保障―

澤野由紀子

前章までは「アングロ・アメリカ型」と呼ばれることもある教育改革の典型を，イギリスとアメリカという国別に見てきたが，本章では 20 世紀にこれらの国々とは一線を画す社会民主主義型福祉レジームの下で教育制度を構築してきた北欧地域に焦点を当てる。その際，グローバル社会における「北欧」の地政学的位置からの影響についても考察する。21 世紀に入り，フィンランド以外の北欧諸国ではアングロ・アメリカ型の新自由主義的教育改革の影響を受けて，評価と学力重視の教育政策を導入してきた。学校教育への競争と市場原理の導入状況は，同じ北欧でも国によって温度差がある。平等と民主主義を標榜してきた教育の「北欧モデル」が 21 世紀に入ってどのように変化しつつあるのか，スウェーデンとフィンランドを中心に考察する。

1. 教育の「北欧モデル」の変容

「北欧」には，デンマーク，フィンランド，アイスランド，ノルウェー，スウェーデンの 5 カ国のほか，自治権を有するデンマーク領フェロー諸島，同グリーンランド及びフィンランド領オーランド諸島の 3 地域が含まれる。近年人口が 1000 万人超となったスウェーデンを筆頭にいずれも小国であり，全人口を合わせても約 2700 万人にすぎない。北欧諸国は，歴史，文化，言語の面で類似する点が多いことから，各国の政治的な結びつきが強い。第 2 次世界大戦後は，アメリカと旧ソ連という大国の間に位置づく地政学的条件の下，東西のいずれの陣営にも組みせず，小国が一体となって民主主義を基調とする政治や社会の「北欧モデル」を構築し，途上国や紛争地帯の平和構築と民主化支援に積極的に関わり，国際社会での発言力を行使してきた。

　北欧諸国の協力体制としては，1952年創設の「北欧理事会（Nordic Council）」が各国の議会間のプラットフォームとなっている。1954年には北欧のパスポート不要越境プロトコルが合意された。1971年には政府間協力の場として「北欧閣僚会議（Nordic Council of Ministers）」が創設され，文化・余暇・メディア，地域協力，環境・自然，教育・研究，社会福祉・ジェンダー，経済・ビジネス・労働，法律等のテーマに応じた協力を推進することとなった。教育・研究ならびに文化の分野での協力については，1972年1月に北欧文化協力協定が締結され，以後「教育・研究閣僚会議」が北欧地域での文化協力の中心となった（五月女，2004，pp.152-153）。

　教育・研究閣僚会議の下にはNordplus（北欧生涯学習事業），Nord-Forsk（北欧研究・研究者養成協力委員会），NVL（北欧成人学習ネットワーク）などの事務局が置かれ，研究・交流事業に助成金を交付している。1991年のソ連崩壊後，北欧閣僚理事会はバルト3国との協力関係を深めており，これらの北欧協力ネットワークにエストニア，ラトビア及びリトアニアを含めることもできるようになった。特にエストニアは公用語がフィンランド語と似ていることもあって，フィンランドとの教育交流が盛んで，近年は「北欧」の一員としてのアイデンティティを強めている。

　北欧諸国の教育制度は，20世紀後半には「西側社会の理想的モデル」とみなされてきた（Telhaug, et al., 2006）。その特色は，民主主義，平等，進歩主義的性格とプラグマティズム，社会民主主義を理念とする政党による政治の影響，総合制学校と生涯学習の普及が指摘されることが多かった（Antikainen, 2006）。障がいのある子どもや移民子弟などに対し，通常の学校のなかで手厚い特別支援教育が行われていることもよく知られている。遊びを通して生涯学習と民主主義の基礎を育む幼児教育・保育の制度も注目され，日本でも北欧の幼児教育・保育施設における子どもたちの「のびのび」とした姿が紹介されることが多い。

　しかしながら，こうした北欧諸国の学校教育に共通の特色は1945-75年までの北欧の「社会民主主義の黄金期」（Telhaug, et al., 2006）に形

成されたものだった。1970 年代のオイル・ショックに伴う景気低迷により，北欧でも福祉や教育の公財政支出を抑制する必要が生じ，80 年代末からはサッチャー政権下のイギリスと，レーガン政権下のアメリカを参考にした新自由主義的な教育改革手法が導入された。教育行財政においてはニュー・パブリック・マネージメント（NPM）の導入により中央政府をスリム化し，地方分権化と規制緩和が推進された。教育内容・方法に関して学校の裁量権が拡大される一方で，公費が潤沢であった時代の「インプット」によるコントロールから，成果の質を重視する「アウトプット」によるコントロールへの転換が図られた。この過程で児童生徒の筆記試験による学力評価が重視されるようになった。さらに1990 年代に入るとノルウェーを除く北欧諸国は史上最悪の経済危機に直面し，教育に対する公財政支出の抑制が続き，地方と学校へのさらなる権限委譲と，学校選択制の拡大によって学校間の競争による質向上を促す政策がとられた。

　こうした教育改革の先鞭を切っていたスウェーデンでは，学校教育の多様化のために自律学校の開設を奨励し，教育バウチャー（利用券）制度の導入によって自律学校を含めた学校選択制を導入した。2000 年代に入ると OECD の PISA 調査でフィンランドが好成績をあげ世界中から注目されるようになり，大きく水を開けられたスウェーデン，デンマーク及びノルウェーは，学力向上のための教育改革を推進する必要に迫られた。スウェーデン，デンマーク及びノルウェーでは，全生徒を対象とする全国学力テストを導入した。これに対し，フィンランドでは悉皆の全国学力テストは行っておらず，現在もナショナル・カリキュラムに従った教育の質を測る目的で標本抽出調査を行っているだけである。評定評価を低学年では実施しないことは北欧諸国に共通しているが，フィンランドでは成績評価の方法もテストのみに頼らず，グループワークを評価したり，生徒の状況に応じて面接や描画等による評価を導入したりしている。

　元フィンランド教育文化省職員で世界銀行，EU 及び OECD に勤務した経験のあるサールベリ, P.（Sahlbereg, P.）は，アングロ・アメリカ

表7-1　1990年代初頭からのグローバルな教育改革動向とフィンランドの教育政策の主な要素の比較

グローバルな教育改革動向（GERM）	フィンランドの方法
教育と学習の標準化 ・成果の質（quality）と公正（equity）の向上のために，すべての学校，教師と生徒に明確で高度な，中央で定めた期待値を設定する。 ・測定とデータのための首尾一貫した共通の基準を得るために教育とカリキュラムを標準化する。	教育と学習のカスタマイズ ・学校を基盤とするカリキュラム計画のために，明確ではあるが柔軟な国の枠組みを設定する。 ・すべての生徒に最適な学習と教育の機会を作るための最善の方法を見出すために，国の目標達成のための地方及び個別の取り組みを奨励する。 ・特別な教育ニーズのある生徒に個別学習計画を提供する。
リテラシーとヌメラシーに焦点 ・基礎的知識と読み書き算の技能ならびに自然科学が教育改革の主要な目標となる。通常はこれらの教科の授業時間が増やされる。	創造的学びに焦点 ・個人の人格，道徳的特性，創造力，知識と技能の成長のすべての側面に等しい価値を与えるような，深く広い学びに焦点化した教育と学習。
教え方を規定するカリキュラム ・成功と良いパフォーマンスの基準としての高度なスタンダードの達成。 ・教育の成果は予想可能であり，統一的な方法で規定される。 ・結果はしばしば標準化され，外部で運営されるテストによって判断される。	リスクを奨励する ・教育と学習への新しいアプローチを見出すことを可能とし，リーダーシップ，教育と学習におけるリスクと不確実性を奨励する，学校を基盤とし教師が主導するカリキュラム。
市場原理による改革理念の借用 ・教育の変化の源泉は，法律や国のプログラムを通して学校にもたらされた企業の世界の経営と管理のモデルである。このような借用は学校と地方の教育システムを私企業の操業の論理に導く。	過去から学びイノベーションを主導する ・教育においては，教師の専門的な役割や生徒との関係のような伝統的教育学的価値を高く評価する。 ・学校改善の主な源泉は，良いことが証明されている過去の教育実践である。
テストを基盤とするアカウンタビリティーとコントロール ・学校のパフォーマンスと生徒の成績が昇進や監察の過程と密接に結びついており，最終的には学校と教師の報酬に反映される。 ・成功した場合は通常金銭的な報酬を受ける一方で，問題を抱える学校や個人には教師の解雇や能力給の減給を含むペナルティが課される。	責任と信頼の分かち合い ・生徒にとって何が一番いいかを判断する際に，教師と校長の専門性を大切にする教育制度内の責任と信頼の文化を徐々に構築している。 ・失敗するか，遅れそうな危機にある学校や生徒に対し，特別な資源や支援を与える。 ・標本調査を基本とした生徒の学力調査。

出典：Sahlberg, P. (2011), *Finnish Lessons: What can the world learn from educational change in Finland?*, Teachers College, Columbia University, p.103

型の教育改革手法を「グローバルな教育改革動向（Global Education
Reform Movement）」略称 GERM と呼んでいる（Sahlberg, 2011）。英
語では「ばい菌」を意味する GERM は，教育の世界への競争原理の導
入，教育課程の標準化，頻繁な学力テストの実施，教員の成果に基づく
能力給の導入及び民営化が教育改革の最も効果的な手段と考えていると
いう。前述のように北欧にも 1980 年代末から GERM はじわじわと浸透
し，90 年代初頭からスウェーデンで，2000 年代からはデンマークで
GERM が猛威を振るった。これに対し 2010 年代のフィンランドは他の
先進諸国と異なり，GERM に感染することなく，独自の路線を進んで
いった。

　サールベリは，GERM とフィンランドの教育改革手法の違いを表 7-1
のようにまとめている。グローバルな教育改革の動きは，国や地方が学
校に対する監督を強め，設定された目標を教師が達成できるようにし，
年間の授業日数を増やし，教育課程の水準を高め，宿題を増やす傾向に
あるが，フィンランドでは授業日数は比較的少なく，カリキュラムは幅
広く各教師が創意工夫を施せるような緩やかな基準となっている。子ど
もの宿題の負担は少なく，テストの準備のために放課後に塾や家庭教師
の指導を受けることもない。それでもフィンランドの子ども達の学力は
平均的に高く，学力格差も小さい。小学校への入学年齢は 7 歳と遅く，
保育所から 6 歳児を対象とする就学準備学級まで遊びが中心であり，遊
びを通して自主性を育み，自分と他者について学ぶ。文字や数の学習も
様々な遊び，音楽や演劇を通して行っている。小学校に入学してから
も，学校の内外で遊びが重視される。「より少なくしてより多くを得る」
というフィンランドの格言が学校の日常生活にも適用されているとい
う。サールベリはこれを「フィンランドのパラドックス」と呼んだ。

　だが，図 7-1（次頁）からもわかるように，PISA 調査におけるフィ
ンランドの成績は 2006 年をピークに下降傾向にある。2012 年以降は，
エストニアの成績向上が著しく，諸外国から注目を集めるようになって
いる。スウェーデンは，2012 年にすべてのリテラシー分野で OECD の
平均点を下回り，「PISA ショック」を受けたが，2015 年，2018 年と成

128

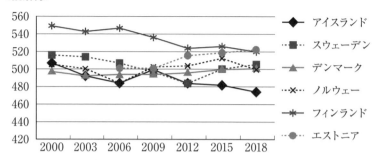

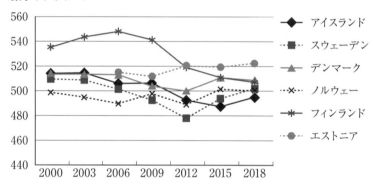

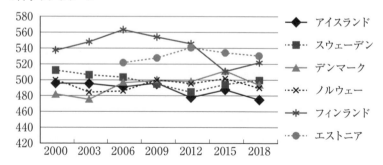

図7-1　PISA 平均点の変化（2000-2018年）
資料：OECD

績を回復し，とくに読解力ではトップグループに位置するようになった。スウェーデンやフィンランドではこうした成績の変動の背景として，難民・移民など外国に背景のある児童生徒の増加と家庭間格差の拡大の影響が指摘されることが多いが，実際には様々な要因が複合していると考えられる。次節ではその要因の1つとして考えられる総合制学校の変容について見ていきたい。

2. 北欧の総合制義務教育学校

　図7-2（p.131）は，北欧各国の学校教育制度を示している。フィンランドとスウェーデンの基礎学校入学年齢は7歳で，最近まで義務教育年限も9年間だったが，フィンランドは2015年から（p.287参照），スウェーデンは2018年から（p.286参照）それぞれ6歳児の就学準備教育を義務化した。これによって北欧5カ国すべてにおいて義務教育年限が6-16歳の10年間となった。ただし，フィンランドは2021年から3年間の後期中等教育も義務化し，義務教育年限を13年間とする。これについては次章で述べる。

　義務教育段階の基礎学校（初等・前期中等教育）は，いずれの国も単線型の総合制学校で，誰にも分け隔てのないインクルーシブな教育を実現していることから「万人のための統一学校」と呼ばれることもある。

　北欧諸国は20世紀の半ばに義務教育段階で複線型の学校制度を改め，単線型の総合制学校を導入した。スウェーデンでは1950年からの試行を経て1962年に9年制総合制学校を導入し，1971年までに全国で総合制学校への移行が実現した。ノルウェーは1969年，デンマークは1975年に総合制学校への移行を完成させた。スウェーデンや他の北欧諸国の教育改革の方針を一歩遅れて取り入れるのが常のフィンランドは，1960年代後半から法的整備を始め，1972年から1979年までの間に全国で9年制総合制学校を導入した。その後，すべての国で習熟度別学級の編成が禁止された。1960-70年代は欧州各国で身分制に基づく教育の名残のある複線型の学校制度を単線化することが議論されていたが，抵抗勢力が強い国もあったため，北欧のこの動きは欧州では極めて革新的で，平

等な福祉社会の構築に大きく貢献するものとみなされた。

　2000年代にフィンランドがPISA調査で好成績を収めた際も，教育に成功をもたらしている要因の1つとして総合制義務教育学校（ペルスコウル）の存在が指摘された。フィンランドでは1985年にはすべての教科で習熟度別学級編成が廃止され，すべての子どもが同じカリキュラムとシラバスに基づく教育を受けるようになった。能力が多様な子どもに画一的な教育を施すのではなく，むしろ多様な個性を大切にし，1人ひとりに寄り添った支援体制が取られている。特に学習障害などにより特別支援が必要な子どもにはなるべく早い時期から専門的アセスメントによりニーズを見極め，適切な支援を行わなければならないことが認識され，特別支援教員として専門的訓練を受けた教員が基礎自治体と学校に配置されている。

　義務教育学校における特別支援教育には2つの方法がある。第一は，通常の学級に在籍しながら，リソースルームなどに支援の必要な児童生徒が時々集まり，小グループで特別支援教員が指導する特別支援教育を受ける方法である。また，生徒は個別指導計画に従った教育を受けることもでき，計画に即した評価が行われる。第二は，学校内の特別学級・グループもしくは特別な教育機関に在籍して恒常的に特別支援教育を受ける方法である。通常学級から恒常的特別支援教育に移行する場合，当該生徒の在籍する基礎自治体の教育委員会が心理学，医療ないしは社会福祉の専門家の意見と父母の要望を聴取の上，数カ月間で迅速に決定がなされる。恒常的特別支援教育を受ける生徒にはそれぞれの個別指導計画に従った教育が行われる。

　フィンランドでは，多様な個性の集まる学級集団において互いが学び合うことから，生徒間の学力格差が少なく全体の学力水準が向上しているということがよく指摘されるが，その背後にはこのような個別指導体制が整備されていることに留意しなければならない。フィンランドでは16歳で基礎教育を修了するまでに，生徒の半数が何らかの特別支援を受けるという（Sahlberg, 2011, p.47）。

　このような特別支援教育の体制は北欧各国で導入されており，心の傷

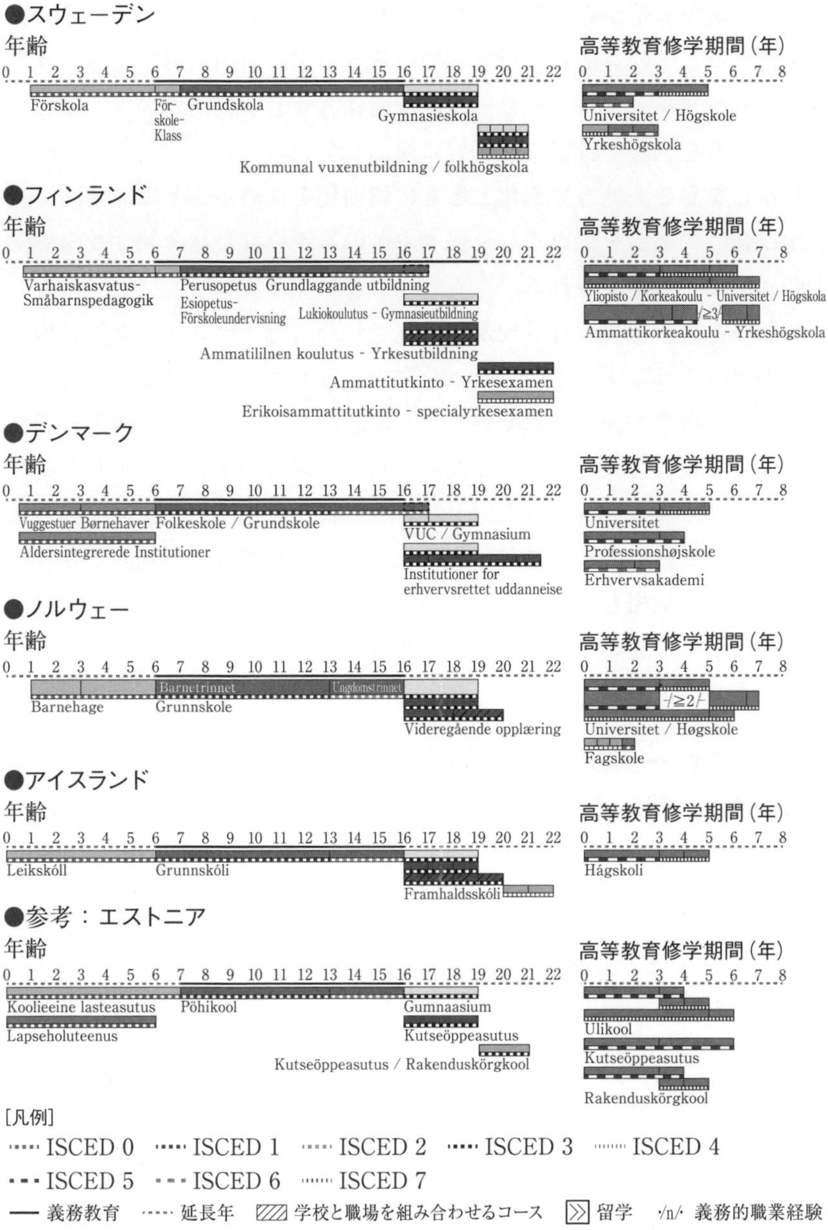

●スウェーデン

年齢　　　　　　　　　　　　　　　　　　　　　　　　　高等教育修学期間（年）

0　1　2　3　4　5　6　7　8　9　10　11　12　13　14　15　16　17　18　19　20　21　22　　0　1　2　3　4　5　6　7　8

Förskola　　　　　För-　Grundskola　　　　　　　　　　　　　　　Universitet / Högskole
　　　　　　　　　skole-　　　　　　　　　Gymnasieskola
　　　　　　　　　Klass　　　　　　　　　　　　　　　　　　　　　Yrkeshögskola

　　　　　　　　　　　Kommunal vuxenutbildning / folkhögskola

●フィンランド

年齢　　　　　　　　　　　　　　　　　　　　　　　　　高等教育修学期間（年）

0　1　2　3　4　5　6　7　8　9　10　11　12　13　14　15　16　17　18　19　20　21　22　　0　1　2　3　4　5　6　7　8

Varhaiskasvatus-　　　Perusopetus Grundlaggande utbildning　　　　　　Yliopisto / Korkeakoulu - Universitet / Högskola
Småbarnspedagogik　　Esiopetus-
　　　　　　　　　　　Förskoleundervisning Lukiokoulutus - Gymnasieutbildning　　Ammattikorkeakoulu - Yrkeshögskola

　　　　　　　　　Ammatililnen koulutus - Yrkesutbildning

　　　　　　　　　　　　Ammattitutkinto - Yrkesexamen

　　　　　　　　Erikoisammattitutkinto - specialyrkesexamen

●デンマーク

年齢　　　　　　　　　　　　　　　　　　　　　　　　　高等教育修学期間（年）

0　1　2　3　4　5　6　7　8　9　10　11　12　13　14　15　16　17　18　19　20　21　22　　0　1　2　3　4　5　6　7　8

Vuggestuer Børnehaver Folkeskole / Grundskole　　　　　　　　　Universitet
　　　　　　　　　　　　　　　　　　　　　VUC / Gymnasium
Aldersintegrerede Institutioner　　　　　　　　　　　　　　　　Professionshøjskole

　　　　　　　　　　　　　　　Institutioner for　　　　　　　　Erhvervsakademi
　　　　　　　　　　　　　　　erhvervsrettet uddanneise

●ノルウェー

年齢　　　　　　　　　　　　　　　　　　　　　　　　　高等教育修学期間（年）

0　1　2　3　4　5　6　7　8　9　10　11　12　13　14　15　16　17　18　19　20　21　22　　0　1　2　3　4　5　6　7　8

　　　　　　　　　Barnetrinnet　　　　Ungdomstrinnet
Barnehage　　　Grunnskole　　　　　　　　　　　　　　　　　Universitet / Høgskole
　　　　　　　　　　　　　　　　Videregående opplæring　　　　Fagskole

●アイスランド

年齢　　　　　　　　　　　　　　　　　　　　　　　　　高等教育修学期間（年）

0　1　2　3　4　5　6　7　8　9　10　11　12　13　14　15　16　17　18　19　20　21　22　　0　1　2　3　4　5　6　7　8

Leiksķóll　　　　　Grunnskóli　　　　　　　　　　　　　　　　　Háskoli
　　　　　　　　　　　　　　　　　Framhaldsskóli

●参考：エストニア

年齢　　　　　　　　　　　　　　　　　　　　　　　　　高等教育修学期間（年）

0　1　2　3　4　5　6　7　8　9　10　11　12　13　14　15　16　17　18　19　20　21　22　　0　1　2　3　4　5　6　7　8

Koolieeine lasteasutus　　Põhikool　　　　　　　Gumnaasium　　　Ulikool
Lapseholuteenus　　　　　　　　　　　　　　Kutseõppeasutus　　Kutseõppeasutus
　　　　　　Kutseõppeasutus / Rakenduskõrgkool　　　　　　　　Rakenduskõrgkool

［凡例］

┄┄ ISCED 0　　┄┄ ISCED 1　　┄┄ ISCED 2　　┄┄ ISCED 3　　┄┄ ISCED 4

‑‑‑ ISCED 5　　‑‑‑ ISCED 6　　┄┄ ISCED 7

── 義務教育　　┄┄ 延長年　　⧄ 学校と職場を組み合わせるコース　　⟩⟨ 留学　/n/ 義務的職業経験

図 7-2　北欧諸国の学校制度（2018/19 年度）

注）ISCED（国際標準教育分類）とは，UNESCO が策定した教育段階の区分。0＝
就学前，7＝大学院等。

出典：Eurydice

を抱えた紛争地帯からの難民や言語教育の支援が必要な外国に背景のある子どもなどへの対応にも役立っている。いずれの国においても，カウンセラーやソーシャルワーカー，医療関係者など学校内外の専門家と教員がチームを組んで特別支援教育に対応している。

しかしながら，地方分権化とともに個別化を進めることは，集団による学び合いの機会を少なくし，民主主義の基礎を育む総合制学校の理念を弱めることも懸念される。

北欧の総合制義務教育学校が制度化された当時，デンマーク以外の北欧諸国では，ほぼすべての学校は公立で，誰もが無料で共通の教育を受ける平等な機会が保障されていた。しかしながら，中央政府のトップダウンによる教育行政の非効率と教育の画一化に対する批判が生じたこともあり，20世紀末からはGERMの手法を取り入れ，北欧諸国においても様々な形で教育の規制緩和，民営化と市場化が進み，理想的とされた総合制学校の様相も大きく変わりつつある。その具体的手法とスピードには国によって違いがある。次に，スウェーデンにおける自律学校の普及に焦点を当ててみたい。

3．スウェーデンにおける自律学校経営への 営利企業の参入

表7-2に示すとおり，北欧諸国ではデンマークが19世紀後半から義務教育段階の私立学校を設置していたが，他の国々には私立学校は普及していなかった。1990年代に入るとスウェーデンが公費補助を受ける自律学校の設置を奨励し，以後約30年の間に35校しかなかった自律学校が800校を超えるに至った。自律基礎学校在籍児童生徒の割合は，1991年度は1％程度だったが，2018年度には15％（約15万6,500人）となり，デンマークを上回っている。

スウェーデンでは1991年7月の教育法の改正により，私人ないしは法人（企業，協同組合，協会，宗教団体等）が自律学校を設立し，学校教育庁を通じて公費補助を受けることが可能となった。「自律学校」はスウェーデン語では「フリーストーンデ・スコーラ（Fristående sko-

表7-2　北欧諸国における自律義務教育学校の普及状況

	自律学校 在籍児童生徒（％）	利潤 追求	概　　況
デンマーク	義務教育段階では 14.2%（2009年）。	不可	1852年に初の私立学校設立。1915年の憲法で公・私立の学校もしくは家庭における教育義務を規定。経費の70%を公費補助，30%を授業料から賄っている。
スウェーデン	義務教育段階では 14.8%。後期中等教育では25.9% （2015年）。	可	1992年から自律学校の開設を進め，教育バウチャーによる学校選択制度を導入。1997年からバウチャー額が公立と同等となり，自律学校における授業料の徴収が禁止される。
ノルウェー	5%以下。	不可	すべての教育は無料。
フィンランド	ごく少数。義務教育段階では2%程度。	不可	ほとんどがシュタイナー学校と国際学校。学校選択の権利は認められているが，公立学校間での選択が盛ん。
アイスランド	ごく少数。	不可	認可学校は市町村から100%の資金を供与されるため，都市部では学校選択は自由。

出典：Skott & Kofod（2013）を参考に筆者作成

la；英訳すると Freestanding school)」と呼ばれており，「フリースコーラ（Friskola）」と略称される。

　1991年秋から94年まで中道連立政権の中核となった穏健党は，92年に「選択の自由と自律学校法」を定め，教育バウチャー制度を導入し，公立学校と自律学校にほぼ同等の児童生徒1人当たり教育費が配分されるシステムを作った。これによって，従来は約1万クローナ（約15万円）程度だった自律学校への生徒1人当たりの1年間の補助金の額が増額され，当該自律学校があるコミューンの公立学校の生徒1人当たりの年間予算の85%以上とすることとなり，自律学校の生徒1人当たりの年間補助金額は，平均すると約5万クローナ（約45万円）になった。この補助金は，当該生徒が住民票登録をしているコミューンから学校へ毎月月割りで支払われるが，各学校はそれに加えて生徒から合理的な金額であれば授業料を徴収することが認められた。また1994年からは，

高等学校においても同様の教育バウチャー制度が導入された。

　教育バウチャー制度を導入する場合，従来の給与表に基づきベースアップする給与システムが成立しなくなることは，制度設計を行ったアメリカの経済学者フリードマン（Milton Friedman　1912-2006。1976年にノーベル経済学賞受賞）も指摘していた（Friedman, 2002, p.95）。スウェーデンでは国家公務員であった公立学校の教員は，1991年から契約に基づき雇用されるコミューンの職員となり，95年には基本給の給与表と諸手当が廃止され，校長が毎年教員と面談を行い業績に基づく給与額を定める個別給与料制度が導入された。

　1994年に政権党に戻った社会民主党は，穏健党の学校選択制に関する考え方をほぼ継承した。しかしながら地方分権と規制緩和の方針は維持する一方で，ナショナル・カリキュラムの定める目標による管理，全国学力調査の実施と，学校教育庁の視学部による学校監察制度の強化など，中央からの教育の質保証のシステムを整備した。

　1995年7月から自律学校への教育バウチャーによる補助金の最低金額が縮減されて，公立学校の生徒1人当たり教育予算の75％とされ，引き続き少額の授業料を徴収することが認められていたが，97年以降は原則として同額（100％）とすることとされ，授業料や寄付金の徴収は公立学校と同様に禁止された。このように自律学校に補助金を交付するには，オルタナティブ教育学に基づく実践もしくは寄宿制学校ならびに一時的にスウェーデンに滞在中の外国人の子どものための学校を提供することによって公教育制度を補完していることが条件とされている。

　2010年に改正された「学校教育法（Skollagen, 2010：800)」第1条には，教育へのアクセスの平等と教育機会の均等について，「すべての人は，地理的，社会・経済的条件に関わりなく，本法律の定める特別な規定に従い，学校教育に平等にアクセスすることができる」と定めている。また，同法第10条第35項では，「すべての自律基礎学校は，基礎学校における教育を受ける権利のあるすべての子どもに開かれていなければならない」と規定している。ただし，1) 一部の学年，2) 特別支援の必要な子ども，もしくは，3) 特別な適用教育を受ける必要のある子

ども，に限定することは認められている。また定員以上の入学希望者が
あった場合も，この規定に従わなければならないため，入学試験などの
成績による選抜をすることは認められない。兄や姉と同じ学校に通いた
い子どもは優先されるが，その他は先着順となる。

　自律学校の費用に関しては，生徒が居住するコミューン当局が，同コ
ミューンの公立学校の生徒 1 人当たり教育費と同額の基本的教育費（授
業にかかる費用，保健・衛生，給食にかかる費用等を含む）を自律学校
に支払うこととされている。また，生徒が特別支援を必要としている場
合，母語教育が必要な場合，ならびに休暇中に学習支援を行う学校に
通っている場合には，生徒が居住するコミューンが追加費用を支払うこ
ととされている。ただしこの追加費用については，コミューンが財政難
の場合には支払い義務はなくなり，国の補助金が交付される。これが，
スウェーデン版の「教育バウチャー」である。このようにして公費が支
給されるため，自律学校は授業料や寄付金などを保護者から徴収するこ
とは一切禁止されている。公立，自律に関わりなく，給食費や遠足・修
学旅行にかかる費用などを保護者から徴収することは固く禁じられてい
るのである。

　教育バウチャーの額は，各コミューンの議会が，毎年度の予算を策定
する際に，当該コミューン内の公立学校にかかる費用を生徒の頭割りにし
て計算して定めるものであるため，各コミューンの財政状況によって金
額は異なる。首都ストックホルムの中心部では低学年でも 1 人当たりの
教育バウチャーは年間約 120 万円に上る。特別支援が必要な児童生徒に
はそれぞれのニーズの程度に応じて付加給が支払われる。児童生徒が数
多く集まれば，自律学校の経営には十分な予算が集まるため，自律学校
を開設しようとする会社や団体，私人は増え続けている。

　自律学校の設置者は，1990 年代には理想の教育を求めて小規模の自
律学校を開設する保護者や教員の協同組合が多かった。だが 2000 年以
降は次第に営利企業が参入するようになり，経営不振に陥った自律学校
を買収し，全国に系列校を展開するブランド校が増えていった。大手企
業のなかには，初等中等教育機関だけでなく就学前学校から学童保育，

成人教育学校まで多角的に経営したり，国外に進出しているものもある。

　例えば 2000 年からコーチングやカウンセリングを伴う個別化教育プログラムを導入した有限会社 Kunskapskolan Education Sweden AB は，国内で基礎学校 29 校と高校 7 校（生徒数は計 1 万 2 千人）を経営しているが，インド，オランダ，イギリス，アメリカ，サウジアラビア等にも系列校を開設している。営利企業が公費補助を受けてビジネスを拡張することには批判もあるが，児童生徒にとっては多様な選択肢のなかから学校を選ぶことができ，学力向上にもつながっていることから，営利企業のこうした教育活動には特に規制は設けられていない。

　国内では自律学校が普及していないフィンランドも，教育文化省の予算により国家教育委員会がコーディネータとなって Education Finland という政府のクラスター事業を展開し，フィンランドの教育企業をニーズのある諸外国につなぎ，「ワールド・クラス」を誇るフィンランド型教育を「輸出」するビジネスに取り組んでいる。参加企業は 122 に上る（EDUCATION FINLAND）。

　このように，かつて西欧の理想とされた教育の「北欧モデル」の理念は，もはや北欧に共通のものではなくなっているが，平等と卓越性の双方を保障する教育というイメージが強いことから，グローバルな教育市場のなかでのブランド力はますます高まっている。

研究課題

---

(1) 日本の 1990 年代以降の教育改革の動きを，表 7-1 の GERM とフィンランドと比較し，日本の教育改革の特色について考察してください。

(2) 北欧型の総合制義務教育学校のメリットとデメリットについて，具体的事例を挙げながら検討してください。

参考文献

岩竹美加子『フィンランドの教育はなぜ世界一なのか』（新潮新書，2019 年）

五月女律子『北欧協力の展開』（木鐸社，2004 年）

澤野由紀子「グローバル社会における教育の「北欧モデル」の変容」，北村友人編
　著『グローバル時代の市民形成』（岩波講座　教育変革への展望 7），（岩波書店，
　pp. 241-276. 2016 年）

澤野由紀子「スウェーデンにおける自律学校導入による教育機会の多様化と平等・
　公立性の保障―営利企業の公教育参入の功罪―」（特集：自律的公立学校の国際
　比較，『比較教育学研究』第 61 号，pp.78-97, 2020 年）

Angelov, N., Edmark, K., (2016) *När skolan själv får välja-en ESO-rapport om
　friskolornas etableringsmönster*, Regelingskansalitet Finasdepartmentet.
　Scandinavian Journal of Educational Research, Vol. 50, No. 3, July 2006, pp. 229-
　243

EDUCATION　FINLAND；https://www.educationfinland.fi/（accessed：202011
　01）

Eurydice, https://eacea.ec.europa.eu/national-policies/eurydice/national-descrip
　tion_en（accessed：20201101）

Friedman, M. (2002) *Capitalism and freedom, Fortieth Anniversary Edition*, The
　University of Chicago Press

Lundahl, L. (2016) "Equality, Inclusion and marketization of Nordic education：
　Introductory notes", *Research in Comparative & International Education*, 2016,
　Vol II (I), pp. 3-12.

Sahlberg, P. (2011) *Finnish Lessons: What can the world learn from educational
　change in Finland?*, Teachers College, Columbia University

Skollagen (2010: 800) med lagen om införande av skollagen (2010: 801), Norstedts
　Juridik

Skott, P., Kofod, K.K, (2013) Independent Schools in Different Nordic Contexts：
　Implications for School Leadership?, in Moos, L. (Edt), *Transnational Influences
　on Values and Practices in Nordic Educational Leadership* (Studeis in Educatio-
　nal Leadership 19), Springer

Telhaug, A.O., Medias, O.A. and Aasen, P. (2006) "The Nordic Model in Education：
　Education as part of the political system in the last 50 years", *Scandinavian
　Journal of Educational Research*, Vol. 50, No. 3, July 2006, pp. 245-283.

8 | 北欧の教育改革(2)
―自立を促す教育―

澤野由紀子

　本章では，スウェーデンとフィンランドの後期中等教育改革のアプローチを比較対照させながらそれぞれの特色を明らかにするとともに，福祉国家レジームの相違によって生じる後期中等教育の機能の差異を分析する。

1. 北欧諸国の後期中等教育をめぐる課題

　北欧の若者は後期中等教育修了後に親から独立して生活をするのが一般的であるため，後期中等教育を受けることは自立への第一歩となる。フィンランド以外の北欧諸国では，後期中等教育は義務教育ではないが，希望する者は誰でも無償で教育を受けられるようになっている。フィンランドとスウェーデンでは前期中等教育修了者の90％以上が後期中等教育機関へ進学する。生徒には学校選択の自由が認められており，北欧諸国間で国境を超えた学校選択も可能である。

　前章で見てきたとおり，前期中等教育までの義務教育段階では北欧5カ国は類似の総合制学校を制度化しているが，後期中等教育で単線型の総合制高校を導入しているのはスウェーデンのみで，その他の国の高校は2020年現在も複線型となっている。大学進学を目指す者と職業資格を取得して卒業後は就職しようとする者の教育課程がはっきりと分かれている点は，いずれも共通している。いずれの国においても，従来，職業系の後期中等教育では大学進学への道は閉ざされていたが，1960-70年代の後期中等教育の量的拡大の後，80-90年代の改革で普通教育と職業教育の壁を低くし，共通の必修科目を設けることでコース変更を容易にし，職業系コースからの大学進学を可能とする工夫がなされた。だが

そのアプローチの仕方は国によって異なっている。

　例えばフィンランドは，前章で紹介したように，義務教育段階では総合制にすることで，教育の機会均等を実現し個性重視の教育を行っているが，後期中等教育では普通教育機関と職業教育機関が二分岐する伝統的な教育制度を残している。2021 年から 3 年間の後期中等教育が義務教育に含まれ，義務教育期間は 13 年になる。授業料は従来より無料だったが，後期中等教育の義務化によって，以前は有料だった教科書などの教材や教具が無償で提供されるようになる。

　一方，スウェーデンでは，1970 年に普通教育機関と職業教育機関を 2〜4年制の「ユムナシエスコーラ」（gymnasieskola）として統合した。さらに 1994 年にはユムナシエスコーラの全課程を 3 年制に統一し，「ナショナル・プログラム」と称する 17 のコースを設けた。だが，いずれのコースからも大学進学を可能とし，市民としてのコンピテンスを強化することを目的として一般教育 8 科目のコア・カリキュラムを導入したところ，職業系のコース履修者を中心に中退率が高くなったことが問題となった。そこで，2011 年にはナショナル・プログラムを見直し，18 に増やすとともに，個別のニーズに対応するための大規模な改革を行っている。この改革の過程では，職業系コースと大学進学準備コースを以前のように分けることとなった（Lundahl, et al., 2013）。

　北欧諸国では，リーマンショック後，15-29 歳の若年失業率が深刻化した。2009 年の若年失業率は，スウェーデンでは 22.9%（全労働人口の失業率は 8.0%），フィンランドでは 21.1%（同 8.5%）に達した。2020 年 1 月の若年失業率はスウェーデン 20.6%，フィンランド 14.8% と若干改善されているものの，相変わらず高い。背景には，変化の大きい市場のニーズと職業教育とのミスマッチもある。2017 年のフィンランドの後期中等教育卒業率は 102.1%[1] で OECD 諸国の第 1 位であり，第 2 位の日本（97.5%）を 4% 超上回っているが，スウェーデンは 69.4% で OECD の平均値 82.8% を大きく下回っている（OECD）。両国とも，

---

1) 3 年以上の年数をかけて卒業する生徒が多いため，100% を超える。

課程別に見ると，職業教育系の生徒のほうが，普通教育系よりも通常の在学年数で卒業できない者やドロップアウトが多い傾向が見られる。

　いずれの国も，労働力の国際競争力を高めるという観点から，後期中等教育未修了者を減らし，大学進学者を増やしていくことが課題となっている。図8-1は北欧諸国の18-24歳の人口に占める前期中等教育を最終学歴とし，調査時の4週間以内にフォーマル・ノンフォーマルな教育訓練を受けていなかった若者の割合を示している。EUでは，2020年までに18-24歳の早期離学者の割合を10％以下とすることを目標としていた。フィンランドとスウェーデンは目標を達成しているが，いずれの国

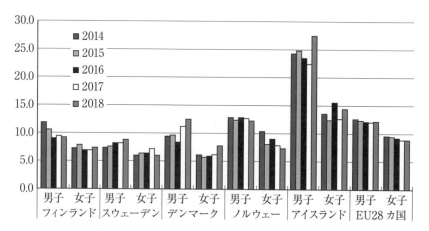

図8-1　北欧諸国の18-24歳の早期離学者の割合（％）（2014-2018年）
資料：EUROSTAT

表8-1　北欧各国に難民申請をした子どもの数（人）（2011-2016年）

国　　名	0-13歳	14-17歳	合計
デンマーク	10040	6530	16570
フィンランド	7955	4555	12510
スウェーデン	85845	59655	145500
アイスランド	365	95	460
ノルウェー	11830	9795	21625
全北欧諸国	116035	80630	196665

資料：EUROSTAT，出典：Hadnagy 2018, p.13

においても男子のほうが女子よりも早期離学者が多い傾向が見られる。

　また，北欧諸国は 2015 年の欧州難民危機とその前後に多数の難民を受け入れた（表 8-1）。このため，各国の公用語を母語としない青少年や成人に対する教育を充実させ，就労につなげることも後期中等教育の課題となっている。

2. 後期中等教育の制度

（1）フィンランドの後期中等教育

1）前期中等教育修了後の教育

　フィンランドでは，ペルスコウル修了後の後期中等教育は，普通教育と職業技術教育に二分岐する。

　普通教育は，ルキオ（上級中等学校）のほか，成人学習者を対象とするアイクイスルキオ（成人上級中等学校）とフォークハイスクール（カンサンオピストゥス）において行われる。ルキオの設置者は 87％が基礎自治体（クンタ），2％が基礎自治体連合，8％が民間の団体・財団，3％が国である。2019 年度は，364 校のルキオにおいて約 9 万 7 千人の若者が学び，89 校の成人教育機関において約 400 人の 18 歳以上の成人が学んでいた。

　ルキオのなかには，音楽，視覚芸術，演劇，アートとメディア，外国語，環境科学，自然科学，数学，テクノロジー，技術科ならびにスポーツに重点を置く特別学校が 75 校ある。またシュタイナー学校（9 校）や，国際バカロレア（IB）学校（16 校），欧州バカロレア校（1 校）やドイツの大学入学資格の取得を目的とする学校（1 校）なども含まれる。普通教育はテレビ，ラジオ及びインターネットによる通信教育と夏季のスクーリングによって修了することもできる。

　一方の職業技術教育は，市町村のほか，市町村職業訓練コンソーシアム，その他の基金・団体，国営企業など約 150 機関が運営する職業学校（アンマッティコウルトゥス）において行われる。その他，国立の職業学校として，特別支援教育機関 5 校と，海運安全訓練センター，サーミ教育機関がある。また成人職業教育センター，フォークハイスクール，

音楽学校，スポーツ学校などにおいて職業資格を取得することもできる。後期中等教育レベルの職業資格は，すべて見習い訓練制度によっても取得することが可能となっている。2019年度には約23万人がこれらの職業教育を受けていた。

　このように，フィンランドの後期中等教育は単純な二分岐の制度ではなく，普通教育と職業技術教育のそれぞれを異なる教育機関で履修することもできる。また資格取得に結びつく多様な学習を各生徒が個別に計画していく教育課程編成となっているため，すべてのカリキュラムを1つの学校で提供することは困難であり，生徒が複数の学校でカリキュラムを履修できるように学校間のネットワーク形成が重要となっている。

　ペルスコウルでは，7-9学年で各生徒が毎週2時間のキャリア・ガイダンスとカウンセリングを受けることが可能となっているので，進路選択における失敗は少ないと言われている。後期中等教育機関における入学者選抜は，ほとんどが第9学年修了時の成績に基づいて行われるが，希望者が定員を超えた場合には入学試験が行われる場合もある。毎年第9学年修了者の約95％が後期中等教育機関に進学するが，成績が足りずに希望する学校に入学できなかったり，進路が決められない場合などは，ペルスコウルの第10学年に残ることができる。毎年第9学年修了

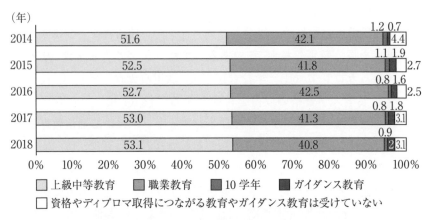

図 8-2　ペルスコウル修了者の進学先（％）

資料：Statistics Finland, Entrance to education, ；http://www.stat.fi/til/khak/2018/khak_2018_2019-12-12_tau_001_en.html　accessed：20200620

者の1％前後が10学年に進級している。また2018年には9学年修了者の3.1％に相当する1817人が進学をしなかった。

　フィンランドでは職業学校の人気が高く，毎年ペルスコウル修了者の4割以上が職業学校に進学している（図8-2）。

2）上級中等学校（ルキオ）

　フィンランドでは1985年に上級中等学校教育法を改正し，6〜7週間を1モジュールとするモジュラー・カリキュラムを導入した。これにより，従来の2学期制から5〜6学期制に移行し，各学校が学期区分を計画することが可能となったが，学期修了のたびに成績評価が行われるため，評価の回数は増えた。また，1990年代半ばから無学年制が導入され，各生徒が学年にかかわりなく個別にカリキュラムを組むようになった。

　フィンランドの教育課程基準であるナショナル・コア・カリキュラムは，国家教育委員会が定めている。上級普通教育のナショナル・コア・カリキュラムは，最近では2010年と2019年に改訂された。これに従って各学校が定めるカリキュラムは，各生徒に選択の機会を与えることができるように編成される。選択の時間には，在籍する学校以外の教育機関で教育を受けることも可能とされている。ルキオには75コース，アイクイスルキオには44コースがある。

　表8-2はルキオの授業時間配分を示している。1コース（モジュールの1単位）の平均授業数は38回であるため，授業時間はそれぞれを38倍した時間となる。1授業時間は45分以上でなければならない。必修コースの授業数は，数学で短期学習コース（5単位）を選ぶか，長期学習コース（9単位）を選ぶかによって，47〜51単位の間で変わる。全体では最低75単位を履修する必要がある。

　各学校では学校裁量で上記以外の専門コースと応用コースを設けることができる。情報通信技術（ICT）は独立した科目になっていないが，社会にICTを統合させるという観点からICTの教育が重視されている。

　カリキュラム全体としては，生徒自らが積極的に知識を構築することを重視しているため，ルキオにおいては，各生徒が自らの目標を設定し，個別に学習するとともに，異なる集団やネットワークとの協働によ

表8-2　フィンランドのルキオにおける授業時数

科目もしくは科目群	必修コース数	専門コースとして提供されるナショナル・コース数
母語・文学	6	3
A言語	6	2
B言語	5	2
その他の言語		8+8
数学		
共通コース全体	1	
短期学習コース	5	2
長期学習コース	9	3
環境と自然科学		
生物	2	3
地理	1	3
物理	1	6
化学	1	4
人文・社会		
哲学	2	2
心理学	1	4
歴史	3	3
社会科	3	1
宗教もしくは人生観の知識	2	4
健康知識	1	2
芸術・技能	5	
体操・スポーツ	2	3
音楽	1-2	3
視覚芸術	1-2	3
学習チュートリアル	2	0
必修コース	47-51	
上級コース　合計時間数の下限	10	
テーマコース		3
コースの合計時間数の下限	75	

資料：https://studieinfo.fi/wp/gymnasiet-ger-dig-kunskap-och-fardigheter-for-fortsatta-studier/studier-i-gymnasiet/　accessed：20200620

る学習を可能とする環境を作ることが求められている。

　このほか，視覚芸術，体操・スポーツ，音楽，演劇，メディア，工芸，ダンス及び家庭科の分野で習得した技能と知識を示したい生徒のために，上級中等学校修了証書に加えて，各分野のディプロマを授与することができるようになっている。

3）職業学校（アンマッティコウルトゥス）の教育課程

　職業学校については，2004年以降，魅力づくりのための改革が行われている。職業学校では従来600の職業資格課程があり，分野ごとに細分化された教育が行われていたが，労働市場の変化に対応して52（プログラムは120）に削減された。従来はコースによって単位数や在学年数が多様になっていたが，1999年の政府の決定によりすべて120単位で3年制となっている。教育課程の4分の1は「コア教科」と呼ばれる一般教育と選択コースに当てられた。これによって上級中等学校と職業学校の間で転校して進路変更することが容易になった。また卒業時には大学入学資格試験を受けることができるが，受験者は少ないという。

　職業学校においても，生涯学習の基礎を育むという観点から，より一般的な知識とコースごとの専門的技能を習得できるようになっている。職業学習のモジュールとコア教科で扱われる主な生涯学習コンピテンシーには，問題解決能力，相互作用と協力，職業倫理，健康，安全と機動性，自発性と起業家精神，持続可能な発展，美学，コミュニケーションとメディア技能，数学・自然科学，テクノロジー・情報テクノロジー，能動的市民性，多様な文化の理解などが含まれる。

　教育方法も6分の1以上を職場での実習に当てるようになった。また，ワークショップ，見習い訓練，バーチャル職業訓練などの教育方法を組み合わせることも一般的になってきている。

4）後期中等教育修了後の進路

　フィンランドで現在問題となっていることに，大学入学資格試験合格後すぐに総合大学及び応用大学[2]に進学する卒業生が少ないことがあ

2）フィンランド語ではアンマッティコルケアコウル（AMK）と呼ばれ，90年代に多種多様な中等後教育機関を統合・再編し，高等教育機関として格上げしたもの。

図8-3 フィンランドにおける大学入学資格試験合格者の進路
（男女別，2018年）

資料：Statistics Finland, Entrance to education, https://www.stat.fi/til/khak_2018_2019-12-12_tau_002_en.html　accessed：20200620

る。図8-3は2018年の大学入学資格試験合格者の進路を示しているが，すぐに大学に進学する者は女子では23.7％，男子では34.0％で，女子の72.6％と男子の65.0％は学びを継続していない。男子は18歳から28歳までの間に6カ月から12カ月の兵役義務があるが，学業が優先されるため，兵役免除のために進学する場合もある。1-2年はギャップイヤーとして外国旅行をしたり，アルバイトやボランティアをして過ごしながら，自分の進路について考える者が多い。

　総合大学と応用大学に進学する際には，後期中等教育機関での成績評価と全国大学入学資格試験の成績に加えて各大学・専攻で秋と春に行われる入学試験の成績によって選抜が行われる。人気のある専攻は倍率が高く狭き門となっており，なかなか希望する大学・専攻に入学できず，何度も入学試験を受ける場合もあるため，資格に結びつく学びを継続していない者のなかにはこのような浪人も含まれることが考えられる。

（2）スウェーデンの後期中等教育
1）後期中等教育制度

　スウェーデンの後期中等教育は，3年制の総合制ユムナシエスコーラ（学校の名称は通常はユムナシウム）において実施される。ユムナシエスコーラには公立（基礎自治体立）校と自律学校がある。2019年には全1307校あるユムナシエスコーラのうち434校（33％）が自律学校で，全生徒の約28％が通っていた。自律ユムナシウムは，ストックホルム，ヨーテボリ，マルメの三大都市に集中しているため，これらの都市部の

生徒は 4 割から 5 割が自律ユムナシウムに在籍している。自律ユムナシウムの 89%（390 校）は株式会社や有限会社などの営利企業が経営し，8 万 1,701 人の生徒が在籍している。前章で取り上げたスウェーデンの義務教育段階における教育の市場化は，後期中等教育において一層顕著となっている（Lundahl & Olson, 2013）。

　自律学校は公立学校と同様に国と地方から教育バウチャー（利用券）を受けることができるため，生徒から授業料を取ることは禁止されている。生徒 1 人当たりにかかる費用は，各生徒が居住する基礎自治体が設置者にかかわりなく各ユムナシウムに支払うことになっている。

　学校制度としては単線型のユムナシエスコーラであるが，実際には「ナショナル・プログラム」と呼ばれる 18 のコースが導入されている。このうち 6 コースが大学進学コース，12 コースが職業資格取得に結びつくコースである。これらの中で 60 に上る専門分野の教育が行われている。また，これらの他に，外国の大学への進学準備を目的とする国際バカロレア・プログラムと，地域で特に必要とされる人材養成を行うナショナル・リクルートメント・プログラム（職業コース）がある。各ユムナシウムでは，自校に導入するプログラムをそれぞれの裁量で決定し，プログラムの内容に変更を加えることもできる。

　また，2011 年度から導入された新しいプログラムに，「導入プログラム」がある。ユムナシウムにおける入学者の選考は，基礎学校における成績評価と，最終試験の成績に基づいて行われ，スウェーデン語（外国に背景を持つ生徒の場合は「第 2 言語としてのスウェーデン語」），英語，数学の他 5 科目の成績が合格点に達している必要がある。導入コースはこの要件を満たしていない生徒を対象とし，いずれはナショナル・プログラムを履修することを目指すコースである。例えば言語入門では，移民など外国に背景を持つ生徒に対するスウェーデン語教育が行われる。導入プログラムを 3 年間履修しても，ナショナル・プログラムへ移行できなければ，後期中等教育修了資格は取得できない。

　各ユムナシウムでは，通常これらのうちのいくつかのプログラムを開講する。各自治体は，生徒が居住地域ですべてのプログラムを履修でき

るよう配慮するが，地域ですべてのプログラムを開講できない場合，生徒が他の自治体で希望のプログラムを履修できるように支援する。

　また，2011年度から，すべての職業コースのプログラムを職場における見習い訓練によって履修することが可能となった。生徒は中等見習い訓練の契約を1つ以上の職場と結び，学習時間の半分を職場で働きながらの現職訓練に当てなければならない。見習い訓練によって所定の課程を修了すれば，大学に進学することもできる。

　2018/19年度のユムナシウムのコース別生徒数の割合は，大学進学コース履修者が57%，職業コース履修者が28%，導入コース履修者が15%だった。男女平等の国というイメージが強いスウェーデンであるが，コース及びプログラムの履修者にジェンダーの偏りが見られる。大学進学コースは女子が52%と若干多いが，職業コースは男子が60%，導入プログラムも男子が66%となっている。プログラム別では，配管・不動産，電気・エネルギーの履修者は97%が男子で，手工芸は94%が女子である。天然資源，保健・ケア，人文科学も圧倒的に女子が多い。外国に背景のある生徒とそうでない生徒によっても進路選択に相違が見られる（表8-3）。

2) 後期中等教育のカリキュラム

　ユムナシウムでは，すべてのコースでスウェーデン語（もしくは第2外国語としてのスウェーデン語），英語，数学，体育，歴史，社会科学，宗教学習，自然科学の8教科が必修となっているが，職業プログラムと大学進学準備プログラムの各コースごとに授業時間数を示すポイント数が異なっている（表8-4）。1ポイントは約1時間である。また，個別選択（200ポイント）と卒業論文（100ポイント）も全コースの生徒に共通に課される。母語や第2外国語としてのスウェーデン語は個別選択の時間を用いて履修することもできる。

　科目履修に特に困難が生じている生徒には，特別な支援が施され，個別に履修計画を修正することもある。また生徒は成績評価を上げるために在学中は無料で何度でも同じ科目の試験を受けることができる。卒業後に再試験を受ける場合は1科目500クローナ（約8000円）の受験料

表 8-3　スウェーデンのユムナシウムにおけるコース別生徒数（人）
（背景別，2018/19 年度）

	スウェーデン生まれで両親もしくは片親がスウェーデン生まれ			スウェーデン生まれで両親が外国生まれ			外国生まれ		
	合計	女子	男子	合計	女子	男子	合計	女子	男子
ユムナシエスコーラ計	239,061	115,770	123,291	30,770	15,188	15,582	69,711	28,753	40,958
ナショナル・プログラム計	226,417	110,259	116,158	28,263	14,021	14,242	42,636	19,387	23,249
職業コース計	77,077	31,549	45,528	5,955	2,301	3,654	14,316	5,165	9,151
子ども・余暇	6,977	4,494	2,483	754	414	340	1,517	762	755
土木・建築	11,270	1,107	10,163	483	13	470	1,292	56	1,236
電気・エネルギー	11,245	412	10,833	1,010	12	998	2,047	59	1,988
運輸・交通	9,009	1,830	7,179	489	24	465	1,357	45	1,312
ビジネス・事務	6,510	3,954	2,556	1,027	405	622	1,570	555	1,015
手工芸	5,381	5,153	228	415	389	26	584	487	97
ホテル・観光	2,138	1,699	439	177	126	51	466	302	164
産業技術	3,496	442	3,054	139	10	129	567	35	532
天然資源	8,256	5,630	2,626	121	97	24	399	287	112
レストラン・食品	4,028	2,100	1,928	166	63	103	466	223	243
配管・不動産	2,824	84	2,740	248	4	244	357	4	353
保健・ケア	5,275	4,559	716	888	740	148	3,561	2,334	1,227
ナショナル・リクルートメント・プログラム	668	85	583	38	4	34	133	16	117
大学進学コース	149,340	78,710	70,630	22,308	11,720	10,588	28,320	14,222	14,098
経済	34,322	17,973	16,349	5,268	2,538	2,730	4,757	2,154	2,603
芸術	17,293	11,108	6,185	886	534	352	1,973	1,231	742
人文科学	1,722	1,417	305	172	135	37	309	247	62
自然科学	28,890	15,634	13,256	6,428	3,561	2,867	8,802	4,854	3,948
社会科学	42,459	27,614	14,845	7,057	4,479	2,578	6,941	4,185	2,756
技術	23,383	4,182	19,201	2,189	291	1,898	3,952	676	3,276
国際バカロレア	1,271	782	489	308	182	126	1,586	875	711
導入プログラム	12,644	5,511	7,133	2,507	1,167	1,340	27,075	9,366	17,709
個別オルタナティブ	5,791	2,581	3,210	780	330	450	3,353	1,232	2,121
準備教育	854	392	462	259	138	121	1,394	511	883
個別選択プログラム	3,286	1,563	1,723	772	421	351	2,717	1,039	1,678
言語入門	36	21	15	104	42	62	15,545	5,489	10,056
職業入門	2,677	954	1,723	592	236	356	4,066	1,095	2,971

資料：SCB, Gymnasieskolan, heeps://www.scb.se　accessed：20200620

150

表8-4　ユムナシエスコーラ・ナショナルプログラムのポイント数
　　　　（3年間の授業時数）

教　科	職業プログラム	大学進学準備プログラム
スウェーデン語・第2言語としてスウェーデン語	100	300
英語	100	200
数学	100	100（芸術・人文）/200（社会・経済）/300（自然・技術）
体育	100	100
歴史	50	50（技術）/100（経済・社会・自然）/200（芸術・人文）
社会科学	50	100（経済以外）/200（経済）
宗教学習	50	50
自然科学	50	100 *
各プログラムの特色に応じた教科	1600	950（経済）/1050（技術）/1100（芸術・社会・人文）
個別選択	200	
卒業論文（制作）	100	
後期中等教育ポイント合計	2500	

注）自然科学プログラムでは生物，物理，化学，技術プログラムでは物理・化学を履修する。
資料：Skollagen 2010：800

が必要となる。

　ユムナシウムでは卒業試験は行われず，各コースで学んだ内容の要点と成績評価を記した教育修了証書が授与される。

　なお，スウェーデンでは，後期中等教育のナショナル・プログラムは，成人教育機関であるフォークハイスクール（フォークヘグスコーラ）をはじめ地方自治体立の成人教育学校においても提供されている。

3. 北欧型福祉国家レジームの変容と後期中等教育の機能の変化

　ルンダール（Lundahl, et al., 2010）は，1960年代からのスウェーデンの後期中等教育改革を分析する枠組みとして後期中等教育改革の経済的機能と社会的機能に着目し，表8-5のように整理した。これをエスピ

表8-5 後期中等教育改革の機能

改革のレベル	経済的側面	社会的側面
社会レベル	(A) 労働生活と社会に向けたコンピテンスを付与し，経済成長と繁栄を促進し，労働生活のリストラクチュアリングを促進する。	(B) 市民性の涵養，社会的結束性，社会の発展と変化への寄与。
個人レベル／改革のアクター	(C) 個人と企業が求めるコンピテンスを提供し，特定の企業の競争力と経済成長に寄与し，個人と企業のモビリティと変化を促進する。	(D) 個人に自律性，責任感，創造性，起業家精神と競争力を培う。

資料：Lundahl, et al., 2010, p.47

ン-アンデルセンによる3つの北欧型福祉国家レジーム（伝統的社会民主主義，保守主義的福祉国家，自由主義的福祉国家）の区分と対比させてみている。

それによれば，国家が中央集権的に主導して平等を重視した1960-80年代の伝統的社会民主主義から社会権の普及を目指す保守主義的福祉国家への転換期では，労働生活と社会に向けたコンピテンスを付与し，経済成長と繁栄を促進し，労働生活のリストラクチュアリングを促進すること（A）と，市民性の涵養，社会的結束性，社会の発展と変化への寄与（B）が重視されたのに対し，1990年代以降の地方分権化と規制緩和による多様化，個人化を特色とする自由主義的福祉国家では，個人と企業が求めるコンピテンスを提供し，特定の企業の競争力と経済成長に寄与し，個人と企業のモビリティと変化を促進すること（C）と個人に自律性，責任感，創造性，起業家精神と競争力を培うこと（D）が重視されるようになったという（Lundahl, et al., 2010）。

第4次産業革命と人々の長寿化によって常に失業の危機があり，何度も転職する時代を生き抜くために，後期中等教育段階では特にあらゆる機会を通して自己の責任において自らの進路を開拓していく力を育むことが今後ますます重要となっていくとみられる。だが，スウェーデンのように後期中等教育に営利企業が参入することによって，民主主義社会

を支える市民性の涵養という公教育の重要な側面が軽視されていくことも危惧されている（Lundahl & Olson, 2013）。

研究課題

(1) フィンランドとスウェーデンの後期中等教育制度とカリキュラムを比較し，共通点と相違点を明らかにし，その要因を考察しなさい。

(2) 表8-5の枠組みを，フィンランドやその他の国の後期中等教育の機能の変化の分析に当てはめることはできるかどうか，考察しなさい。

参考文献

川崎一彦，澤野由紀子，鈴木賢志，西浦和樹，アールベリエル松井久子 『みんなの教育：スウェーデンの「人を育てる」国家戦略』（ミツイパブリッシング，2018年）

本所恵『スウェーデンにおける高校の教育課程改革：専門性に結び付いた共通性の模索』（新評論，2016年）

EUROSTAT, Early leavers from education and training; https://ec.europa.eu/eurostat/statistics-explained/index.php?title=Early_leavers_from_education_and_training accessed：20200620

Hadnagy J.（Edit）（2018）*School—a basis for successful inclusion:Newly arrived children and young people in the Nordic countries*, Nordic Welfare Centre.

Lundahl, L.（2010）Setting Things Right? Swedish Upper Secondary School Reform in a 40-Year Perspective, *European Journal of Education*, Vol, 45, No. 1, 2010, Part I, pp. 46-59

Lundahl, L. & Olson, M.（2013）Democracy lessons in market-oriented schools-The case of Swedish upper secondary education, *Education, Citizenship and Social Justice*, 8（2）, pp. 201-213.

Sahlberg, P.（2011）*Finnish Lessons:What can the world learn from educational change in Finland?*, Teachers College, Columbia University

Skollagen（2010：800）med lagen om införande av skollagen（2010：801）, Norstedts Juridik

9 | ヨーロッパの教育改革(1)
—多様な生徒への対応と学校教育の質保証—

坂野慎二

　EU（ヨーロッパ連合）各国は，教育政策において共通の目標を設定し，それぞれの手法で目標を実現することを目指し，その進捗状況及び結果が年限を定めて調査・報告させるという政策サイクルを定着させようとしてきた。多くの国に共通する教育政策として，第一に，多様な子ども達（移民の背景を持つ子ども等）に如何に教育を提供し，学校教育の機会を実質的に確保するか，という課題がある。第二に，学校教育の質保証として，学力の保障をどのように行っていくのか，それによって，学校システムの効率性をどう高めるのか，という課題がある。

はじめに

　ヨーロッパは，1989 年からの東欧革命や 1991 年のソビエト連邦崩壊により，大きな変化に遭遇した。体制的にも 1992 年にはマーストリヒト条約が調印され，翌 1993 年には EC（ヨーロッパ共同体）から EU（ヨーロッパ連合）へと生まれ変わった。旧社会主義国を含むヨーロッパ圏が生まれ，EU にも旧社会主義国が加わり，大きな市場を形成するようになった。

　ヨーロッパには EU の他にも多様な枠組みが存在する[1]。ヨーロッパとしての大きな枠組みとして 47 カ国が加盟する欧州評議会（Council of Europe）がある。軍事的にはアメリカやトルコ等を含む 29 カ国が加盟する北大西洋条約機構（NATO）や 57 カ国が加盟する欧州安全保障協力機構（OSCE）が存在する。人の移動はスイスを含む 25 カ国が署名

1）外務省「欧州の主要枠組み」参照。（https://www.mofa.go.jp/mofaj/area/osce/s_kikou.html　accessed：20200213）

しているシェルゲン協定があり，その中では移動が自由である。経済的には31カ国が加盟する欧州経済領域（EEA）や，共通通貨ユーロを導入している19カ国のユーロ圏もある。教育関連では48カ国で構成されるヨーロッパ高等教育圏（EHEA）がある[2]。

EUを中心とするヨーロッパ諸国は，教育政策において共通の目標を設定し，それぞれの手法で目標を実現することを目指し，年限を定めてその進捗状況及び結果を調査・報告させるという政策サイクルを定着させようとしている。その端緒となったのは，2000年前後から進められた，学校教育制度の質を示す指標を2010年までに達成しようというET2010（「教育と訓練2010」）政策である。そのために各国は必要な実態調査を実施し，結果を比較検討し，それぞれの課題を克服するための政策を進める，という政策手法が定着していった。

その後，ET2010が達成されていない国も少なくなかったことから2020年を達成期限としたET2020（「教育と訓練2020」）が設定された。ET2010及びET2020の中心となるのは，学校教育機会の実質的保障及び学校教育の質保証政策である。執筆時点である2020年1月ではET2020についての検証過程にある。そこで，本章はEUが推し進めた2000年代以降の教育政策の特色を概観していく。また，ET2020がどのように検証されているのかを明らかにしていく。

1. EUにおける共通教育政策

（1）EU拡大による加盟国の多様化と軋轢

第2次世界大戦後のヨーロッパは，戦争を起こさないためにヨーロッパ諸国が連携する必要性を強く認識していた。ヨーロッパ連合（EU）の前身であるヨーロッパ経済共同体（EEC），ヨーロッパ共同体（EC）は，1957年のローマ条約時の原加盟国6カ国から，1986年には12カ国に拡大した。1990年代にはソビエト崩壊等によって，東ヨーロッパを含む「1つのヨーロッパ」を目指し，1993年にEUが発足した。EUは

2) European Higher Education Area and Bologna Process（http://www.ehea.in fo/index.php　accessed：20200213）

1995 年に 15 カ国に，2004 年及び 2007 年に東欧諸国 12 カ国が，2013
年にクロアチアが加わり，計 28 カ国の巨大なヨーロッパ連合となった。
これに合わせ，統治体制を整備するために，2004 年には欧州憲法条約
が調印されるも，フランスやオランダで条約が否決され，2007 年によ
うやくリスボン条約が調印され，2009 年に発効した。

　2000 年代以降の拡大によって，EU 内でも国による経済や財政の利害
は調整が難しくなってきている。1999 年には 11 カ国で通貨ユーロの導
入が決定され，2002 年から現金通貨となり，2015 年からは 19 カ国で法
定通貨となっている。しかしユーロの管理はヨーロッパ中央銀行が行
い，各国での為替調整は困難となった。2008 年のアメリカで発生した
リーマンショック，翌 2009 年のギリシャ危機により，こうしたシステ
ム上の課題が明らかとなった。ギリシャ危機に連動して，ポルトガル，
イタリア，アイルランド，スペイン等の国でも財政改革が求められ，年
金や医療費等の支出を抑制することを余儀なくされ，国民の間に不満が
高まった。さらに 2015 年にシリア等からの難民が急増すると，これま
で EU が推進してきた「ヒト（労働者），モノ，カネ（資本），サービ
ス」[3] の自由移動への不満が高まることとなった。イギリスで 2016 年に
国民投票で EU 離脱が決定され，紆余曲折の末，2020 年 1 月末に EU
を離脱し，EU は 27 カ国に縮小した。これまでの経済的，政治的に「1
つのヨーロッパ」を目指してきた EU は，岐路に立っていると言えよ
う。

（2）共通の教育・訓練政策（ET2010 及び ET2020）の形成

　東西冷戦の終了を受けて，ヨーロッパ統合は一段階進められることと
なった。教育政策は「ヒト（労働者）」の移動とサービスの移動とに関
連する。EU（EC 時代を含む）の教育政策は，従来はエラスムス計画
に代表される，各国の人的な交流を進めるプログラムと，労働者が域内
を移動する際に重要な職業資格の相互承認を進めるためのプログラム

3）綱谷龍介・伊藤武・成廣孝『ヨーロッパのデモクラシー［改訂第 2 版］』p.40
以下参照（ナカニシヤ出版，2014 年）

（CEDEFOP 計画）等が主なものであった[4]。この他に，教育政策についての情報ネットワークとして，1980 年から Eurydice[5] が存在する。この Eurydice は，各国が他国の情報を獲得し，教育政策を推し進める際の共通の場を提供している。

　1998 年 6 月，EU 及び加盟準備国の教育大臣は，チェコのプラハで教育大臣会議を開催し，学校教育システムの評価を国家レベルで行うための指標を開発していくことに合意した[6]。2000 年 3 月のリスボン戦略の提示を受けて，2000 年 5 月には，ワーキング・グループが 16 の学校教育の質を示す指標を策定した。その指標は，4 つのグループに整理できる[7]（○囲み数字は 16 の指標）。

1）各領域における到達度：①数学，②読解，③理科，④情報及び ICT，⑤外国語，⑥学び方，⑦市民教育，の各領域。
2）学校制度における成功と移行：この指標は，⑧中退率，⑨後期中等教育の終了，⑩高等教育の参加率，によって検証される学習を完遂する生徒の能力と同一と見なされる。
3）学校教育の調査：この指標は，⑪学校教育の評価と方向づけ，並びに⑫保護者の参加した評価，による多様な学校教育関係者の参加程度を示す。
4）資源と構造：この指標は，⑬生徒 1 人当たりの教育支出，⑭教員養成と研修，⑮就学前教育への参加率，⑯生徒 1 人当たりのコンピュータ数，で代表する。

　このワーキング・グループの提案は，2000 年 6 月の教育大臣会議に提出・了承され，2001 年 2 月 12 日の欧州理事会でも承認された。最終

4）木戸裕（2012）p.167 以下参照。そこで指摘されているように，「共通の職業訓練政策」が EC の教育政策の中心的な位置を占めていた。
5）https://eacea.ec.europa.eu/national-policies/eurydice/about_en（accessed：20200228）
6）http://europa.eu/legislation_summaries/education_training_youth/lifelong_learning/c11063_en.htm（accessed：20200105）
7）同上。

的には 2002 年 3 月のバルセロナで開催された欧州理事会で，ET2010（「教育と訓練 2010」）が採択された（43 項)[8]。これを受けて，2002 年 6 月 14 日には実施計画が策定された[9]。2000 年代は，ET2010 が各国の学校教育政策の共通枠組みとなり，各国の学校教育政策に影響を与えていったのである。

　ET2010 は，その後 ET2020（「教育と訓練 2020」)[10] へと引き継がれていく。2009 年 5 月の欧州理事会の決定は，ET2010 によって，知識基盤社会及び生涯学習社会への転換を進めたものとして評価している。その上で，各国がこれらの指標をより一層実現していくとともに，4 つの戦略を構成した。

　1）生涯学習と移動性の実現。これは欧州資格枠組み（European Qualifications Framework：EQF）と各国の資格枠組みとをつなぎ，ヨーロッパ諸国内での労働力の移動を推進するものである。
　2）教育・訓練の質及び効率の改善。すべての市民がキー・コンピテンシーを獲得し，教育・訓練のすべての段階がより魅力的で効率的になることが必要である。
　3）平等，社会的結合及び行動的な市民性の推進。教育・訓練によって，すべての市民は雇用，継続学習，市民性，相互文化的な対話に必要な技能や能力を獲得するべきである。
　4）雇用される能力を含む創造性と革新の促進。横断的な諸能力の獲得が推進され，知の三角形（教育・調査・革新）機能が確保されるべきである。

　ET2020 に象徴される EU の教育・訓練政策の目標は，①職業能力の獲得と雇用，②ヨーロッパ市民性の獲得，という大きな理念の中に位置

8）http://www.consilium.europa.eu/ueDocs/cms_Data/docs/pressData/en/ec/71025.pdf （accessed：20200106）
9）http://europa.eu/legislation_summaries/education_training_youth/general_framework/c11086_en.htm （accessed：20200106）
10）Education and Training 2020（ET 2020）．https://eur-lex.europa.eu/legal-content/EN/TXT/?uri=celex:52009XG0528（01），https://eur-lex.europa.eu/legal-content/EN/TXT/?uri=LEGISSUM:ef0016 （accessed：20200106）

づけられていると言える。これは EU 諸国内での経済状況とそれに伴う失業率の違いが大きな関心事であることと関連していると言えよう。EU 内の物や人の移動は，かなりの程度で自由化されてきた。しかし，実際の人の移動は，自己実現のためのプラスの選択を促進するという側面よりも，自国の雇用状況の悪さや所得水準の低さからやむを得ない選択としての移動という側面を強く有している。ここからも明らかなように，雇用確保のための教育という考え方が，日本と比較すると EU 内では非常に強いと言える。これは教育・訓練と職業資格とが密接に関連しているためである。

この ET2020 の到達目標は，①就学前の 95％以上の子どもが，就学前教育に参加すること，②読解，数学及び科学における能力が不十分な 15 歳者の割合を 15％未満にすること，③教育・訓練の早期離脱者の割合を 10％未満にすること，④第三段階教育[11] に到達する 30-34 歳の者の割合が 40％よりも高くなること，⑤ 25-64 歳の最低 15％が生涯学習に参加すること，⑥ 20 歳から 34 歳までの新規卒業者（3 年以内）の就職率が 82％よりも高くなること等である[12]。

（3）ET2020 の達成状況

それでは，共通の教育政策として推進してきた ET2020 は，達成できたのであろうか。

2019 年 9 月 24 日，欧州委員会は ET2020 の進行状況を「教育と訓練モニター 2019」としてとりまとめた[13]。同書は，主に 2018 年の時点で各国が集約したデータに基づいて ET2020 の進行状況を以下のようにとりまとめている。

---

11) tertiary education. 初等教育段階，中等教育段階に続く教育段階で，従来の高等教育（higher education）に加え，職業教育等多様な教育を含む総称として近年使用されるようになってきた。
12) https://ec.europa.eu/education/policies/european-policy-cooperation/et2020-framework_en （accessed：20200213）
13) https://ec.europa.eu/education/sites/education/files/document-library-docs/volume-1-2019-education-and-training-monitor.pdf （accessed：20200213）

①4歳以上の子どもの95.4%が就学前教育に参加している（目標は95%で達成）。

②読解，数学及び科学における能力が不十分な15歳者の割合は，それぞれ19.7%，22.2%，20.6%である（目標は15%未満で未達成）。

③教育・訓練の早期離脱者の割合は10.6%である（目標は10%未満で未達成）。性別では男性12.2%，女性が8.9%である。また，出生地別では自国で生まれた者が9.5%であったが，外国で生まれた者は20.2%が早期離脱していた。

④第三段階教育に到達する30-34歳の者の割合は40.7%である（目標は40%以上で達成）。性別では男性が35.7%，女性が45.8%である。出生地別では，自国で生まれた者が41.3%であったが，外国で生まれた者は37.8%であった。

⑤25-64歳の生涯学習参加率は11.1%である（目標は最低15%で未達成）。教育水準別では，高等教育段階（生涯学習のための欧州資格枠組み（EQF）のレベル5から8）で19.0%，後期中等教育段階（EQFのレベル3,4）で8.8%，義務教育終了段階（EQFのレベル0から2）で4.3%となっている。

⑥20歳から34歳までの新規卒業者（3年以内）の就職率は，81.6%である（目標は82%で未達成）。教育段階別では，高等教育段階で85.5%，後期中等教育の普通教育で66.3%，後期普通教育の職業教育で79.5%となっている。

　この結果から，就学前教育の拡充や高等教育への進学率の向上はすでに目標を達成できたことがわかる。一方で，教育・訓練の早期離脱者の減少や基礎学力の向上については，達成できていないことが確認できる。また，教育段階の違いや出生地の違いによって達成度が異なっていることが理解できる。ET2010を策定した時点では予想されていなかった経済危機や難民の流入等の問題が起きたにもかかわらず，各国が目標に向かって努力してきたことが理解できるであろう（園山，2016/志水，2019）。

　以下，ヨーロッパ全体での教育制度の現状を整理した上で，教育政策を重点ごとに分析していく。

2. ヨーロッパ各国の学校教育政策

（1）学校教育制度の現状

　ここでヨーロッパ各国の学校教育制度の現状を概観しておこう。Eurydice が 2019 年に発行した「ヨーロッパの教育システム構造 2019/20（The Structure of the European Education Systems 2019/20：Schematic Diagrams）」[14] は，ヨーロッパ 32 カ国（ベルギーやイギリスは国内で複数の制度があるため，計 37 の圏，以下国・圏）の学校教育制度について，その概略を整理している。義務教育段階について整理すると，大きく 3 つの型が存在する。

　第一は，初等教育段階と前期中等教育段階が同じ学校で行われる「統一学校」の型である。これは，フィンランド，スウェーデン，ノルウェー，デンマーク等の北欧諸国及び旧ユーゴスラビア諸国中心の 14 カ国・圏に見られるタイプである（図 9-1。次頁参照）。第二は初等教育と前期中等教育は別の学校であるが，共通の教育課程で教育が行われる総合制学校型で，イギリス，フランス，イタリア，スペイン等の 15 カ国・圏である（図 9-2）。第三は前期中等教育段階から異なるタイプの中等教育学校が設置されている型（いわゆる分岐型）で，ドイツ，オランダ，スイス，オーストリア等ドイツ語圏を中心とする 8 カ国・圏である（図 9-3）。

　次に義務教育について整理する。同じく Eurydice の「ヨーロッパにおける義務教育 2019/20」[15] では，ヨーロッパ 38 カ国（43 圏）における義務教育の開始年齢は，3 歳としているのが 2 カ国，4 歳としているのが 5 カ国・圏，5 歳としているのが 12 カ国・圏，6 歳としているのが

---

14) https://eacea.ec.europa.eu/national-policies/eurydice/content/structure-euro
pean-education-systems-201920-schematic-diagrams_en（accessed：20200106）
15) European Commission/EACEA/Eurydice（2019）*Compulsory Education in Europe 2019/20*. doi：10.2797/643404 p.6.（https://op.europa.eu/en/publication-detail/-/publication/7d81859b-f3ae-11e9-8c1f-01aa75ed71a1/language-en/format-PDF/source-107292513　accessed：20200106）なお，ドイツは 16 ある州で義務教育年限等が異なるため，2 つに分割されている。

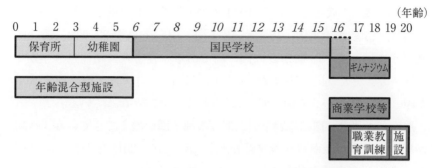

図 9-1　統一学校型―デンマークの学校系統図

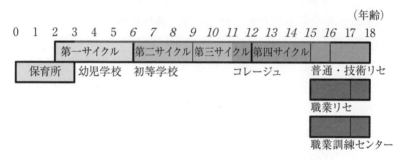

図 9-2　教育課程共通型―フランスの学校系統図

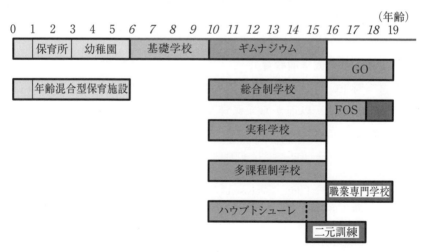

図 9-3　前期中等教育課程相違型―ドイツの学校系統図
出典：European Commission (2019)：*The Structure of the European Education Systems 2019/20*：Schematic Diagrams.

24 カ国・圏，7 歳としている国が 1 カ国である。全日制義務教育の終了年齢は，14 歳が 1 カ国，15 歳が 12 カ国・圏，16 歳が 22 カ国・圏，18 歳が 5 カ国・圏，19 歳が 2 カ国・圏である。義務教育期間は 8 年が 1 カ国，9 年が 8 カ国，10 年が 13 カ国，11 年が 10 カ国・圏，12 年が 8 カ国・圏，13 年が 3 カ国・圏，11-13 年が 1 カ国となっている。

近年，義務教育開始年齢を引き下げる国・圏が増えてきている。ハンガリーは従来 5 歳からを義務教育としていたが，2015 年から 3 歳からの幼稚園教育を義務化した[16]。しかし就学率は 100％にはなっていない[17]。フランスは従来 6 歳から義務教育を開始していたが，2020 年 9 月から 3 歳からを義務教育とした。一方，義務教育を 7 歳から開始する国・圏が 2016 年調査では 8 カ国・圏存在したが[18]，2019 年調査では 1 カ国（エストニア）のみとなっている。

義務教育段階において，いわゆる教育義務のみを課して親の申請によって学校に行かないことを認める国・圏もある。主要なヨーロッパの 42 カ国・圏の中で，28 カ国・圏では保護者の要求に基づいてホームスクーリングが認められている。ホームスクーリングを行う場合，子どもは試験を受けるとともに，当局による子どもの進捗状況を測定することが一般的である[19]。

（2）重視される就学前教育

EU（当時 EC）各国は，国連の児童の権利に関する条約（1989 年採択，1990 年発効）以前から「保育ネットワーク」を立ち上げ，1985-

---

16) UNESCO (2015) *Hungary Education for All 2015 National Review.* (https://unesdoc.unesco.org/ark:/48223/pf0000229933 accessed：20200215)

17) https://www.mext.go.jp/component/b_menu/other/__icsFiles/afieldfile/2017/10/02/1396864_025_1.pdf （accessed：20200215）

18) European Commission/EACEA/Eurydice（2016）*Compulsory Education in Europe 2016/17.*

19) Home Education Policies in Europe：Primary and Lower Secondary Education.（https://op.europa.eu/en/publication-detail/-/publication/ea077239-e244-11e8-b690-01aa75ed71a1/language-en/format-PDF/source-79438729 accessed：20200213）

1995 年に保育調査を実施してきた[20]。その成果は 1996 年の「保育サービスの質目標：10 の行動計画」[21] に取りまとめられた。2002 年には 2010 年までに 3 歳以上の就学前の子ども保育参加率を 90%以上にすることが取り決められた[22]。ET2020 では 4 歳児以上の保育参加率を 95%以上にすることが目指されている。

　2019 年版「ヨーロッパの ECEC（乳幼児期の教育とケア）」（EC/EACEA/Eurydice, 2019）によると、就学前教育における制度では、5 歳または 6 歳までの年齢混合教育型と 3 歳未満と 3 歳以上を区分する分離型があるが、分離型の国が多い（ベルギー、フランス、イタリア、オランダ、ポーランド等）。一方、北欧諸国とバルト諸国、バルカン諸国は年齢混合型が優勢である（ノルウェー、スウェーデン、フィンランド、ラトビア、リトアニア、ボスニア・ヘルツェゴビナ、モンテネグロ等）。イギリス、ドイツ、スペイン等は両者が混ざり合っている。

　3 歳未満では、家庭教育を中心に位置づけている国と、施設での保育を中心に位置づけている国がある。現在では、施設での保育を中心に位置づけている国が増えている。家庭教育を重視する傾向の国は、イギリス、フランス、ドイツ、オランダ、ベルギー、フィンランド等である。バルカン諸国やチェコ等では施設での保育が中心となっている。

　また、10 カ国では、小学校入学前の 1-2 年は保育義務が課されている。これは小学校への円滑な接続を意図した政策で、読み、書き、算数が教授されている。つまり学校準備教育が中心的に行われている。スウェーデン、フィンランド、クロアチア、ラトビア、ブルガリア、ルクセンブルク等がこうした国に属する。

---

20) 泉千勢『なぜ世界の幼児教育・保育を学ぶのか—子供の豊かな育ちを保障するために—』（ミネルヴァ書房, 2017 年）p.11
21) EU（1996）Quality Targets in Services for Young Children. European Commission Network on Childcare and Other Measures to Reconcile the Employment and Family Responsibilities of Men and Women. Proposals for a Ten Year Action Programme. OECD の「始まりこそ力強く」プロジェクトはこの影響で 1998 年に開始されたと考えられる。
22) 泉（2017）p.12

　日本では幼稚園は文部科学省，保育所は厚生労働省，認定こども園は内閣府と，就学前教育施設の所管が分かれている。ヨーロッパ諸国では，０歳児からの施設を教育省系が所管している国または３歳上の施設を教育省系が所管する国が大半である。教育省系以外が０歳以上の保育施設すべてを所管している国は，ドイツ，デンマーク，アイルランドの３カ国のみである。

　就学前教育，とりわけ３歳未満のそれは，保育席を保障すること（つまり待機児童なし）でその拡大を意図する国と，就学前教育への参加を義務づけている国とに分かれている（EC/EACEA/Eurydice, 2019, p.44）。保育席を保障する年齢は国によって異なるが，フィンランド，スウェーデン，ノルウェー，デンマーク，ドイツ，スロベニア等では１歳前後から，保育席が保障されている。

　保育形態では，イギリス，フランス，スペイン，オランダ等，同一年齢教育型を採用している国のほうが多い。北欧諸国，ドイツ，リヒテンシュタイン及びクロアチアは，混合年齢教育型を採用している。東欧諸国やバルト３国は，両者が混ざり合っている。１クラスの子ども数は最大で20人から25人までという国・圏が多い（日本の幼稚園は35人までとなっている）。

　2012年10月，欧州委員会（EUの執行機関）は，「不利な背景を持つ子どものための早期教育及びケア」[23]をとりまとめた。この報告書において，「不利な背景を持つ」要因として，①貧困，②幼児期のサービスを受けられないこと，を示している。

　同報告書によれば，EU27カ国における貧困層の割合は，平均で23.4％あり，18歳未満の子どもでは26.9％に及んでいる（2010年）。イギリスでは29.7％，フランスでは23.0％，ドイツでは21.7％，イタリアでは28.9％の子どもが貧困の危機に瀕している（Eurydice, 2012. pp.17-18）。

---

23) European Commission Directorate – General for Education and Culture (2012)： Early childhood education and care（ECEC）for children from disadvantaged backgrounds：Findings from a European literature review and two case studies.

　幼児期のサービスを受ける対象とならない主な子どもは，移民の背景を持つ子どもである。例えば，ベルギーのフラマン語圏（ベルギーの主に北部）で，教育等のサービスを受けている就学前の子どもの割合は70.8%であるが，少数民族に属する子どもは 32.6%しか教育等のサービスを受けていない。2009 年の調査では，EU に居住する EU 以外の者は 3100 万人で，6.4%に達している（Eurydice，2012，p.21）。

　こうした子ども達に対しての支援策は，主に 3 種類に分類される。第一が経済的支援（人的な支援を含む）である。危機に瀕している子どものための仕事への，中央政府から地方政府への助成である。その際には，地域の人口的要因や社会・経済的要因が配慮される。第二は，義務教育学校に通学する場合に，彼らが排除されたり，分離されたりすることがないようにする法的規定である。第三は，就学前教育の義務化である。小学校入学前の年度の幼稚園教育・ケア等を義務化し，入学時のハンディを小さくすることが可能となる。

（3）初等中等教育の特質

　知識基盤社会において，ヨーロッパ諸国は，すべての子どもが初等中等教育においてキー・コンピテンシーを獲得することを重視している。欧州議会及び欧州理事会は，2006 年 12 月に「生涯学習のためのキー・コンピテンシー勧告」[24] を採択した。そこで定義されたキー・コンピテンシーは，①母語での対話，②複数の外国語での対話，③数学，科学及び技術の基礎能力，④デジタル能力，⑤学び方の学習（learning to learn），⑥社会的及び市民的能力，⑦自発性及びアントレプレナーシップ（被雇用能力）の感覚，⑧文化的意識と表現，の 8 項目から構成されている。

　ヨーロッパ版のキー・コンピテンシー枠組みは，2018 年に改正された。新しいキー・コンピテンシーは，インクルーシブな教育や「持続可

---

24) RECOMMENDATION OF THE EUROPEAN PARLIAMENT AND OF THE COUNCIL of 18 December 2006 on key competences for lifelong learning（2006/962/EC）

能な開発目標（SDGs）」といった国際的な教育政策動向を反映させたものであり，知識（knowledge），技能（skills），態度（attitudes）の組み合わせとして定義されている。新たなヨーロッパ版のキー・コンピテンシーの8つの枠組みは，①言語能力，②多言語能力，③数学能力及び科学，技術，工学能力，④デジタル能力，⑤個人的，社会的，学び方能力，⑥市民教育，⑦アントレプレナーシップ（被雇用能力），⑧文化的意識と表現能力，である[25]。

　キー・コンピテンシーの中では，市民教育（citizenship education）が取り上げられている。市民教育は調和ある共存を促すために重視されており，知識，技術，態度に加え，価値（values）を育成することを目指し，①他者と効果的で建設的に相互に交わる，②批判的に考える，③社会的に責任ある事項で行動する，④民主的に行動する，という能力が求められる。市民教育はほぼすべての国において，国家カリキュラムの一部となっている[26]。市民教育は。①教科等横断的なトピックとして，②他の教科の中で，③独立した教科で，教授する国・圏があるが，複数の方法が組み合わされていることが多い。前期中等教育段階では，42カ国・圏のうち，20の国・圏で複数の方法が組み合わされている。独立した教科として市民教育を行っているのは，14カ国・圏である。

　ヨーロッパ諸国の学校における授業時数の規定方法は，国によって異なる。ベルギーのフラマン語圏では，学年ごとの総授業時数のみが規定され，教科の時間配分は各学校に委ねられている。オランダでは，複数年での合計授業時数のみが規定されており，各学年及び各教科の時数配分は学校に委ねられている。イタリアでは1-5年生は，統合教科の時間数のみを規定して，その内訳は学校に委ねられている。一方，フランスやスペインといった国は，各学年，各教科の授業時数が規定されている

25) Council Recommendation of 22 May 2018 on key competences for lifelong learning OJ C 189, 4. 6. 2018 p.1-13（https//eur-lex.europa.eu/legal-content/EN/TXT/PDF/?uri=CELEX:32018H0604(01)&from=EN accessed: 20200228)

26) European Commission/EACEA/Eurydice（2017）：*Citizenship Education at School in Europe 2017*. ISBN 978-92-9492-614-2. 市民教育については近藤（2013）参照。

が，フランスでは生徒が教科を選択するのに対し，スペインでは学校が教科を指定する。主な国の義務教育の実授業時数（自然時間）は，表9-1のようになっている。

　後期中等教育段階は，その形態は多様であるが，大きくは普通教育型と職業教育・訓練型とに区分できる。スウェーデンやノルウェーのよう

表 9-1　ヨーロッパ主要国の教育課程
①オランダ（VWO＝進学コース）

学年	総時間	統合	国語	数学	理科	社会	外国語	他言語	体育	芸術	宗教等	ICT	技術	職業技能	生徒選択	学校選択
1			●	●	●	●	●		●	●	●	●	●	●		
2			●	●	●	●	●		●	●	●	●	●			
3	5640	5640	●	●	●	●	●		●	●	●	●	●			
4			●	●	●	●	●		●	●	●	●	●			
5			●	●	●	●	●		●	●	●	●	●			
6			●	●	●	●	●		●	●	●	●	●			
7			●	●	●	●	●	●	●	●	●	●	●			
8			●	●	●	●	●	●	●	●	●	●	●			
9	5000	5000	●	●	●	●	●	●	●	●	●	●	●			
10			●	●	●	●	●	●	●	●	●	●	●			
11			●	●	●	●	●	●	●	●	●	●	●			
12	700	700	●	●	●	●	●	●	●	●	●	●	●			
計	11340	11340														

②イタリア

学年	総時間	統合	国語	数学	理科	社会	外国語	他言語	体育	芸術	宗教等	ICT	技術	その他	生徒選択	学校選択
1	891	792	●	●	●	●	33		●	●	66		●			–
2	891	759	●	●	●	●	66		●	●	66		●			–
3	891	726	●	●	●	●	99		●	●	66		●			–
4	891	726	●	●	●	●	99		●	●	66		●			–
5	891	726	●	●	●	●	99		●	●	66		●			–
6	990		330	198	含数	含国	99	66	66	132	33		66			–
7	990		330	198	含数	含国	99	66	66	132	33		66			–
8	990		330	198	含数	含国	99	66	66	132	33		66			–
9	891		132	165	132	99	99		66	66	33	含数		99		–
10	891		132	165	132	99	99		66	66	33	含数		99		–
計	9207	3729	1254	924	264	198	891	198	330	528	495		198	198		

③フランス

学年	総時間	統合	国語	数学	理科	社会	1外国語	2他言語	体育	芸術	宗教等	ICT	技術	その他	生徒選択	学校選択
1	864		360	180	54	S	54		108	72	36	含理	含理			
2	864		360	180	54	S	54		108	72	36	含理	含理			
3	864		360	180	54	S	54		108	72	36	含理	含理			
4	864		288	180	72	54	54		108	72	36	含理	含理			
5	864		288	180	72	54	54		108	72	36	含理	含理			
6	946		162	162	144	108	144		144	72	P	含理	含理	10		
7	946		162	126	108	108	108	90	108	72	P	含全	54	10		
8	946		162	126	108	108	108	90	108	72	P	含全	54	10		
9	946		144	126	108	126	108	90	108	72	P	含全	54	10		
10	1036		144	144	162	126	198	含左	72	P	P	P	P	82	108	
計	9140		2430	1584	936	684	936	270	1080	648	180		162	122	108	

P＝生徒選択

④スペイン

学年	総時間	統合	国語	数学	理科	社会	外国語	他言語	体育	芸術	宗教等	ICT	技術	その他	生徒選択	学校選択
1	792		190	148	57	57	75	S	69	S	43				S	152
2	792		188	149	55	57	75	S	69	S	45				S	152
3	792		189	140	57	57	86	S	68	S	43				S	150
4	792		178	140	60	61	89	S	66	S	41				S	155
5	792		173	140	59	60	90	S	66	S	41				S	160
6	792		169	142	61	61	90	S	65	S	41				S	161
7	1053		178	137	109	107	128	S	70	S	45		S	35	S	244
8	1054		176	130	101	109	116	S	70	S	48		S	35	S	268
9	1054		172	138	153	106	119	S	70	S	35		S	35	S	225
10	1054		160	136	S	107	121	S	70	S	40	S	S	35	S	386
計	8967		1773	1400	712	782	989		683		422			140		2053

S＝学校選択

出典：Eurydice（2019）：Recommended Annual Instruction Time in Full-time Compulsory Education in Europe 2018/19.

に，普通教育と職業教育とを1つの学校に設置する国もある。

　欧州委員会は2018年1月に新たな教育重点目標の方針を打ち出した。今後EUが重視すべき教育の目標は，(1)生涯学習のためのキー・コンピテンシー，とりわけアントレプレナーシップやSTEM（科学，技術，工学，数学）に焦点を当てること，(2)デジタル能力（教育技術におけ

るデジタル技術の活用，デジタル能力の開発，データ分析と注意深さに
よる教育の改善），(3) 共通の価値，インクルーシブな教育，ヨーロッ
パの指導（とりわけ衆愚政治や狭隘な国家主義等に対抗する教育，すべ
ての者に質の高い教育，ヨーロッパの共通遺産や多様性），の 3 点であ
るとした[27]。これが同年 5 月に新キー・コンピテンシーの基盤となっ
た。

3．学校教育の質保証と労働市場への移行

(1) 学校評価と質保証

　ヨーロッパの多くの国々は，何らかの形での学校評価を導入している
(Eurydice, 2015, p.9)。ヨーロッパ諸国において，学校の外部評価（日
本では第三者評価）は 2000 年代前半に普及し，2000 年代後半にはベル
ギーが教員個人の評価に焦点化した評価を普及させた。31 カ国・圏の
うち，27 カ国・圏において学校の外部評価が実施されており，国が責
任を負っているところが多い。学校の外部評価は学校の教育活動全般に
ついて行われるものが多い。近年，学校の外部評価を一律に行うのでは
なく，データや書類等でリスクの高い学校を重点的に外部評価する国・
圏（オランダ，スウェーデン，イングランド等）が増加している。
　学校の自己評価は，2000 年代に推奨から義務へと変化し，ポルトガ
ル，エストニア，ルクセンブルク，イタリア，北アイルランド等 27 カ
国・圏で義務化されている。義務化されていない国・圏でも学校の自己
評価が推奨されている（Eurydice, 2015, p.10)。

(2) 国家テスト

　全国的に実施される学力テストの結果を公表することは，学校の説明
責任を果たすとともに，学校間の競争と結びつけるための重要な手法の
1 つである。ヨーロッパ諸国では，これらの活用方法は非常に多様であ
る。国家テストの目的から分類すると，①生徒の進路決定のためのテス

---

27) https://ec.europa.eu/commision/presscorner/detail/en/1p_18_102（accessed:
　　20200726)

ト，②学校や教育システムのモニタリング調査，③生徒の特別な学習需要の調査，といった内容に区分できる（Eurydice 2012, p.168）。生徒の進路決定のためのテストは，およそ3分の2にあたる26カ国・圏で実施されている。チェコ，ドイツ，オランダ，スロバキア，ウェールズ，トルコといった国・圏では，生徒の進路決定としてのテストが代表的なものである。これは初等教育段階や義務教育段階終了時等に実施される。学校や政策のモニタリングのための調査は，およそ半数の国・圏で実施されている。生徒の特別な学習需要調査は，12カ国・圏で実施されている（同前）。

（3）教員の質保証

　EUの教員養成と研修による教員の質保証は，学校教育の成功を左右する事項として最重視されていた。ET2010（「教育と訓練2010」）の教師教育の内容についての最終報告書「EUにおける教師教育の内容」[28]は，2009年にフィンランドのイエバスキラ大学の教育研究所でとりまとめられた。同報告書によれば，初等教育学校の教員養成は，28カ国・圏中24カ国・圏において総合大学段階で行われている。教員養成あるいは教師教育において求められる内容は以下の8領域に区分されている。①教科，②教育学，③理論と実践の統合，④協働・協力，⑤質保証，⑥流動性，⑦リーダーシップ，⑧継続教育。このうち，法令で定められている割合が高いのが，①教科，②教育学，⑤質保証，⑧継続教育であり，5割前後に上る。

　これをOECD（1994）における教員の資質能力と比較してみると以下の点を指摘できよう。第一に，教科に関する知識，教育学全般の理解といった点は共通していると言える。また，実際の授業のおける技術が重要であることも共通している（理論と実践の統合）。第二に，協調性・同僚性といった，学校における対人関係能力が重視されている点も

---

28) Finnish Intsitute for Educational Research（2009）: *Education and Training 2010*: Three studies to support School Policy Development Lot 2: Teacher Education Curricula in the EU. FINAL REPORT.

共通である。第三に，教員の職能成長能力の重視についても共通していると言える。OECD 報告書の「ウ　反省すること」と EU の「⑧継続教育」におけるキャリアを通じての能力開発は相通じるものがある。一方で相違点も見出せる。EU の報告書では質保証（評価の考え方や質保証のためのシステム開発）という考え方が強調されており，OECD の質保証（反省）とは趣旨が異なる。また，「⑥流動性」は，EU 内外における統合という EU 独自の政策によって強調されていると考えられる。

　EU の教員政策の関心は，総合大学段階における教員養成という目標が 2010 年頃には概ね達成された。その後は学校教育の質保証のために，教員を学習する組織へと変化させること（EC, 2017），あるいは教員の労働環境，具体的に教員及び校長の賃金へと移っている（EC/EACEA/Eurydice, 2019b）。こうした変化の背景には，大学段階での教員養成はほぼ完了したものの，需要に対する教員不足がある。その原因として考えられるのは，教員需要計画が短期的であること，教科（とりわけ STEM 教科担当教員の不足）や地域による不均衡があるということ，早期離職者の割合が高い国がある，等である（EC/EACEA/Eurydice, 2018）。一方では教員養成が過剰となっている国（ポーランド，ポルトガル，セルビア等）もある。

（4）労働市場への移行

　ヨーロッパ諸国は，これまでも大きな景気変動を経験してきたが，2010 年前後にも大きな経済危機を経験した。労働市場においては，労働者の雇用保護が優先されるため，新規に労働市場に参入する者が景気変動によって大きな影響を受ける。

　若者（25 歳未満）の失業率は，労働者全体の失業率に対してやや高めになっていることが多い。全体的には，2000 年代後半にやや改善が見られたが，2008 年のリーマンショック以降，再度悪化した。とりわけ，財政危機に瀕したギリシャやスペインでは若年失業率は，2012-2014 年に 50％を越えていた。ドイツのように，若年失業率の低い国との違いは大きくなっている。

172

表9-2　25歳未満の失業率の推移（%）

国　　　　　　年	2000	2005	2010	2015	2018
EU27 カ国平均	19.1	18.9	21.3	20.2	15.2
ベルギー	16.7	21.5	22.4	22.1	15.8
ブルガリア	33.7	21.0	21.9	21.6	12.7
チェコ	17.0	19.3	18.3	12.6	6.7
デンマーク	6.2	8.6	15.5	12.1	10.5
ドイツ	8.7	15.4	9.8	7.2	6.2
エストニア	23.9	15.1	32.9	13.1	11.9
アイルランド	6.9	8.7	28.1	20.2	13.8
ギリシャ	29.1	25.8	33.0	49.8	39.9
スペイン	23.2	19.6	41.5	48.3	34.3
ふランス	31.5	21.0	23.3	24.7	20.8
クロアチア	37.3	31.7	32.3	42.3	23.3
イタリア	26.2	24.1	27.9	40.3	32.2
キプロス	9.9	13.9	16.6	32.8	20.2
ラトビア	22.4	15.1	36.2	16.3	12.2
リトアニア	30.0	15.8	35.7	16.3	11.1
ルクセンブルク	6.4	14.6	15.8	16.6	14.1
ハンガリー	11.9	19.4	26.4	17.3	10.2
マルタ	13.7	16.1	13.2	11.6	9.1
オランダ	8.2	11.8	11.1	11.3	7.2
オーストリア	5.6	11.0	9.5	10.6	9.4
ポーランド	34.9	36.9	23.7	20.8	11.7
ポルトガル	12.5	20.8	28.2	32.0	20.3
ルーマニア	16.5	19.1	22.1	21.7	16.2
スロベニア	16.3	15.9	14.7	16.3	8.8
スロバキア	37.3	30.4	33.9	26.5	14.9
フィンランド	21.4	20.1	21.4	22.4	17.0
スウェーデン	10.5	22.6	24.8	20.4	17.4
イギリス	12.2	12.8	19.9	14.6	11.3
アイスランド	：	7.2	16.2	8.8	6.1
ノルウェー	9.8	11.4	9.9	10.5	9.7
トルコ	：	17.5	19.8	18.6	20.3
アメリカ	9.3	11.3	18.4	11.6	8.6
日本	9.1	8.7	9.5	5.5	3.7

出典：EUROSTAT web（https://ec.europa.eu/eurostat/data/
database accessed：20200227）より筆者作成

　こうしてみると，ヨーロッパ諸国が若者の失業率の高さを克服することが大きな政策課題となっていることが理解できよう。若者が学校制度から労働市場へと円滑に移動していくように，職業教育・訓練等に多くの資源が投入されているが，その正否は景気動向によって大きな影響を受けていることが理解できる。後期中等教育段階修了資格を持って卒業しても，実際に就職できるのかは，景気によって大きく左右される。

まとめ

　ヨーロッパ諸国の教育政策は，EU 統合拡大という枠組みの中で，多様な国民を統合する役割を担っている。同時に，若年失業率の高さが大きな政策課題であった。1990 年代末から 2000 年代前半にかけて，後期中等教育段階を修了することにより，失業を防止することを目指した ET2010 は，結果的に失業防止という点では成果を上げなかったことになる。しかし各国の教育政策担当者に対して，学力向上政策や教育への資源の投入という点についての国別比較という視点を提供し，教育の質保証という政策はある程度進められたと言える。

　ヨーロッパ各国には，それぞれの伝統と文化があり，教育政策を均質化することは困難である。しかし，教育政策が立案・実施・評価されるという流れができあがり，教育の成果をデータに基づいて検証することは，ほぼ共通化されたと言えよう。

　今後は，どのような形で EU 統合を深めるのか，それに合わせた教育目的・目標をどのように作り上げていくのかが課題となろう。

(1) EU の教育政策は，どのような目的・目標で進められてきたのかを
整理しなさい。

(2) EU の教育政策は，どのような形で成果を検証しているのかをまと
めなさい。

(3) 教育費の投入とその効果について，EU 各国を比較し，その意義を
まとめなさい。

主要参考文献・資料

木戸裕『ドイツ統一・EU 統合とグローバリズム』（東信堂，2012 年）

近藤孝弘編『統合ヨーロッパの市民性教育』（名古屋大学出版部，2013 年）

志水宏吉監修『世界のしんどい学校—東アジアとヨーロッパにみる学力格差是正の
取り組み』（明石書店，2019 年）

園山大祐編『岐路に立つ移民教育—社会的包摂への挑戦』（ナカニシヤ出版，2016
年）

EC/EACEA/Eurydice（2018）：*Teaching Careers in Europe*. Progression and Sup-
port. Brussels.

European Commission/EACEA/Eurydice（2019）：*Key Data on Early Childhood
Education and Care in Europe.*

European Commission/EACEA/Eurydice（2019b）：*Teachers' and School Heads'
Salaries and Allowances in Europe 2017/18*. doi：10.2797/015418

European Commission（2018）：Quality assurance for school development：guiding
principles for policy development on quality assurance in school educaion.

Eurydice（2015）：*Assuring Quality in Education*：*Policies and Approaches to
School Evaluation in Europe*. doi：10.2797/65355

Eurydice（2012）：*Key Data on Education in Europe 2012*. doi：10.2797/77414

OECD/CERI（1994）：*Quality in Teaching*.

10 | ヨーロッパの教育改革(2)
―ドイツにおける教育改革―

坂野慎二

　EU の中で経済的にも，そして政治的にも重要な役割を演じているドイツ連邦共和国（以下，ドイツ）は，教育改革が遅れた国の１つである。ここでは，ドイツを事例として取り上げ，教育改革を分析していく。

　ドイツでは，2001 年 PISA 調査結果の公表が，教育改革を推し進める強力なインパクトとなった。その調査結果の分析を通じて，ドイツでは移民の背景を持つ子どもを中心として，学力の全体的な底上げを図るために，就学前教育や学校以外の活動の充実によって，教育機会を実質的に確保する政策を進め，2012 年 PISA 調査までは，一定の学力向上に成功した。しかし 2015 年 PISA 調査以降，下降傾向にある。大量の移民等を受け入れているドイツの教育改革を明らかにする。

1. ドイツの教育改革の背景

（1）東西ドイツの統一

　ドイツは第１次世界大戦の敗北後，ワイマール共和国の体制が安定しなかった。ヒトラーが政権を握り，第２次世界大戦で破局を迎えた。第２次世界大戦後は社会主義陣営としての旧東ドイツと，資本主義陣営の旧西ドイツとが対峙することとなった。ヨーロッパの資本主義諸国では 1960 年代後半から 1970 年代にかけ，高等教育への進学を求める若者が増加し，教育改革のうねりが起こっていた。それまでは大学進学向けの学校と就職向けの学校が中等教育段階では並立していたが，イギリスでは労働党政権によって総合制学校が導入され，フランスでは 1975 年のアビ改革によって単線型へと移行していった。北欧諸国も単線型学校制度への改革を推進していった。一方，旧西ドイツでも，単線型の学校制

度へ改革する方向の議論がなされたが，家庭環境を反映しやすい３分岐型の学校制度が維持されてきた。

　1989 年，「ベルリンの壁」が崩壊し，翌 1990 年には旧東ドイツ（ドイツ民主共和国）が旧西ドイツに統合される形で，東西ドイツの統一が実現した。統一ドイツは 16 州（旧西ドイツでは 11 州）で構成される連邦国家であり，教育に関する権限も各州に属する。1990 年の東西ドイツの統一は，ドイツ国内にも多くの課題をもたらした。旧東ドイツ地区では，多くの国営企業が倒産あるいは廃止され，学校を卒業した若者を雇用する場が失われていった。学校の教員も資格審査が行われ，多くの教員が不適格とされ，教壇から去って行った。学校制度においても，旧東ドイツの単線型学校制度と旧西ドイツの分岐型学校制度という制度上の違い，大学入学資格までの年数の違い（旧東ドイツは 12 年，旧西ドイツは 13 年）等から，学校制度全体のデザインが必要とされ，学校制度における教育機会と効率性を検証する必要が生じたのである。

　５つある旧東ドイツ諸州では，統一後に将来への不安から出生率が低下し，学校統廃合を含めた学校制度の効率化が求められた。また，単線型学校制度から新たな学校制度を構想する際に，３分岐型学校制度ではなく，より教育機会が開かれた制度を求めた。その結果，旧東ドイツ諸

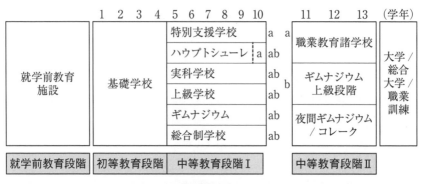

図 10-1　ドイツの学校体系図（ニーダーザクセン州）
出典：Das niedersächsische Schulwesen（allgemein bildende schulen）（https://www.mk.niedersachsen.de/startseite/schule/unsere_schulen/allgemein_bildende_schulen/　accessed：20200220）に基づき筆者作成

州では，中等教育段階が，ギムナジウムとそれ以外の中等学校（名称は
各州で異なる），総合制学校という形が普及した[1]。

（2）2001 年の「PISA ショック」と教育改革の方向性

　1998 年の連邦議会選挙において，SPD（ドイツ社会民主党）及び緑
の党が勝利し，シュレーダー首相を中心とする連立政権が成立した。同
政権は，政権樹立後に選挙公約でもあった「教育フォーラム」を立ち上
げた（1999 年）。この「教育フォーラム」は，連邦教育研究大臣，企業
側代表 2 名，労働側代表 2 名，学識者 2 名，教会代表 2 名，職業訓練生
代表 1 名，学生代表 1 名から構成され，官僚主導ではなく，教育関係者
の意見を広く集める役割を果たした。

　教育フォーラムが最終報告書のとりまとめに入った時期である 2001
年 12 月，国際学力調査である PISA 調査の結果が公表された。ドイツ
は OECD 諸国の中で平均以下の成績となり，大きな衝撃を受けた。い
わゆる「PISA ショック」である。ドイツでは学力上位層は一定の割合
でいるが，中位層が多くなく，下位層が多いことがその特色であった。
学力下位層の多くは，移民の背景を持つ子どもや，社会的・経済的に不
利益を有する子どもであることが明らかとなった。KMK（常設各州文
部大臣会議）は，PISA 調査結果公表後，ただちに今後の教育政策のた
めの基本的方向性を示した「7 つの行動プログラム」を公表した。その
概要は，以下の通りである。

1. 就学前教育領域において言語能力を改善するための措置
2. 早期就学を目標として就学前領域及び基礎学校とのより良い接続のた
   めの措置
3. 基礎学校教育を改善するための措置及び読解力，数学並びに自然科学
   関連の基本的理解についての全体的改善
4. 教育的配慮を要する子どもの実際上必要な促進措置
5. 必要なスタンダードに基づいた授業と学校の質的改善と確保のための

---

1) 天野正治他『ドイツ統一と教育の再編』（成文堂，1993 年）

措置及び結果重視の評価
6. 教職専門性改善のための措置，とりわけ組織的学校開発の要素としての診断的，方法的能力を考慮すること
7. より広い教育・促進可能性を目的としての学校及び学校外での終日教育を提供することを拡充するための措置，特に教育の欠けている生徒及び特別な才能ある生徒に対する措置

「4.」は直接的に教育的配慮を要する子どもの支援措置を挙げているし，「1.」「2.」はそのための具体的措置の１つとしても理解できる。

（3）「PISA ショック」以降の教育改革状況

　2005 年の連邦議会総選挙の結果，CDU（キリスト教民主同盟）/CSU（キリスト教社会同盟）と SPD の大連立政権が発足し，メルケル（CDU）が首相となった。2008 年 10 月 22 日，連邦のメルケル首相と各州首相は，「ドイツのための諸能力獲得計画（ドレスデン声明）」を発表した[2]。そこでの重点的施策は，①幼小からの教育機会，②若者には修了証が必要，③教育による上昇，④より多くの若者を大学へ，⑤理科と技術におけるより多くの後継者の育成，⑥女性に対するより良い機会，⑦生涯全体における学習，等である。これらは連邦政府と各州政府の合意文書であり，ドイツの教育政策の全体的方向性を示している。PISA 調査直後の「7 つの行動プログラム」と比較すると，より包括的，体系的な内容となっている。

　2009 年，2013 年の連邦議会選挙では，いずれも CDU/CSU が勝利した。しかし絶対過半数は確保できず，連立相手として FDP，SPD がそれぞれ選ばれた。この間，大きな教育改革は見当たらない。2017 年の連邦議会選挙では，CDU/CSU の得票率は東西ドイツ統一以降最低の32.9％まで落ち込むとともに，SPD の得票率も 20.5％と第 2 次世界大戦後最低を記録した。一方，右派ポピュリズム政党とされる AfD（ド

2）Bundesministerium für Bildung und Forschung（2009）：Aufstieg durch Bildung Die Qualifizierungsinitiative für Deutschland. Berlin.

イツのための選択肢）は 12.6％の支持を集めた。近年のドイツでは世論が分裂し，多党化する傾向が顕著となってきている。このため連立交渉は難航し，連邦大統領が斡旋を試みる等の経緯を経て，選挙から半年近く経過した 2018 年 3 月にようやく第 4 次メルケル連立政権（CDU/CSU 及び SPD）が発足した。その連立協定書において，教育については，基礎学校児童の学童保育への法的請求権を 2025 年までに実現すること，ICT 教育の環境整備（50 億ユーロ）と情報教育能力の育成等が挙げられている[3]。ただし，実際の教育政策は，各州の権限である。

　近年のドイツ全体の教育改革は，教育の機会均等と優秀な人材の育成の 2 側面から整理するとことができよう。以下，教育機会の保障と就学前教育，学校教育と質保証を中心に見ていこう。

2．教育機会を保障するための施策

（1）就学前教育の充実

　ドイツの就学前教育は，保育所（Kindertagesstätte）を中心としながら，多様な機関が存在する。基礎学校に入学するまでに，一定の保育を受けてくることに政府は力を入れている。1989 年に国連で「児童の権利に関する条約」が採択されたことを受け，ドイツでは 1992 年に「社会法典第 8 典（Sozialge setzbuch VIII）」が改正され，満 3 歳以上の子どもについて，保護者の就学前施設等に対する請求権が規定された。2008 年には対象が 1 歳以上に拡大された（実施は 2013 年から）。

　連邦，州及び自治体は，2007 年に 3 歳以下の子どもの 35％に対する保育の場を 2013 年までに提供することに合意するとともに，2008 年 10 月には，連邦政府及び州政府は質の高い保育士等を養成し，言葉の発達を促すことに合意した[4]。そのために必要な法令改正が行われ，2008 年

3) CDU, CSU und SPD（2018）：Ein neuer Aufbruch für Europa Eine neue Dynamik für Deutschland Ein neuer Zusammenhalt für unser Land. Koalitionsvertrag zwischen CDU, CSU und SPD. 7. Februar 2018.（連立政権協定書）

4) Bundesministerium fuer Familie, Senioren, Frauen und Jugend（2010）：Bericht der Bundesregierung 2010.

12月には「子ども支援法（Kinderförderungsgesetz）」が成立した。2008年から2018年までに連邦は32.8億ユーロを支出している[5]。同法は2017年に改訂され，2017年から2021年まで10万席の保育席を確保するための連邦支援が継続されている。連邦はほぼ毎年3億ユーロを支出する計画となっている[6]。

　それでは実際に，保育席はどのくらい増加したのであろうか。2006年の時点では，3歳児以下の保育席は28万6,017席であったが，2018年には78万9,559席へと増加し，増加率は176％である[7]。保育所の拡大という意味では，一定の成果を上げたと言えよう。次に需給関係について見てみると，2018年3月時点で，3歳児以下の保育を受けている者は33.6％であるのに対して，3歳児未満の保育を希望する保護者は47.7％おり，14.1％の供給不足の状況である。とりわけ，これまで3歳児未満の保育が少なかった旧西ドイツ地域での供給不足が顕著であり，ブレーメン市（都市州）では，需要（48.6％）と供給（28.4％）が20ポイント以上開いている[8]。つまり，親には保育席への法的請求権が認められているが，いわゆる「待機児童」が生じている状態である。

（2）就学前教育と初等教育の接続

　就学前教育と初等教育における教育内容の連続性についても政策が進められている。2004年，KMKとJMK（「各州青少年大臣会議」，2007年にJFMK「各州青少年家族大臣会議」に改称）は，就学前教育の「共通教育枠組み」を決定した。就学前教育の内容は「共通教育枠組み」において，①言葉，書き方，コミュニケーション，②人格的及び社会的発達，価値教育/宗教教育，③算数，理科，（情報）技術，④音楽教育/メ

5) 連邦家族・高齢者・女性・青少年省webサイト参照（https://www.fruehe-chancen.de/ausbau/investitionsprogramme/　accessed：20191230）。
6) Gesetz zum weiteren quantitativen und qualitativen Ausbau der Kindertagesbetreuung. Vom 23. Juni 2017.（Bgbl 2017 I 40 1893）
7) BMFSFJ（2019）：*Kindertagesbetreuung Kompakt.* Ausbaustand und Bedarf 2018. S.5ff.
8) Edenda. S.13ff.

ディア領域，⑤身体，運動，健康，⑥自然と文化環境，の 6 つに整理されている。各州は，幼児教育と基礎学校等に共通の教育計画（Bildungsplan 等）を，就学前教育と初等教育段階，場合によっては中等教育段階を対象にして作成している。ただし教育計画は一般に教育機関に対する拘束力を持っていない[9]。

　次に，就学前教育機関から基礎学校への円滑な入学のための施策を整理しておく。KMK 及び JFMK は 2008 年に合同会議を開催し，2009 年には「就学前教育機関から基礎学校への移行を意義あるものに」[10]という共同決議を採択した。そこでは，基礎学校入学前に，障害を持つ，あるいは特別な支援を必要とする子どもに配慮することを求めている。就学前教育の基本的な考え方は，以下のとおりである。

　①教育は子どもの誕生から始まっている，②家族や専門的な職員による支援を受ける，③就学前教育及び初等教育を公的な責任の下で提供する，④個人の能力や背景に合わせた教育，⑤段階の移行を子どもの発達に合わせて行うこと，⑥教育提供の連続性は保育所と基礎学校の協働が必要であること，⑦段階の移行は，非連続性と連続性の原理を考慮すること，（以下，略）。その上で強調されているのが，能力獲得のためのドイツ語の習得である。また，子どもの自尊感情，保護者との協働，子どもの社会的統合，といった事項にも配慮することが提言されている。

（3）終日学校（Ganztagsschule）

　ドイツでは，学校は午前 8 時頃に始まり，正午から午後 1 時半頃には終わる，いわゆる「半日学校」が普通であった。教育フォーラムの報告書は，午後 4 時頃まで学校で児童生徒の世話をする「終日学校（Ganztagsschule）」に学校教育活動を延長することによって，移民の背景の

---

9) 坂野慎二「ドイツの幼稚園教諭・保育士養成政策に関する研究─養成の高度化・専門家に着目して─」（玉川大学教育学部紀要第 16 号 pp.1-23, 2017 年）

10) Den Übergang von der Tageseinrichtung für Kinder in die Grundschule sinnvoll und wirksam gestalten ── Das Zusammenwirkung von Elementarstufe und Primarstufe optimieren.（Beschluss der Jugend- und Familienkonferenz vom 05. 06.2009/Beschluss der Kultusministerkonferenz vom 18.06.2009）

有無や家庭環境の相違を少なくし，子どもの能力育成を促進するよう提案した。

連邦政府と各州は，2003 年 5 月に行政協定「未来の教育と養育」に署名し[11]，2003 年から 2007 年の間に，連邦政府と各州政府は各 40 億ユーロ，計 80 億ユーロ（約 9600 億円）を，終日学校のために拠出することを取り決めた。この終日学校拡大政策は，2005 年に連邦政府が SPD 及び緑の党の連立政権から CDU/CSU と SPD の連立政権へと交替する際，連立の期限である 2009 年末まで延長することが取り決められた[12]。

KMK の統計資料[13] によれば，終日学校として午後の活動を提供する学校は，2002 年にはドイツ全体で 5,396 校（基礎学校では 10.3%）に設置され，約 87 万人（9.8%）の児童生徒が終日学校の活動に参加していた。これが 2007 年には 1 万 2,734 校（基礎学校では 35.0%）に設置され，約 172 万人（20.9%）の児童生徒が，2017 年には 1 万 8,686 校（基礎学校では 68.2%）に設置され，約 318 万人（43.9%）の児童生徒が活動に参加している。

終日学校は，午後 4 時くらいまで子どもの居場所を学校等に確保するものであり，そこで宿題の面倒をみたり，遊びを取り入れたりといった活動を行う。活動の指導者は教員が行う場合と，活動指導員が行う場合とがある。教員が指導する場合は授業時数として計算され，その相当分の授業時数が削減される。児童生徒は原則毎日活動に参加する場合と，必要に応じて活動に参加する場合がある。活動の内容は，個別指導を中

---

11) Verwaltungsvereinbarung Investitionsprogramm „Zukunft Bildung und Betreuung " 2003 - 2007.

12) Ergänzende Information zur Verwaltungsvereinbarung Investitionsprogramm „Zukunft Bildung und Betreuung ": Kostenneutrale Verlängerung des Förderzeitraums.

13) KMK (2008): Allgemeinbildende Schulen in Ganztagsform in den Ländern in der Bundesrepublik Deutschland - Statistik 2002 bis 2006 -. KMK (2019): Allgemeinbildende Schulen in Ganztagsform in den Ländern in der Bundesrepublik Deutschland - Statistik 2013 bis 2017 -. (https://www.kmk.org/dokumentation-statistik/statistik/schulstatistik/allgemeinbildende-schulen-in-ganztagsform.html accessed：20191225)

心とするもの，授業と同様のもの，異年齢集団による学習，余暇的な活
動等，多様なものとなっている。終日学校は，午後の教育を提供する場
として，家庭で十分な世話を受けられない，あるいは十分な教育支援を
受けられない児童生徒に対して，教育の場を提供することにより，教育
の機会拡大に資する政策として位置づけられる。こうした終日学校の普
及は，連邦政府と州政府との協力関係がうまくいった事例として位置づ
けることができるであろう。

　2018年3月に発足した第4次メルケル連立政権（CDU/CSU及び
SPD）は，その連立協定書において，基礎学校児童の学童保育への法的
請求権を2025年までに実現することを掲げている。

（4）ドイツ語獲得の支援

　ドイツでは，移民の背景を持つ子どもが多数存在する。就学前教育に
通う子どもの27.7%が移民の背景を持つ子どもである（2017年のデー
タ，Bildungsbericht 2018, Tab. C3-2A）。彼らにとって，ドイツ語を習
得することが，学校システムにおいて成功できるか否かを決定する大き
な要因となっている。連邦教育研究省は，2005年から2007年に「年齢
特有の言語習得プロジェクト」を立ち上げ，2008年には2分冊の報告
書をとりまとめている[14]。この報告書は，第一言語と第二言語の習得
について，獲得を始める年齢段階によってどのような方法が効果的なの
かをまとめている。注目されるのは，第1分冊において，ロシア語とト
ルコ語についての章を設定し，両言語の分析を行っていることである。
ドイツ国内には，トルコ系の移民，旧ソビエト諸国からの移民が多い
が，それぞれが独自のコミュニティを組織しやすく，ドイツ語の習得が
遅れがちであるとの判断によるものであろう。この報告書はドイツ社会
への統合を意識したものであると言える。

---

14) Bundesministerium für Bildung und Forschung. Referat Bildungsforschung.
　　Ehlich, K.（ Hrsg. ）（ 2008 ）：Referenzrahmen　zur　altersspezifischen
　　Spracheneignung. Bonn,Berlin. Ders（2008）：Referenzrahmen zur altersspezifi-
　　schen Spracheneignung. -Forschungsgrundlagen- Bonn, Berlin.

　基礎学校で必要とされるドイツ語の習得を確実なものとするために，2018 年には 16 州中 14 州で基礎学校入学前に，ドイツ語の習得試験が義務あるいは勧告として実施されていた。ドイツ語の習得が不十分と判定された子どもは，ドイツ語補習コースに通うことが義務づけられ，あるいは推奨されている（16 州中 12 州）[15]。また，基礎学校の第 1/2 学年を学年混合で授業し，発達の早い子は 1 年で 3 年生に進級し，ドイツ語等の発達がゆっくりの子は 3 年間このクラスでドイツ語等を学習するような柔軟な学年制を実験する州もある。

3．学校教育と質保証

（1）教育スタンダードと学力保障

　PISA2000 年調査は，ドイツの学力が諸外国の平均よりもが低いということを明らかにするとともに，州間で学力の相違が大きいことを明らかにした。このため，KMK は基礎学校修了時の 4 年，ハウプトシューレ終了時の 9 学年，実科学校修了時の 10 学年，そしてギムナジウム終了時の 12/13 学年での統一的な教育スタンダードを作成した。各州は，この教育スタンダードに沿った形で学習指導要領を作成している。

　2001 年の「PISA ショック」前後から，教育政策を評価する傾向が生じてきた。KMK は，いわゆるデータ（証拠）に基づいた教育政策を実

表 10-1　教育スタンダードの学年と教科・科目

学　　　年	教科・科目	作成年
第 4 学年	ドイツ語，算数	2004 年
第 9 学年	ドイツ語，数学，外国語	2004 年
第 10 学年	ドイツ語，数学，外国語（英語・仏語），生物，化学，物理	2003 年，2004 年
アビトゥア（第 12/13 学年）	ドイツ語，数学，外国語（英語・仏語）	2012 年

出典：KMK；Qualitätssicherung in Schulen. に基づき筆者作成（https://www.kmk. org/dokumentation-statistik/beschluesse-und-veroeffentlichungen/bildung-schule/qualitaetssicherung-in-schulen.html#c2365 accessed：20200220）

15) Bildungsbericht 2018. Tab.C5-11web.

施するため，教育政策を調査することとした。

　ドイツでは成績評価の結果として，PISA 調査や TIMSS 調査といっ
た国際学力調査に加え，ドイツ国内での比較調査を実施するようになっ
てきた。これらの結果を州間で比較し，各州がそれぞれの方法で教育政
策の改善を目指している。こうした調査を実施・分析するための組織と
して，2004 年 12 月に IQB（Institut zur Qualitätsentwicklung im Bil-
dungswesen,「教育制度における質開発研究所」）が KMK の決定に基
づいてベルリンのフンボルト大学に設置された。IQB の主な業務は，
教育スタンダードを適正化し，検証することである。そのために，具体
的には以下のような業務を行っている[16]。①ドイツの学校教育の改善
に貢献すること，②国際学力水準との接続を支援すること，③授業及び
学校におけるより高い質への各州の努力を支援すること，④質的開発及
び質的確保の政策についての州間の情報交換を促進すること，⑤ドイツ
の学校制度における比較可能性と透過性の確保に貢献すること。

　IQB は，9 年生を対象とした語学能力調査（ドイツ語，英語，フラン
ス語，2008/09 年及び 2015 年実施，2021 年実施予定），4 年生を対象と
したドイツ語と算数の調査（2010 年及び 2016 年実施，2020 年実施予
定），9 年生を対象とした数学及び理科調査（2012 年，2018 年実施）の
3 種類の調査を行い，各州共通の教科スタンダードの検証を行ってい
る[17]。また，IQB は各州が実施する高校修了試験であり，かつ大学入
学試験にもなるアビトゥア試験の共通問題を作成し蓄積している。アビ
トゥアの共通問題を作成，蓄積することによって，各州は州間でアビ
トゥアの水準等を比較検証することが容易になる。従来から課題とされ
てきたアビトゥア試験の水準が低く，容易に合格することができる州と
そうではない州との水準調整が期待されている。

（2）質保証のための学校評価と学校の自主性・自律性
　ドイツでは，とりわけ 1990 年の東西ドイツ統一以降，旧東ドイツ地

---

16) https://www.iqb.hu-berlin.de/institut/about（accessed：20200104）
17) https://www.iqb.hu-berlin.de/bt（accessed：20200104）

域を支援するための費用を確保するために，行政の効率化が主張されるようになった。ちょうどイギリスでは，サッチャー政権時代（1979-90年）以降 NPM（New Public Management）による教育改革が進められていた。ドイツにおいて，こうした行政の効率化は「新制御（neue Steuerung）」として連邦及び各州の行政全般に大きな影響を与えた。ドイツの教育政策における文脈では，学校評価政策と教育行政機関と学校との権限関係，すなわち学校の自主性・自律性として整理することができよう。以下，順に見ていこう。

　ドイツでは 1990 年代に学校の自己評価についての試行が開始されたが，学校側からすると，新たな事務負担が増えるため，その普及は非常に緩やかであった。2000 年代に入り，各州は学校経営計画（Schul-programm）の作成と，それに基づく自己評価の実施を進めた。そしてほぼ同時並行的に学校の外部評価を進めたのである。数回にわたる現地調査によって，多くの学校では外部評価を受けるときに初めて学校の自己評価を実施したことが確認できた。つまりドイツでは，学校の外部評価が学校の自己評価を普及させる役割も果たしたのである。

　外部評価の導入時期は 2000 年代後半に入ってから導入した州が多く，イギリス，スイスやオランダを参考にしている州が多い。学校評価を推進する理由として説明されたことを整理すると，①授業改善に加え，組織としての学校改善が必要であること，②学校改善のために学校評価が必要であること，③学校の自己評価が任意では普及しなかったこと，④そのために外部評価（学校査察）を導入することにより，「上から」学校改善を推し進めること，ということになった（坂野，2017）。

　学校の外部評価は，学校教職員に学校組織の一員という意識をもたらし，学校全体での改善への意識をもたらす。2010 年代前半にはすべての州で学校の外部評価が実施されることとなったが，外部評価には多くの費用がかかるため，外部評価を廃止する州も出てきている（坂野，2017）。

　学校の自主性・自律性という点では，1970 年代以降に各州で規定されるようになった学校会議の権限が 1990 年代後半以降強化される傾向

にある。ドイツの学校における意思決定は，主に学校会議と校長の間で
権限が配分される。法令でそれぞれの決定事項が列挙されている。学校
会議は，一般に教員代表，保護者代表及び生徒代表で構成される。州に
よりその割合が異なるが，各 3 分の 1 ずつで構成される州が多い[18]。
学校会議は，学校独自予算の使用原則，学校経営計画と校務組織や授業
の原則，校長の採用に関わる基準，学校評価計画等を決定することがで
きる。校長は学校教育活動全体の責任を負うとともに，学校の独自予算
の決定，教員採用への関与，教職員との協力，学校改善，学校会議の決
定が法令に違反がないよう学校を運営していく（ベルリン市の学校法第
69 条，第 76 条等参照）[19]。

（3）教員の能力向上

　ドイツを含むヨーロッパの教員は，概ね個業意識が強く，自分の教科
指導に集中しやすい。組織としての学校の重要性は，すでに 1980 年代
には国際的にも認知されていたが，具体的な改善となるとなかなか進ま
ないのが実状である。1990 年代には，学校自己評価のためのインディ
ケータが開発されたが，その普及は進まなかった。ドイツでは 2000 年
代に導入された学校の外部評価の導入によって，ようやく学校の自己評
価が普及した。学校という組織全体の効果が重要であるという認識が教
員の中に拡がりつつある。

　また，教員の定期的な大規模人事異動はない。教員は，昇進や転任を
希望しない場合，最初に赴任した学校で，定年まで勤めることも少なく
ない。こうした継続的な勤務は，教職員相互の理解や地域の状況を把握
するには優れているが，前年度踏襲を基本とする組織になりやすく，新
たな授業方法や教材等にチャレンジするという気風を生みにくい。ICT

---

18) 坂野慎二「PISA ショック後のドイツにおける教育改革」（日本教育行政学会），
　　『教育行政学研究と教育行政改革の軌跡と展望』（教育開発研究所，2016 年）
　　pp.154-160。
19) Schulgesetz für das Land Berlin. Vom 26. Januar 2004, zuletzt geändert durch
　　Artikel 1 des Gesetzes vom 09.04.2019 （GVBl. S. 255).

の発達等によって，学校の授業方法も進化・多様化していく。また，移民の背景を持つ子どもの増加によって，従来の指導法では十分な教育効果を発揮できない場合も出てくる。こうした学校を取り巻く環境の変化は，教員研修の重要性を高めることになる。2000年代に入り，いくつかの州では，教員に研修を受ける義務を課すようになってきた（ハンブルク市，シュルスヴィヒ・ホルシュタイン州，チューリンゲン州等）。

　学校は多くの課題に直面していることから，教員養成段階における能力の向上が必要とされている。ヨーロッパでは1999年からボローニャ・プロセスによって，教員養成を含む大学の学修課程が学士・修士課程に移行しつつある。ドイツの教員養成課程も従来の国家試験によって修了する課程から，学士・修士による教員養成課程へと改革が進められている。KMKは，教育諸科学（2004年）と教科及び教科指導法（2008年）についての各州に共通する教員養成スタンダードを作成した[20]。教育諸科学において求められる能力領域は，①授業，②生徒指導，③判断力，④改革に整理されている。そこでは，従来以上に学校における実習が重視され，実践力が求められている。また，移民の背景を持つ子どもを含めた，支援を要する子ども達への指導方法を重視している。例えば，最も人口の多いノルトライン・ヴェストファーレン州では，すべての学校種別の教員養成が学士課程6学期，修士課程4学期，試補制度3学期の通算13学期（6年半）で行われている。

4．教育改革の成果と課題

（1）学校制度の改革

　1990年の東西ドイツ統一以降，ドイツの学校制度は2つの課題を抱えていた。第一に，3分岐型の学校制度が，階層の再生産を生み出していることである。3分岐型の学校制度では，生徒は基礎学校終了後の5年生からギムナジウム，実科学校，ハウプトシューレへと振り分けられる。ギムナジウムのみが大学進学コースであり，実科学校やハウプト

20) http://www.kmk.org/bildung-schule/allgemeine-bildung/lehrer/lehrerbildung.html　accessed：20200104

シューレに進学すると，大学入学は非常に困難であるとされてきた。大学入学資格も取得できる総合制学校は，あまり普及しなかった。しかし，ハウプトシューレや実科学校からギムナジウムへと進学する生徒は，従来からも存在していた[21]。2000 年代に入り，少子化により，また，ギムナジウムへの通学率が高くなることにより，実科学校やハウプトシューレに通学する者が減少した。学校の適正規模を確保するために，旧東ドイツ諸州のように，実科学校とハウプトシューレを統合した中等教育学校が設置されるようになってきた。連邦教育研究省の資料によれば，2017 年現在，8 年生が通学する学校種別の割合は，ハウプトシューレ 10％，多課程の中等教育学校 13％，実科学校 19％，総合制学校及びシュタイナー学校 21％，ギムナジウム 38％となっている[22]。また，第 7 学年から数学と第一外国語で，通例第 8 学年からドイツ語で，第 9 学年から自然科学科目（物理または化学）で，それぞれ異なる要求水準の授業（習熟度別授業）が行われている[23]。

　第二に，他のヨーロッパ諸国よりも大学入学までの就学年数が 13 年と 1 年長いことである。この点は，旧東ドイツ諸州が 12 年間で大学入学資格を取得できる学校制度を維持したことと相まって，就学年数短縮化の動きとなった。2000 年代に入ると，多くの州で大学入学資格を 12 年の就学で取得できるようになり，2008/09 年度までに，すべての州で 12 年による大学入学資格の取得が可能となった。しかし近年はゆったりと学習することを重視して大学入学資格取得までの年限を 13 年に戻す州が出てきている[24]。

21）坂野慎二『戦後ドイツの中等教育制度研究』（風間書房，2000 年）

22）BMBF（2019）"Bildung und Froschung in Zahlen 2019"　S.36.

23）Vereinbarung über die Schularten und Bildungsgänge im Sekundarbereich I.（Beschluss der Kultusministerkonferenz vom 03.12.1993 i.d.F. vom 25.09.2014）

24）KMK によれば，BW 州（2012/13 年から），BY 州（2017/18 年から），NI 州（2015/16 年から），NW 州（2019/20 年から），SH 州（2019/20 年から）の 5 州で 9 年制ギムナジウムに回帰している。（https://www.kmk.org/themen/allgemeinbildende-schulen/bildungswege-und-abschluesse/sekundarstufe-ii-gymnasiale-oberstufe-und-abitur.html　accessed：20200104）

表 10-2　第 8 学年の生徒が通学する学校種別割合の推移　（%）

学校種別　　　　　　　　　年	1952	1960	1970	1980	1990	2000	2010	2017
ギムナジウム	15	17	23	27	30	31	38	38
総合制学校	-	-	-	4	7	10	10	21
実科学校	7	11	21	28	29	26	26	19
多課程制中等教育学校	-	-	-	-	-	10	8	13
ハウプトシューレ	78	72	56	41	34	23	17	10

出典：BMBF（2019）"Bildung und Forschung in Zahlen 2019" S.36.

表 10-3　中等教育段階での学校修了証の獲得状況　（%）

年	中等教育段階 I			中等教育段階 II	
	ハウプトシューレ修了証なし	ハウプトシューレ修了証	中級（実科学校）修了証	専門大学入学資格	一般大学入学資格
2006	8	27	46	13	30
2011	6	24	52	16	41
2016	6	21	54	11	41

出典：BMBF（2018）Bildungsbericht 2018. Abb.D9-1 に基づき筆者作成

　ドイツでは学校終了段階で，児童生徒がどの程度の水準に到達したのかをテストし，修了証を発行する。この修了証は上級学校等への進学資格でもあり，職業訓練席を探す際の資料にもなる。つまり生徒の進路を割り振る機能を持っている。中等教育段階 I（前期）及び II（後期）を終了する段階での学校修了証による割合は，重複を含めて計算すると以下のように推計できる。2016 年に前期中等教育段階を卒業する段階で，ハウプトシューレ修了証を獲得できなかった者は 6%，ハウプトシューレ修了証獲得者は 21% であり，残りの 73% は中級（実科学校）修了証あるいはギムナジウム上級段階進学資格を獲得していることになる。中等教育段階 II は，ギムナジウム等の普通教育学校と職業教育諸学校及び職業教育・訓練の二元制度（デュアルシステム）とに大別されるが，ギムナジウム等で一般大学入学資格を取得した者が 41%，職業教育諸学校等で専門大学入学資格を取得した者が 11% いると考えられる。よって，高等教育への進学資格を取得した者は 52% と過半数を超えている

ことになる。2006 年と比較すると，大学入学資格を取得する者の割合
が高くなっていることがわかる。

（2）職業教育・訓練の充実

　ドイツでは，職人や専門労働者の養成システムとして，企業における
職業訓練と職業学校による教育を組み合わせる「デュアルシステム」が
盛んに行われてきた。これは，ハウプトシューレや実科学校の卒業生を
主な受け入れ対象としており，ドイツの基幹産業である製造業等を支え
てきた。彼らは企業と訓練契約を結び，3 年程度の企業での職業訓練と
並行して職業学校に通い，職人試験や専門労働者試験に合格すると，職
人や専門労働者となる。成績が優秀な者は，そのまま訓練企業に職人等
として勤めることも多い。さらに一定の職業経験の後にマイスター試験
を受験して合格すると，マイスターとして比較的高い給料と社会的地位
を獲得することができる。

　しかし，この数年，明らかに職業訓練市場は変化している。職業訓練
の新規契約数は 2008 年のリーマンショック以降，減少に転じた。2008
年の新規職業訓練契約数は 61.6 万件であったが，2010 年には 56.0 万
件，2016 年には 52.0 万件と減少した。しかし 2017 年からは微増に転
じ，2018 年には 53.1 万件となっている[25]。

　企業等から提供される訓練席と訓練希望者の需給関係は，時代によっ
て変化があるが，2008 年以降は訓練席が訓練希望者数を上回っている。
2018 年は，訓練席の提供が 58.9 万席であるのに対して，訓練希望者は
55.6 万人であった。ただし，訓練希望者で希望する訓練席を見つける
ことができず，訓練契約を結ぶことができなかった者が 2 万 4,540 人い
た（Berufsbildungsbericht, 2019. p.58）。

　デュアルシステムで職業訓練を希望する者の学歴（2018 年）は，実
科学校修了証を持つ者が 39.6%，ハウプトシューレ修了証を持つ者が
26.7% と多いが，近年では大学入学資格を持つ者の割合が増加し，

25) BMBF（2019）"Berufsbildungsbericht 2019" S.58.

27.1%となっている（Berufsbildungsbericht, 2019. p.83）。訓練分野別の新規訓練契約（2018年）では，商工業が58.3%，手工業が23.7%，自由業8.7%，公務員が2.7%，農業が2.5%等となっている（Berufsbildungsbericht, 2019. p.68）。

（3）大学入学者・卒業者の拡大

　さて，実際に，大学入学資格を取得して，大学に入学する者の割合は増加しているのであろうか。普通教育学校を卒業した一般大学入学資格取得者数は，2000年の23.0万人から2005年には23.2万人，2010年には26.8万人，2015年には28.8万人へと増加している。同一年齢におけるその割合は，2000年が24.6%，2005年が24.6%，2010年が28.4%，2015年が34.8%となっている。これに加え，2015年の同一年齢において職業教育学校で一般大学入学資格を取得した者の割合は6.4%，専門大学入学資格を取得した者の割合は11.8%であり，大学入学資格を取得した者の割合は53.0%と過半を超えている[26]。ドイツでも高等教育はユニバーサル段階に入ったと言える。

表10-4　専門領域別大学入学者数とその割合

専門領域　　　　　　　　　　年	入学者の割合（%）					
	2005	2010	2015	2016	2017	
数学，自然科学	6.6	7.3	9.3	9.1	9.4	84,752人
医学	1.6	1.9	2.8	2.8	2.8	25,167人
獣医学	0.1	0.1	0.1	0.1	0.1	1,016人
農林栄養学	0.8	0.9	1.0	1.0	0.9	8,562人
工学	7.0	8.9	11.4	10.6	10.3	93,511人
その他の専門領域	20.1	23.3	29.7	28.1	28.3	255,562人
合計	36.1	42.5	54.4	51.6	51.8	468,570人
人数（千人）	349	417	470	467	469	

出典：BMBF（2019）Bildung und Forschung in Zahlen. Tab.1.9.4に基づき筆者作成

---

26) Ebenda.　ただし人数的には2013年の37.2万人がピークで，その後33-36万人の間で推移している。

　専門領域別入学者数と専門領域別の割合は，表 10-4 のようになっている。ドイツでは 2017 年の同一年齢における 20％以上，大学入学者の 4 割が数学，自然科学，工学等の「理系」領域に入学している。これを日本の 2019 年度大学入学者と比較してみると，大学入学者 64.1 万人のうち，理学 1.9 万人（2.9％），工学 5.9 万人（14.2％），農学 1.9 万人（2.9％），保健（医学，歯学，薬学等）7.5 万人（11.8％）等となっている（「学校基本調査」による）。いわゆる理系の合計は 20.4 万人（31.8％）となっており，ドイツの大学よりも理系学生の割合は低いが，人数はほぼ同程度と言える。

　ドイツの大学進学者の割合は 2005 年から 2017 年の 12 年間に，15 ポイント以上も上昇している。また，大学卒業率は同一年齢層において明確な増加傾向にある。ただし，大学入学者に対する卒業の割合は 5 割から 7 割程度である。ドイツの大学を卒業することは容易ではない。こうした同一年齢層に対する大学進学率及び卒業率の上昇は，グローバル化の時代において，高度人材育成が重要な政策であるとの判断があり，政府（連邦及び州）はそのために必要な多くの予算を投入していることになる。

まとめ

　ドイツの教育改革の特色は次のように整理できよう。第一に，ドイツは分岐型の学校制度を維持しているが，実際の生徒は学校種別を越えて移動している。北ヨーロッパ諸国等単線型学校制度の国と異なり，ドイツで分岐型学校制度が残った理由は，こうした生徒の学校種別を超えた移動が可能であるからと考えられる[27]。しかしこうした制度は，単線型学校制度として 1 つの学校の中に複数のコースや習熟度別授業を設置することよりもメリットが大きいと考えるのか，デメリットが大きいと考えるのかは，学校制度の機能観によって異なるであろう。学校ごとに能力の近い生徒を集めることは，学習の上では効率的かもしれないが，

---

27) 坂野慎二『戦後ドイツの中等教育制度研究』（風間書房，2000 年）

194

多様な国民の相互理解という点からは課題を含んでいるように思われ
る。シチズンシップ教育が重要視される今日，多様な国民を相互に理解
する役割は学校教育に課された重要な課題の1つである（濱谷，2020）。

　第二に，ドイツの公的支出に対する教育費の割合は増加傾向にある。
連邦統計局が作成している「教育財政報告書」[28] によれば，州及び自治
体の支出全体に対する初等中等教育学校費の割合は，1995年には
13.9%（州16.1%，自治体9.4%）であったが，2005年には17.4%
（州19.7%，自治体12.0%），2015年には20.6%（州24.6%，自治体
13.3%），2018年には20.6%（州24.5%，自治体13.7%）となってい
る。実際に，公的教育支出は金額ベースでも増加している。1995年に
759億ユーロ，2005年に867億ユーロ，2015年には1240億ユーロと，
この20年間で63%の増加となっている。

　ただし，OECD等が比較の指標として用いている国内総生産に対す
る公的教育支出の割合は，あまり変化していない（1995年4.0%，2000
年 3.8%，2005 年 3.8%，2010 年 4.1%，2015 年 4.1%，2018 年
4.2%。2019年版表2.7）。これはドイツのGDPが近年増大しているた
めと考えられる。公的教育支出の適切さを考える場合，どのデータ，何
を基準として考えるのかによって，判断が大きく異なることが起こりう
る。多様なデータを丁寧に分析することが必要である。

---

28) Statistisches Bundesamt：Bildungsfinanzbericht 各年版参照

研究課題

(1) ドイツでは，学力の低い層を対象にどのような教育政策を打ち出したのかを整理し，その意義と課題をまとめなさい。

(2) ドイツでは，学校教育の質保証のために，どのような教育政策を打ち出したのかを整理し，その意義と課題をまとめなさい。

(3) 根拠に基づいた教育政策の立案が重要となってきています。ドイツの事例からその意義をまとめなさい。

参考文献

伊藤亜希子『移民とドイツ社会をつなぐ教育支援─異文化間教育の視点から』（九州大学出版会，2017年）

岡本奈穂子『ドイツの移民・統合政策─連邦と自治体の取り組みから』（成文堂，2019年）

木戸裕『ドイツ統一・EU統合とグローバリズム』（東信堂，2012年）

久田敏彦監修/ドイツ教授学研究会編『PISA後のドイツにおける学力向上政策と教育方法改革』（八千代出版，2019年）

坂野慎二『統一ドイツ教育の多様性と質保証』（東信堂，2017年）

濱谷佳奈『現代ドイツの倫理・道徳教育にみる多様性と連携─中等教育の宗教科と倫理・哲学科との関係史』（風間書房，2020年）

結城忠『ドイツの学校法制と学校法学』（信山社，2019年）

Autorengruppe Bildungsberichterstattung（2018）*Bildung in Deutschland 2018.* DOI：10.3278/6001820fw

Avenarius, H./Hanschmann, F.（2019）*Schulrecht.*（9. Aufl.）Carl Link, Köln.

Bundesministerium für Bildung und Forschung（BMBF）（2019）*Berufsbildungsbericht 2019.* Duck-und Verlagshaus Zarbock GmbH & Co. KG.

Köller, O. u.a.（2019）*Das Bildungswesen in Deutschland*, Klinkhardt, Bad Heilbrunn.

11 | アジアの教育改革(1)
―卓越とゆとり（初等中等教育の改革）―

杉本　均

　アジア諸国の教育の状況は国によって大きな違いがあり，その改革動向を
一口でまとめるのは難しい。子ども達の学力に関しては，東アジア諸国及び
一部東南アジア諸国と，その他のアジア諸国とでは，その状況に大きなコン
トラストが見られる。知識基盤型社会への発展を目指す東アジア諸国と東南
アジアのシンガポールの教育改革の動向は大きく次の2点にまとめられる。
すなわち（1）激化する教育における競争を緩和し，いかに子ども達をスト
レスから解放し，創造的な実践力を育成するか，（2）グローバル化する世界
環境に対応した人材をいかに育成するか。本章ではまず，初等中等教育レベ
ルにおける教育改革に焦点を絞り，シンガポールと中国を中心にその動向を
見ていきたい。

1. アジア諸国の児童生徒の学力とのその問題点

(1) アジア型高学力

　東アジア諸国と東南アジアのシンガポールなどは，高い教育就学率や
進学競争熱，児童生徒の高い学力で知られており，教育の過熱や子ども
のストレスが問題とされる。一方，上記以外のアジア諸国，とりわけ南
アジア諸国では，高い教育ドロップアウト率，男女格差，公立学校の荒
廃などが問題とされている。本章では，より日本の教育状況に関連した
前者の教育改革について見ることにする。

　これら東アジア諸国とシンガポールは国際機関による国際学力調査で
高い成績をあげており，その高い学力は「アジア型高学力」とも呼ばれ
ている。これは，これらの国の児童生徒は，正解のある課題を早く正確
に解答するという点では優れているが，知識を応用したり，問題を解決

表 11-1　国際学力テスト（TIMSS/PISA）の結果

TIMSS 2015（中学 2 年）数学・理科				PISA 2018（15 歳）数学・科学リテラシー			
国・地域	数学	国・地域	理科	国・地域	数学 L	国・地域	科学 L
シンガポール	621	シンガポール	597	中国（4 地域）	591	中国（4 地域）	590
韓国	606	日本	571	シンガポール	569	シンガポール	551
台湾	599	台湾	569	マカオ	558	マカオ	544
香港	594	韓国	556	香港	553	エストニア	530
日本	586	スロベニア	551	台湾	551	日本	529
ロシア	538	香港	546	日本	527	フィンランド	522

注）L はリテラシー。
出典：文部科学省，OECD 生徒の学習到達度調査（PISA）2018 年；国立教育政策研究所（2019），IEA 国際数学・理科教育動向調査（TIMSS）2015 年調査（2016）
PISA2018 の中国の 4 地域は北京，上海，江蘇，浙江

したり，創造的に発展させるといった側面では，必ずしも得意とは言えない，という問題を内包した表現である。これらアジア諸国には知識に価値を認める儒教の影響，教育に対する尊重や教師の高い社会的地位が伝統的に認められるとともに，教師の権威主義的な態度や知識偏重の詰め込み教育，受験競争による大きなストレスなど，子ども達は学力と引き替えに大きな犠牲を払っているという批判も見られる。

　これらアジア諸国の教育改革は，こうした基本的な高い学力を維持しながら，いかに子ども達をストレスから解放し，社会的な実践力や科学的な創造力を育成することができるかという点に焦点が当てられてきている。これらの動きの先鞭は，主として 2000 年代前半に日本の学習指導要領において推進された，いわゆる「ゆとり教育」に関連した一連の改革に求められる。日本における教育改革では，社会変化への対応を含む全人的資質や能力としての「生きる力」の育成を目指して，学校週 5 日制を導入，「総合的学習の時間」の導入，学習内容及び授業時間数の削減，選択科目の増加などが行われた。

　しかし，その後の国際学力テストなどでの日本の国際順位の低下や，

児童生徒の理数科離れ，大学生の基礎学力不足などが指摘され，2010年代の学習指導要領において，これまでの改革方針は大きく後退したとされている。ところが，日本を除く高学力アジア諸国は，国際的な学力テストにおいていくつかの科目やレベルで日本をしのぐ高い平均スコアを達成しながら，過熱化する受験競争とそのストレス，学校や社会の偏差値序列化，教師の負担の増加，家庭の教育費の増大などの問題に今現在において直面しており，日本の「ゆとり教育」にある部分似たような，教育負担の緩和政策や全人的資質や創造的能力の重視に乗り出そうとしている。本章では，そうした高学力アジア諸国の例として，シンガポールと中国を取り上げ，どのような教育政策の転換によって，そのような教育プログラムの導入を試みているのかについて見てみたい。

（２）シンガポールの学習する社会

　シンガポール共和国は東南アジア，マレー半島の先端，赤道直下に位置する島国であり，人口560万人（2018年）の都市国家でもある。歴史的に文化と貿易の十字路に位置し，アジア的な風土の中に，英語を公用語の１つとし，西洋的なシステムを取り入れた科学技術立国を目指している。人民行動党（PAP）政府のもと，生き残りイデオロギーによる徹底した能力主義に基づく社会・教育政策を推進し，10歳からの早期選抜教育や高学歴者優先政策などによって，高い教育水準，高い国際競争力（2019年度で世界第１位：IMD2019）を達成してきた。

　シンガポールは国際教育到達度評価学会（IEA）の国際数学・理科教育動向調査（TIMSS）に，1983年に初等レベルの理科で初参加し，19カ国中16位という成績からスタートし，1995年調査では中等レベルの理科・数学で１位，2003年調査では，数学・理科の両分野，初等・中等両レベルで１位を独占した。2009年には高校生の実践的応用力に主眼をおいた，もう１つの国際学力テストであるOECDの生徒の学習到達度調査（PISA）に初めて参加し，表11-1のとおり2018年調査においてもトップクラスの成績をおさめた。これらの結果から見るかぎり，ここ30年間のシンガポールの教育成果には目覚ましいものがある。

　このことは，アジアの教育レベルの高さを改めて世界に印象づけるとともに，その背後にある厳しい競争社会の存在を暗示させた。とりわけ多民族国家シンガポールの好成績は，都市国家という一方での特殊性はあるとしても，これまでの国レベルの学力の競争においては均質的社会が優位という常識を覆したという意味で，多くの多民族途上国に示唆を与えるものであった。

（3）シンガポール版「ゆとり教育」

　2004 年 8 月に首相となった第 3 代リー・シェンロン（Lee Hsien Loong）は，教育政策において「教え過ぎず，学びを促す」（teach less, learn more＝TLLM）というイニシアティブを提唱した。これはカリキュラムの軽減と点数至上主義からの脱却を主張した構想で，ある意味でシンガポール版「ゆとり教育」ともとれる取り組みである。リー首相はその就任演説で，「我々は子ども達に学ぶ時間を与えるために，教えることを控えなくてはならない」（Lee, 2004）と主張した。このイニシアティブにおいて以下のような勧告が行われた（MOE, 2005）。

　「教え過ぎず，学びを促す」（TLLM）の勧告項目（抜粋）
　　・子ども達が学ぶことを激励しよう。彼らが学ぶことを愛するように，そして失敗することも恐れないように。
　　・子ども達をテストだらけの人生に導くのではなく，人生というテストに準備できるように教えよう。
　　・私たちは，子ども達があらかじめ定められた答えにたどり着くよりも，もっと問題を探求し，興味をめぐらせ，批判的に思考することを援助しよう。

　シンガポールの「教え過ぎず，学びを促す」（TLLM）運動は，これまでの教育政策が目指した制度的・構造的改革の延長において，学習者の学習の質を改善することによって，改革を根底から推進するものとされている。シンガポールはこれまでの多様な選択肢の提供に加えて，これからは学習者を動機づけ，教員の学習ガイド能力の向上などにより

「ソフトな」側面への支援をすることが必要と認識したのである。

　TLLM は教師に仕事を減らせと勧めるものではなく，子ども達がテストや試験に準備するのではなく，それぞれの人生に準備できるように，より焦点を当てた教育を行うということである。教師と学習者のインタラクションの質を改善することによって，学習者はより学習に集中し，教育の望ましい成果をより良く達成することができるとしている。それは学習の焦点を量から質に転換するボトムアップ型のイニシアティブである。そして，学校の指導者と教員はこの変革のエージェントであり，教育省はそれをサポートするという立場になる。

　「教え過ぎず，学びを促す」（TLLM）理念の導入のために，具体的なカリキュラムや人的配置にも改革が行われた。まず初等及び中等学校のカリキュラム内容が科目により 10〜20％が削減され，国家試験の出題範囲から除外されることになった。この空いた自由時間により，教員は教科内容や教材の開発やカスタマイズを行ったり，またより広い教育学的資源を利用したりすることが可能になる。またすべての教員に週当たり平均 2 時間の自由時間を与え，その時間を教員は自分の授業を振り返り，見直し，またカリキュラムやプログラムを児童生徒の個々の学習要求に適合させるために利用できるようにした（MOE, 2005）。

　またすでに退職した，あるいは離職中のベテラン教員を初任者教員へのメンターとして配置する。教員と学校の指導者は TLLM の中心的な推進者であり，個々の優れた実践が国内の他の学校の教員や指導者によって共有される環境を構築することが重要である。そのために学校内で，学校間で，あるいは教育省と学校の間に開かれた，共有文化が存在する教育コミュニティーの形成が必要であるとされている（MOE, 2005）。

　2018 年に教育大臣，オン・イエ・クン（Ong Ye Kung）は，シンガポールの小学校 1・2 年生のすべての試験を廃止し，また中等学校卒業時の生徒の内申書から全校平均や最低・最高点など比較可能な成績情報を記載しない方向を打ち出した。オンは「これまではクラスで 1 番や 2 番になることが子ども達の能力の名誉ある証であったことは私も知って

いる。しかし，これからは，これらの情報を通知表から削除すること
で，子ども達は，学習は競争ではなく，人生を極めるための自己鍛錬で
あることを理解するようになるだろう」と述べている（MOE, 2018）。

（4）進学試験を減らす一貫校

　もう１つのアジアの教育改革に特徴的な傾向は，小中や中高の連続し
た一貫校を設立もしくは連携提携させ，その間にあった進学試験を免除
するというものである。シンガポール教育省は，2004 年から中等教育
レベルに新たに一貫プログラム（Integrated Programme, 以下 IP）を
導入した。これは優秀な生徒を集める中等教育学校と，その後のジュニ
ア・カレッジ（普通中等後教育 16 歳-17 歳）２年間と提携させて，生徒
には途中の GCE-O レベル試験の受験を免除し，大学までの６年間をい
わゆる直通列車のように一貫教育を行おうというプログラムである。こ
れまで中等教育が 15 歳で終了し，大学に進学するまでに GCE-O レベ
ルと A レベルの２つの競争試験により，プログラムが分断され，受験
準備コース化される傾向があった。それを改善するために，IP はその
うち１つの試験を免除し，試験勉強のストレスを軽減し，より自由で創
造的なカリキュラムの中で才能を発揮することができるようにすること
を目指している。

　IP の構成形態は大きく３つに分かれる。第一は中等学校と系列の
ジュニア・カレッジが提携・合併して６年間のコースを提供するもので
ある（提携型）。第二は２年制のジュニア・カレッジがそのコースの募
集を４年早く行い，ジュニア・カレッジの環境で IP を提供するタイプ
（下構型）である。第三は，中等学校が上方にそのコースを延長するタ
イプ（上構型）である。例えば，英華学院（独立校）の修了者はスイス
国際バカロレア試験を受験し，徳明中学の修了者は GCE-A レベル試験
か漢語水準考試を受験する。華僑学院（Hwa Chong Institution）は６
年間の A レベルコースであるが，優秀な生徒は，在学中に南洋工科大
学の初年度のコースを取ることができ，そこに進学した場合，その単位
が免除され，卒業を早くすることもできる（Tan, 2005）。

　2005 年に設立された NUS 科学高校は 15 歳と 17 歳の志願者から選別
テストと選別キャンプ（一部は面接やポートフォリオ）によって 250 人
の生徒を選び，6 年間もしくは 4 年間のコースを提供する。その過程で
アメリカの SAT（Scholastic Aptitude Test）の受験や AP（Advanced
Placement）の受講が可能で，修了によって NUS 科学ディプロマが授
与される。最終の 2 年間は数学，化学，物理，生物のうちの 1 つの専攻
を持ち，モジュールシステムで単位を取得する。アインシュタイン・ク
ラブやダビンチ・プログラムなどのようなエンリッチメント・プログラ
ムを持っている（NUS high, 2012）。

2．応試教育の克服を目指す教育大国，中国

（1）教育の発展と競争の激化

　中華人民共和国（以下，中国）は人口 14 億人（2018）をかかえる超
大国であり，小学生の人口だけで 1 億 2500 万人を数え，日本の人口に
匹敵している。日本の 26 倍の面積を持つ多様な地勢の国土に，28 の省
区と 4 つの直轄市（北京・上海・天津・重慶）があるが，そこに人口の
92％を占める漢族と 56 の少数民族が暮らしている。世界最古の文明の
発祥地でもある数千年を越える歴史的伝統を持つ一方で，近年に経済的
成長は著しいものがあり，2010 年前後に GDP において世界第 2 位の規
模に成長した。

　中国では 1980 年代から改革開放政策がとられ，教育は「4 つの現代
化」（工業，農業，国防，科学技術）を実現するための基礎として位置
づけられた。これにより教育制度は急速な発展をとげ，例えば，中国の
前期中等教育（総）就学率は，1996 年の 70％から 2010 年の 92％にま
で急速に拡大した。しかし人口規模に比して，教育財源は限られてお
り，すべての学校に十分な資源を投入できなかった政府は，重点学校と
呼ばれる教育設備や教育資格などが恵まれた特別校を指定し，集中的な
教育投資を行った。国家エリートへの登竜門であった国立大学への進学
も多くはそのような重点学校の卒業生が占めたため，重点学校を目指す
激烈な進学競争が起こった。その結果，初等教育や中等教育の内容が，

そうした競争入試を勝ち抜くための詰め込み教育，知識伝授教育，ノウハウ型の教育の性格が強くなり，また学校外の補習教育も盛んになり，学校教育の性格を歪める弊害が指摘されるようになった。

（2）「素質教育」の推進

　1990 年代後半からこのような「応試教育」による弊害を是正するために，「素質教育」と呼ばれる基礎教育改革が始まった。すなわち，情報化と国際化の 21 世紀社会に向けて，学習者主導の創造性を重視した教育への転換が求められたのである。1999 年，中国政府は「教育改革の深化と素質教育の全面的な推進に関する決定」を公布し，それを受けて教育部（日本の文部科学省に相当）が 2001 年に「基礎教育課程改革綱要（試行）」を公布した。これは単なる指導要領の改訂ではなく，国民の教育観，教育目標，教育内容，教育方法の変革を含む広範な社会運動とも言える。素質教育とは学校教育におけるこれまでの過度な知育への偏重を是正し，創造的精神と実践的能力や社会的応用力の育成に重点をおいて，子ども達の知育，徳育，体育，美育などの全人的な発達を促すための教育プログラムであり，教育改革でもあった。

　これに基づいて，2001 年，日本の学習指導要領に当たる『新教育課程標準』が施行されたが，その中で新しい科目，総合実践活動が導入された。これは小学校の 3 年から高校（高級中学）の 3 年までに週 3 時間実施される合科科目（科目横断型授業）である。その指導綱要によれば，この授業の特徴は，日本で言われる探究型学習に近いもので，自ら学習テーマを選択し，教師の助言的指導のもとで自主的な情報の収集，編集，発表（結果の提示）を行うもので，教師は知識の伝達者ではなく，活動の伴走者といった役割を演ずる。テーマは日常生活に密接に関連したものを選び，自らの経験に基づき，必要に応じて教師や大人にアドバイスを求めながら，その事象の理解を深め，問題や課題を明らかにし，自己の意見を述べることになる。

　こうした教育内容以外でも，進学試験の改革や廃止，宿題の制限，必修科目を減らして選択科目を増やしたり，教材や指導・評価方法を改革

したりするなど，子どもの負担を軽減し，自主性と創造性を養う環境を整え，「応試教育」による弊害を是正する努力が試みられている。総合実践活動の具体的な内容は，初期の指針によれば，小学校では自然探究，故郷研究，自己発見に関連した主題が例示されている。このほか試験制度や評価の方法を改め，問題分析能力や問題解決能力を重視する試験内容を盛り込むとともに，小学校では従来の百点法をやめ，4～5段階の等級による評価を行うこと，成績別の氏名公表を廃止することなどを指導している。

　こうした探究型の教育の問題点としては，教師の熟練度により授業の成否に差がでること，教科書や教材が原則ないので，授業の準備が大変なこと，優れた実践には情報機器のインフラや旅費などがかかるので地方間格差を生みやすいこと，また依然として受験熱は冷めていないので，保護者などから受験指導への要望が強く，一部教師はそれに応えてしまっていること，などが挙げられている（諏訪他，2008）。

　中国（大陸部）の高校生は，2009年に上海というエントリーで，2018年に北京・上海・江蘇・浙江というエントリーでPISA国際学力テストに参加したが，数学リテラシー，科学リテラシー，読解力の全領域で2位に大きな差をつけてトップの成績を残した（数学と科学の結果は表11-1に示した）。これは中国の高校生は応用型学力においても高い能力を持つことを示したものであるが，広い中国の中の都市部のみを代表する結果であり，このこと自体が中国の地方間の教育格差を暗示させるものともなっている。

3．グローバル化への対応

（1）教育におけるグローバル化への対応

　アジア諸国（東アジア諸国とシンガポール）の教育改革の第二の特徴は，到来しつつあるグローバリゼーションの波への対応に関係するものである。グローバリゼーションとは，より広義には，（1）地理的・物理的制約を越えて，遠距離にある人々が全世界的につながれる関係の強化を指すと定義されるが，より限定的には，（2）国民意識や国境という概

念の希薄化，(3) 国内の規制の緩和もしくは自由化，世界標準化を意味している。多くが多民族国家であるアジア諸国にとって，民族融和の実現と国民統合は国家の至上命題であり，教育政策努力の大部分は国民国家の発展を支え，国民意識を高めるためのナショナリズムを強化することに注がれてきた。

グローバリゼーションは，一般的にこうした国家間の障壁を低下させ，教育への外国の影響を増大させるので，国民教育という観点からは逆風とも言える。アジア諸国は国民意識やアイデンティティの形成にようやく一定の成果をみたところに，グローバリゼーションの波がそれを揺るがすことも予想された。しかしグローバリゼーションの波は遅かれ早かれ到来し，少なくとも完全には避けられるものではないとの認識に至れば，次の判断は現在の国家システムのどの部分を保護し，どの部分を世界化に合わせて変革し，さらにはその圧力を逆手にとって，世界の標準を作りリードする側に参加できるかどうかの積極策に打って出るか，という選択になる。東アジア諸国の多くの国やシンガポールが教育のグローバル化への対応に積極的に乗り出した背景にはこのような背水の決意があった。

教育におけるグローバル化へのアプローチには多様な取り組みが見られるが，初等中等教育レベルでは大きく分けて (1) 学校環境のICT化，(2) 英語導入の早期化と英語媒体授業の拡大が挙げられる。

アジア各国の教育のIT化は著しい。IT先進国を謳う韓国では，21世紀の知識情報社会が要求する「知能型教授・学習体制」の実現に向けて，スマート教育推進授業を展開しており，全小中高校のすべての教科書を「デジタル教科書」に替えようとしている。「デジタル教科書」は教科内容，参考書，問題集，辞典，ノート，マルチメディア資料などの機能を連携させたもので，学生らはノートパソコンやタブレットPC，スマートフォンなどの端末機を使って，いつでもどこでも自由に勉強が出来るという。

日本でも総務省と文部科学省が教育情報化事業を推進しており，2014年度から大阪市では市立小中学校に授業用のタブレット端末を配備した

と報じられている。ここでは，IT を教育の新しい創造性につなげよう
としているシンガポールの事例を見てみたい。

（2）シンガポールの ICT マスタープラン

　シンガポールでは，前節でも述べたとおり，1997 年より学校におけ
る IT 環境の向上を目指して，「教育における IT マスタープラン」を推
進してきた。その第 3 期の ICT（情報コミュニケーション技術）のマ
スタープランとして 2007 年に教育省が打ち出したのが，フューチャ
ー・スクール・プロジェクト（Future School Project）である。これは
教育活動の諸相に ICT を編み込むことによって，学習を変容させるこ
とを目指す教育学的実践である。プロジェクトは 2008 年に小学校 2 校，
中等学校 3 校で開始され，2010 年に中等学校 1 校，2011 年に小学校 1
校と中等学校 1 校が加わり，その後 8 校で推進されている[1]。

　プロジェクトに参加した学校では，コンピュータやタブレット端末，
電子黒板，LAN などの IT 機器が完備されているのはもちろんである
が，ICT 学習管理システムにより，授業や諸活動が ICT によりコント
ロールされ，校務では出欠管理，成績管理，学習管理が行われ，授業で
はテキスト，資料，ノート（学習記録），演習問題，集計採点，フィー
ドバックなどがすべて端末を通じて行われる。IT 企業との提携により
開発されたソフトにより，インタラクティブなゲーム仕立ての学習ソフ
トや客観テストだけでなくエッセイのような記述式の入力にも瞬時に
フィードバックが可能なシステムも取り入れられている。結果的に学校
における紙媒体書類の使用を削減し，地球環境にもやさしい教育にもつ
ながるとされる。

　フューチャー・スクールはただ単に ICT 環境が充実した学校ではな
く，教育と学習の環境において，イノベイティブ（革新志向的）な態度
や創造性を奨励し，問題解決能力を養うような全人的教育の仕組みを意

---

1) 2013 年現在，参加校はビーコン小学校，キャンベラ小学校，クレセント女子中
学，華僑中学，ジュロン中学，シンガポール科学技術中学，南僑小学校，義安中
学の 8 校である。

図的に取り入れている。急速に変化発展する社会にあって，グローバル
な世界で活躍できる人材の養成を目指している。全教員は IT 研修への
参加が義務づけられている。シンガポール教育省は，これによって若者
に，グローバル社会で生き抜く力の基礎を提供することを目指してお
り，事業の拡大を計画している。問題点としては，初期ソフトの開発に
費用がかかること，いろいろな工夫をしてもやはり選択型の問題が多く
なること，プロジェクトが関連 IT 企業との関係に左右されやすいこ
と，などが挙げられている（テイ・リー・ヨン他編著, 2011）。

　シンガポールの ICT マスタープランは 2015 年から第 4 期に移行し，
「未来（の変化）に準備し，応答できるデジタル学習者」の育成を目標
に定めている。そこでは ICT を学ぶ授業ではなく，授業のカリキュラ
ム全般に ICT が組み込まれ，学校全体に革新と振り返りの文化が根づ
いていく。児童生徒は ICT を用いてピンポイントに実践に応用できる
新たなメディア・リテラシーと IT の健全な活用性（Cyber Wellness）
を獲得することを目指してゆく（MOE, 2015）。

（3）英語教育の導入と英語による科目授業

　教育の国際化という観点では，アジア各国による初等教育における英
語教育の導入や早期化，中等教育では英語媒体による授業，さらには一
部の国では一般科目を英語媒体で授業するイマージョン教育が進展しつ
つある。日本においても 2011 年度から小学校 5・6 年生に外国語活動が
週 1 時限導入され，2020 年度にはそれが小学校 3 年からに繰り上げら
れた（小学校 5・6 年生では「英語」科目となり週 2 時限に拡大され
た）。中学校では 2012 年度から英語授業時間の大幅増が行われた。また
高等学校では 2013 年度から「英語の授業は英語で行うことを基本に」
コミュニケーション英語科目が導入された。

　しかしこれらの英語導入をめぐる日本の教育改革は，実はアジア主要
諸国の中では最も遅い導入であるとも言われている。韓国は日本と同じ
く戦後，中学・高校で外国語を必修としてきたが，1982 年度から特別
活動の一環として，小学校でも英語が教えられてきた（毎日 10〜20 分

程度）。さらに 1997 年度から小学校 3 年から正課として週 2 時限程度の英語授業が導入されてきた。これは小学校で 4 年間英語を学ぶことになり，しかも日本より 14 年早い。台湾やタイでも小学校 3 年からの英語教育が行われている。

　中国では 1986 年の義務教育法以来，外国語は初級中学から高級中学修了（日本の中学と高等学校に相当）まで 6 年間の必修科目とされ，これは日本と同様であったが，2001 年から地域や学校の実態に応じて弾力的運営が可能な「課程標準」が公布されたため，小学校 3 年から多くの都市，学校で英語教育が導入された。内容も，日本では歌やゲームが中心であるのに対して，中国ではスピーキング，リーディング，ライティングを含む言語運用能力を重視したものとなっている。また北京市や上海市など都市部では，ほとんどの学校で小学校 1 年からの英語教育が導入されている（大谷泰照他編著, 2004）。

　さらに一部のアジア諸国では，語学の授業だけでなく，一般の科目も児童生徒の母語ではなく，国際語（多くは英語）媒体で行い，より高度な語学力の習得を目指す，いわゆるイマージョン・プログラム（immersion program）を導入している国がある。フィリピンでは文系の授業はフィリピノ語で行う一方，理系の授業はすべて英語で行い，ブルネイでは小学校前期を大部分マレー語，小学校後期を大部分英語で行う分割型イマージョン，ブータンでは国語（ゾンカ語）と歴史以外の科目は小学校 1 年からすべて英語媒体で授業を行っている。これらの国では児童生徒の英語への接触が飛躍的に伸びるため，高度な英語話者の育成に成功している。一方，問題点としては，母語能力の獲得の遅れ，科目内容の理解の不十分さ，児童生徒の文化アイデンティティの希薄化，外国人教員への依存の拡大などが指摘されている。

　アジア諸国の教育改革を見回したあと，日本の教育改革を振り返ると，その改革のスピードは速いとは言えず，またその変化も大きいとは言えない。それに対してアジア諸国は，学校の IT 化にしても，英語授業の導入にしても，グローバル化への圧力に機敏に対応し，すばやい大胆な改革に着手している。その分，失敗する場合もあり，日本にとって

は正面及び反面の教師として学ぶべき対象でもある。

研究課題

(1) 初等中等教育の分野で，アジア諸国はどのような課題を抱えている
だろうか。大きく 2 つのグループに分けて整理してみよう。

(2) 教育における知識偏重や子ども達の受験ストレスを緩和するため
に，シンガポールと中国ではどのような取り組みをしているだろう
か。比較してみよう。

(3) グローバル化への各国の教育の対応として，ICT 教育の強化と英
語授業の導入などが試みられているが，その改革の望ましい側面と
そうでない側面についてまとめてみよう。

参考文献

大谷泰照・林桂子・相川真佐夫他編著『世界の外国語教育政策―日本の外国語教育
　の再構築にむけて』(東信堂, 2004年)

杉本均・南部広孝編『比較教育学原論』(協同出版, 2019年)

諏訪哲朗「中国の総合実践活動と教科書」諏訪哲朗, 王智新, 齊藤利彦編著,『沸
　騰する中国の教育改革』(東方書店, 2008年)

テイ・リー・ヨン他編著, 中川一史監訳『フューチャースクール：シンガポールの
　挑戦』(桐原書店, 2011年)

馬越徹・大塚豊編『アジアの中等教育改革―グローバル化への対応』(東信堂,
　2013年)

山内乾史・杉本均編『現代アジアの教育計画(補巻)』(学文社, 2017年)

IMD, (2019), World Competitiveness Center (WCC) IMD 2019；https://www.
　imd. org/news/updates/singapore-topples-united- states-as-worlds-most-com-
　petitive-economy/

Lee Hsien Loong, (2004), speech, "Our Future of Opportunity and Promise" http:
　//www.gov.sg/nd/ND04.htm

MOE, (2005), Ministry of Education, Singapore, 2005, "Teach Less, Learn More"
　(http://www.moe.gov.sg/bluesky/print_tllm.htm)

MOE, (2015), Ministry of Education, Singapore, ICT Masterplan 4, Our ICT Journey；
　https://ictconnection.moe.edu.sg/masterplan-4.

MOE, (2018), Ministry of Education, Singapore, Speech, 28 Sep. 2018, Opening
　Address by Mr Ong Ye Kung, Minister for Education, at the Schools Work Plan
　Seminar ; https: //www. moe. gov. sg/news/speeches/opening-address-by-mr-
　ong-ye-kung--minister-for-education--at-the-schools-work-plan-seminar
　(accessed：20201101)

NUS high 2020；https://www.nushigh.edu.sg/special-programms/einstein-progra
　mme (accessed：20201101)

Tan, Jason & Ng Pak Tee eds., (2005), *Shaping Singapore's Future: Thinking Schools,
　Learning Nation*, Pearson Prentice Hall, Singapore.

12 アジアの教育改革(2)
―国家戦略と教育（高等教育の改革）―

| 杉本　均

　アジア諸国の高等教育における近年の動向は，まず急速な量的拡大によって特徴づけられる。図 12-1 はアジア諸国の高等教育（中等後教育）への就学率（標準年齢人口比）の 18 年間の変化であるが，この期間ほとんどの国で高等教育が拡大していることがわかる。日本以外は人口も増加しているので，高等教育規模（学生数）はこれに標準年齢人口を掛け合わせた増加となる。M. トロウ（Martin Trow）は一国の高等教育就学率が 15% と 50% を超えると，その性格がエリート型からマス型，ユニバーサル型へと質的に変化することを論じたが，総就学率で見る限り，この 2010 年までにインドネシア，インド，ベトナム，ラオスが新たにマス型に移行し，2018 年頃までにはバングラデシュ，ミャンマーがそれに加わったことになる。中国とモンゴルはさらに 50% を超えて，韓国，日本に次いでトロウモデルの言うユニバーサル型に突入したことになる。

　本章では，こうしたアジアの高等教育の急速な量的拡大を踏まえて，直面する課題と国際戦略としての高等教育改革の焦点として，(1) 高等教育の規制緩和と市場化，(2) 国際教育流動（留学）の展開，の 2 点を中心にまとめていく。

1．高等教育の規制緩和と市場化

(1) 高等教育の市場化

　今日の世界の高等教育が直面する課題は，大きく分けて市場化とグローバル化という 2 つの大きな潮流への対応であると言える。市場化とは大学を取り巻く環境が，学生獲得競争，外部資金獲得競争，研究成果（採算）への競争など市場原理に支配されるようになり，また大学そのものも政府補助金が削減され，一部は民営化され，営利事業への参入，

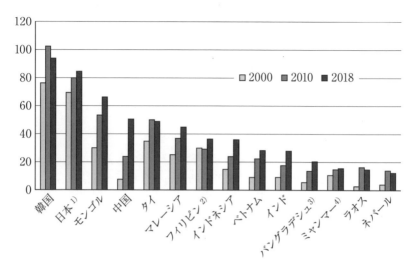

図 12-1　アジアの高等教育（中等後教育）総就学率（%）の変化 2000-2018 年

注）[1] 日本のデータのみ文部科学省，学校基本調査　年次資料（2001，2011，2019年），http://www.e-stat.go.jp 大学＋短大＋高専＋専門学校の合計値 [2] フィリピン（2001 年），[3] バングラデシュ（2011 年），[4] ミャンマー（2001，2011 年）
出典：ユネスコ統計研究所データベース：http://stats.uis.unesco.org/unesco/TableViewer/tableView.aspx?ReportId=167，2018 年のデータは各国の利用可能最新年。

大学債権の発行を行うなど企業的性格が強くなることを指している。

　グローバル化とは，前章でも触れたが，これまで国内や大学独自のルールや慣例で運営されてきた大学が，より世界に共通のルールや基準に基づいて活動し，交渉し，評価されるようになることである。例えば世界大学ランキングや，EU の大学の共通授業単位（ECTS），国際学位・資格などはその例である。これらはすべてアジアの高等教育にも共通の潮流であり，場合によってはアジアにおいて最も顕著なものもある。

　高等教育の市場化は，各国において，私立大学セクターの拡大と国公立大学の民営化・法人化という形で現れている。アジアではもともと私立セクターの比率が高かったフィリピンやインドネシアを除けば，近年の高等教育の拡大の多くの部分は，私立大学の増加によってもたらされている。

　日本の国立大学は 2004 年に法人化し，国立大学法人として改組された。教職員は国家公務員から法人職員となり，政府組織から分離され，組織的な裁量権と財政的な自律権を与えられた。法人化とは民営化とは異なり，大学の土地建物施設の所有権は公的なままで，大学は法人としてその土地・施設・資産を一定の枠内で自由に運用することができるようになる。これにより，政府補助金は年々削減されるかわりに，外部資金の獲得，企業との提携，事業への投資・出資，債権の発行などが可能になった。その一方で事業にはアカウンタビリティ（説明責任）が求められ，自己評価，外部評価，第三者機関の認証評価などのチェックが行われるようになった。日本ではさらに，2017 年以降国立大学法人法が改正され，大学に関係のない用途で利用するための，不動産の第三者への貸付けなどが可能になり，自己収入の確保が可能となった。

　アジア諸国の大学でも法人化・民営化の動きは広がっているが，日本のように全国立大学を一度に法人化するのではなく，一部の大学での改革にとどまっている。マレーシアでは日本より早く 1998 年，当時 10 校あった国立大学のうち，マラヤ大学など歴史ある有力な大学 5 校を法人化している。企業化とも呼ばれるこの改組により，大学の資産や不動産を私有化することなく，大学の管理・運営が自律化され，市場原理や競争原理を取り入れてその収入源を多様化する試みが可能となった。国庫補助金は削減されたが，授業料収入のほかに，寄付金収入，技術移転・コンサルタント収入，知的財産管理収入などが生まれた。

　マレーシアと並んでタイではアジア経済危機ののち，スラナリ工科大学など 6 校が法人となっている。インドネシアでも 2000 年に国立高等教育機関の国有法人化が始まり，インドネシア大学やガジャマダ大学など有力大学 7 校が 2010 年までに法人化されている。同じく 2000 年にはシンガポールで公設民営方式によるシンガポール経営大学（Singapore Management University）が誕生している。韓国では 2007 年に，新設の蔚山科学技術大学を含めてソウル大学，仁川大学の 3 校が国立法人化大学となっている。ベトナムでは 1986 年のドイモイ政策導入以降，増加する民立大学とは別に，私塾大学と呼ばれるいわゆる株式会社式大

学がホーチミン市を中心に設立されている（関口，2019）。

（2）中国の大学の「校営企業」

　このような高等教育の市場化がアジアで最も進展しているのは中国であろう。図12-1に見るように，中国の高等教育の拡大は急速で，建国時205校の大学で始まったが，2015年までに本科大学（日本の4年制総合大学に近い）と専科大学（短大に近い），高等職業学校を含めて2560校に達し，在籍学生数は2625万人，就学率は40％を超えている（澤田，2018）。中国は量的な面ではアメリカを越えて世界最大規模の高等教育を持つ国になろうとしている。しかし，高等教育は社会の産業構造と密接に結びついているために，健全な産業構造の発展，すなわち高度専門人材を雇用する経済構造が成長していないと，大学などからの大量の卒業生を吸収することができなくなり，結果的に失業者や待業者を生み，有能な若者が多数無職状態に置かれることになり，社会問題となってきている。

　中国では高等教育機関は当初より法人格を有しており，「教育と労働の結合」を謳う社会主義社会では，教育機関が生産機関を持つことは当然のことであり，1958年にはすでに大学内工場が存在していたという。当時の大学工場は多くは学生用の実習機関であり，研究の場であったが，改革開放期に入ると「校営企業」としてその営利性が強調されるようになった。1993年の中国国務院「中国教育改革・発展要綱」により大学が経営する付属事業や有償社会サービスへの奨励が行われ，政府各部門がそれに支援を与えたため，1990年に北京大学の北大方正有限会社が一部上場を果たし，2014年現在で2兆2760億円の売り上げを記録している。

　中国の大学が経営する校営企業の多くはソフトウェア開発，医薬品開発，バイオテクノロジー，通信設備開発の分野で活躍し，知識エンジニアのリクルート，都心部立地，政府の支援などで優位に立つものもあり，2014年には全国で552の大学が5278のベンチャー企業を所有し，トップの北大方正は2兆円以上の売り上げを記録した。しかしその成功

は一部の大学地域に集中しており，北京大学，精華大学など上位5大学が大半を占めている。一方で経営不安定な企業も多く赤字企業もあり，大きな損失を出して大学運営の支障となる例も出ている。また大学の営利志向が拝金主義を生みだし，大学の社会的使命との衝突も問題となっている（日経ビジネス, 2018）。

　中国の校営事業として，教育の分野では「独立学院」と呼ばれる学校がある。これは公立大学の敷地や隣接地などに付設された私的教育機関である。入試の難しい名門大学に多く，大学の高い入学水準に達しなかった学生に門戸を開いており，本校の大学施設や教員の一部を共有することもあるが，割高な授業料が徴収されている。2017年の時点で265校あり，中国の4年制大学在籍者の14.5%，民営大学在籍者の60%を占めている。裕福な学生には有名大学の教育に触れる機会を提供し，大学はこの学院の授業料収入の一部を本校に回して，大学教育環境の向上に資するなどの相互利益をもたらしている（潘, 2019）。

（3）世界水準大学の形成

　アジア諸国の高等教育の外的な課題は，全世界レベルでの競争が進展しているなかで，その競争に打ち勝つことのできる世界レベルの大学を形成することである。こうした動きには，国際的な高等教育機関を序列化する，いくつかの世界大学ランキングなどの影響も受けている。国内的には高まる高等教育需要に応えて，多様な機関を開設し高等教育機会を拡大する一方で，対外的には少数のトップクラスの大学に資源の集中投資を行って，国際競争に備えなくてはならない事態が生まれている。

　日本では2002年から，21世紀COE（卓越拠点）などの競争的資金が旧帝大などの特定大学に配分され，それはやがて世界水準大学の形成を意識した，大学の国際化に重点を移していった。文部科学省は2009年，「留学生30万人計画」を策定し，2020年をめどに30万人の留学生の受け入れを目指すことを掲げた。その実現のために「国際的に質の高い人材が集まる拠点」を形成するため，グローバル30と呼ばれる国際化拠点整備事業を推進し，「国際化拠点」となりうる質の高い国公私立

13大学を選定し，41億円を配分した。これにより，英語による授業の拡大，海外からの教員の招致，留学生寮の整備などが推進された。その後，このプログラムはグローバル30プラスとして，グローバル人材育成推進事業，大学の世界展開力強化事業として継続されている。2011年のキャンパス・アジア構想は，中国，韓国または東南アジア諸国連合の国々における大学との単位の相互認定や成績管理，学位授与等を統一的に行う交流プログラムの構築を構想している。

　中国では1995年に世界の一流大学の形成に向けた取り組み，「211プロジェクト（211工程）」が始まり，100校あまりの大学を重点的に整備し，研究・教育水準の向上を目指した。さらに1999年からの「985計画」，そして2015年に始まった「双一流構築プロジェクト」によって，世界一流大学，世界一流学科の構築を目指し，さらに絞った数の大学・学科（2018年で42大学と140大学の45学科）に重点的な財源の配分を行い，研究教育活動のレベルを国際的な水準にあげることを目指している（澤田, 2018）。

　韓国においても「ブレイン・コリア21（Brain Korea 21）」事業が1999年から開始され，2005年までの第1期には7年間で総額1兆3千億ウォンを投資して分野別に特性化された研究中心大学を育成し，革新的な研究人材の養成を目指した。第2期（2007-2012）には「世界水準大学育成事業」に発展した。国際化の側面では2004年にはStudy Korea Projectのもとで留学生5万人計画が打ち出され，2008年に達成されると，続いて留学生10万人を受け入れる計画に移行している。韓国では主要大学の授業の20%から100%を英語による授業にすることを計画している。

　シンガポールでは大学の授業が原則英語で行われることから，国際化には有利な状況にある。1998年から開始している「世界クラス大学（World Class University）プログラム」では，デューク，ジョンズホプキンス，シカゴ，コーネル，カーネギーメロンなどアメリカの一流大学を招いてジョイントベンチャー，共同研究ラボ・センター，分校キャンパスの誘致に成功している。

　世界水準大学の動きは，アジア諸国の国内の最高学府として大きな権威を保持してきたトップ大学の，世界での相対的な位置づけを自覚させ，向上のための自己改革努力を生み出した効果が大きい。学生の獲得，卒業後の就職・進学，研究資金の獲得・研究成果の応用・商業化など，多くの大学の活動が世界規模の競争にさらされるようになった。

　一方で，競争的資金の増加は，国内の大学の格差を一層拡大し，研究資金の一部大学への集中が進んでいる。また世界大学ランキングなどに採用された，欧米の大学の評価基準が各国の大学の研究方針や目的に影響を与えることになり，大学独自のアイデンティティが希薄化し，比較可能で表面的な指標に関心が集まるようになってきている。

2．国際教育流動（留学）の新展開

（1）留学の経済的効用

　高等教育に対する需要は全世界において高まっており，その需要を自国の国内高等教育機関で大部分をまかなうことのできる国は少数である。この需要と供給のアンバランスが国際高等教育流動，すなわち留学の基本的な動因となっている。留学生の受け入れと送り出しは，多くの国で知識社会におけるグローバル人材の育成の最も重要な鍵とみなされている。ユネスコ教育統計（UIS, 2019）によれば，留学による学生の国際教育流動は2011年の400万人から2017年には530万人へと増加している。この流動は将来も拡大し続け，2025年には720万人にまで増加すると予測されている。留学生の最大の受入国はアメリカで98万5000人を受け入れているが，近年オーストラリア，ロシア，中国の受け入れが急速に拡大している。日本は留学生受け入れにおいて世界第9位の16万4000人を受け入れており，全世界の約3％のシェアを占めている（UIS, 2019）。

　留学生の送り出しについてみると，全体の52％はアジアからの留学生である。同じアジア圏の日本を別にすれば，オーストラリアの留学生の86％，アメリカの留学生の75％，ロシアの68％がアジアからの留学生であり，アジアのマーケットを無視して，各国の留学生政策を考える

ことはできなくなっている（UIS, 2018）。最大の留学生を送り出している国は中国で，全世界の留学生の1割を超えており，続いてインド，韓国となっている。日本は最近留学生の送り出し数の頭打ちが続いており，積極的な留学支援のプロジェクト（「トビタテ留学 JAPAN」）を打ち出している。

　留学生受け入れの効用には，人的コネクションの形成，国際化の推進や大学研究教育環境の活性化などが言われるが，なんと言ってもその経済効果が最大の魅力である。留学生の支払う授業料や生活費は国外からもたらされるもので，経済学的には教育サービスの輸出にあたり，オーストラリアなどでは，その貿易収入は国家の貿易輸出額で鉄鉱石や石炭などの資源輸出に続く稼ぎ頭の1つとして認識されている。またアジアからの留学は，将来のその国への移民の第一ステップとして利用する傾向もあり，高度な専門人材を獲得したい欧米諸国には，移民許可の条件の1つとして，自国の高等教育への留学経験を持つ者を優遇している国もある。

　アジア諸国から見れば，欧米には世界の最先端を行く技術と影響力を持つ大学が多くあり，留学は自国への知識，科学技術の伝達，人的コネクションを獲得するための最も有望な社会活動の1つである。とりわけ国内の高等教育が未発達な途上国の場合には，外国の大学は自国の不十分な学問領域を補完するものであり，そこで得た学位や資格は，自国で大きな威信と価値を持ち，帰国後の立身出世に大きな影響を与える可能性が想定されている。しかし，問題はその留学コストであり，授業料や生活費，渡航費などを工面できる者は社会の富裕層に限られ，多くの場合，奨学金の獲得が重要である。受入国の奨学金は戦略的な目的で専門分野が限定されたり，送り出し政府の奨学金は多くの外貨を流出させ，また留学者本人に帰国後の自国での就職などで条件が課されたりする場合が多い。

（2）留学しない留学

　これらの動きは高等教育改革の第二の潮流であるグローバル化の問題としてとらえることができる。学生の国境を越えた留学をより容易にするために，各国の大学は英語による大学授業の提供，単位や学位要件の共通化，インフラの整備などを進めているが，留学コストの削減と現地渡航の様々なストレスや煩累を軽減する1つの留学形態がアジアを中心に急速に拡大しつつある。それがトランスナショナル教育（Transnational education）と呼ばれるプログラムである。トランスナショナル教育とはユネスコ（UNESCO, 2001）によれば，「教育の成果を認定する機関が所在する国とは異なる国で，学習者が受ける教育プログラムである」と定義される。

　伝統的に留学とは，A国の学生がB国に物理的に移動して，その地に生活し，大学などに通いながら学位などの教育資格や技能を獲得する，というものであった。しかしもし学位や資格の取得だけを目的とするのなら，必ずしも遠い外国に長期間滞在しなくてもより簡便な方法があるのではないか，という発想によって開発されたプログラムがある。

　例えば，外国の大学が，高等教育インフラに遅れの見える国に分校を設立するケース。学生が移動するのではなく，教育機関のほうが自ら移動して来てくれることになる。外国の大学が自国の教育機関などと提携関係を結び，自国で履修するだけで，外国に行くことなく，外国の大学の学位や資格が取れるようになってきた。さらには大学が国内で行ってきた通信教育課程を外国に配信するようになると，外国大学の学位が世界中の端末から履修，取得可能になってきたのである。まさに「留学しない留学」である。すなわち前者の留学は海外渡航を意味し，後者の留学は学位の取得を意味している。取得できる資格や学位は，原則として本校に渡航・履修して獲得した資格や学位と同じか，もしくは区別できないものとされている。

（3）トランスナショナル高等教育の形態

　トランスナショナル高等教育には大きく分けて3つの形態がある。す

なわち（1）外国大学の海外分校（off-shore branch campus），（2）外国大学と提携した海外カレッジにおける学位コース，（3）国際 e-ラーニングによる国際通信学位コースである。これらの学位コースの提供者（学位授与機関）は圧倒的に欧米，それもアメリカ，英国（連合王国），オーストラリアに集中している。一方，これらのコースの履修者の大半はアジア諸国の学生であり，実際にこれらの学生や教育機関が存在する現場は第一にアジアであると言える。

　C-BERT（2017）によれば，海外分校で言えば，2006 年世界中に設立されていた外国大学の分校は 162 校であったが，2017 年には 247 校に増加している。そのうちの 81 校（33%）はアメリカの大学の分校，40 校（16%）がイギリスの分校，続いてフランス 24 校，ロシア 19 校，オーストラリア 15 校であった。一方，分校の所在地（ホスト国）でみると，中東諸国に 49 校，アジア（中東を除く）に 47 校，ヨーロッパに 48 校などという状況で，特に中東諸国への進出が顕著である（杉本，2018）。国別の分布では，アラブ首長国連邦（UAE）に 29 校，中国（大陸）に 32 校，マレーシアに 12 校，シンガポールとカタールに 11 校と続いている。

　トランスナショナル高等教育の全世界的な統計は存在しないが，例えば，オーストラリアでは 2014 年に 34 万 7000 人の留学生を受け入れていたが，そのうち通常の留学生は 26 万人で，残り 24.7% にあたる 8 万6000 人は，実際にはオーストラリアの大学に滞在しないトランスナショナルな留学生であった（Larkins & Marshman, 2015＋）。

　英国は 2008 年，大学など回答した 135 機関のうち 65.2% がトランスナショナル高等教育のプログラムを持っており，総数は 1,536 プログラムに達しており，実施地域については，世界各国の 12.1% を別にすれば，アジアが最も多く 43.6%，ヨーロッパが 28.3%，中東 6.2%，アフリカ 3.8% と続いている。パートナーの相手については，私立カレッジが 22.5%，公立大学が 21.4%，公立カレッジが 10.7%，私企業が9.7% と続いている。私立大学は少なく，5.7% であった（DIUS, 2008）。

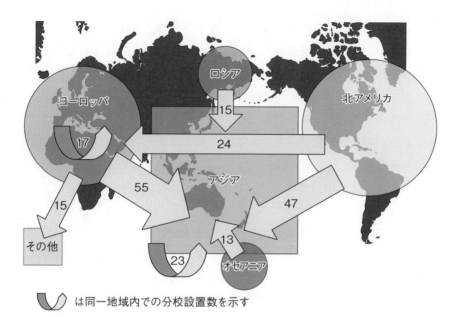

は同一地域内での分校設置数を示す

図 12-2　地域別大学の外国分校設置数（2017 年）
出典：C-BERT（2017 年）のデータを基に筆者作成

（4）マレーシアとオーストラリア

　このトランスナショナル高等教育のホスト国として，すなわち，実際の教育を請け負うカレッジや海外分校の所在国として，マレーシアと日本は世界でも最も早く選ばれた国であった。しかしその後の運命は大きく異なり，マレーシアでは５つの外国大学分校が発展し，多くのカレッジによる提携プログラムも成功しているのに対して，日本ではアメリカを中心とした大学の分校が 1980 年代に多く設置されたが，その多くは成功せずに現在では撤退している。

　オーストラリアの公立大学モナシュ大学は，世界展開の一環として，1998 年にマレーシアに海外分校を設立した（スランゴール，サンウェイカレッジ）。マレーシアでは 1996 年私立高等教育機関法が成立して，海外の大学分校の設置が認められた直後であった。

　マレーシア・モナシュではマレーシアで需要の高いビジネス，情報技術科，工学・理学科の学士課程を提供しているが，マレーシアにおける

私立大学として質保証機構とオーストラリアの専門職団体（会計士，エンジニア）のアクレディテーション（認可）の両方を受けていることから定評は高い。教員のほとんどはマレーシアなどで採用されており，オーストラリア本国からの教員はわずかである。学生は4000名弱であるが，その約3割はマレーシア以外からの留学生である。多くは中国やインドネシアなどからの留学生であるが，彼らはオーストラリアの学位や資格を取得するために，マレーシアに滞在し履修していることになる。モナシュ大学はこの分校の成功を足がかりに，その後南アフリカとイタリアに進出している。

　日本の高等教育のトランスナショナルな展開は遅れている。海外における日本語による教育需要には採算性が薄く，また英語による授業では派遣する教員の手配が難しいうえに日本国内と同一学位を授与するには法的な問題が存在している。現状において2010年のエジプト，アレキサンドリアへのエジプト日本科学技術大学（E-JUST）と，2011年のマレーシア，ジョホールバルへのマレーシア日本国際工科院（MJIIT）の開学が数少ない例で，どちらも日本の大学の単独進出ではなく，日本の大学コンソーシアムによる提携である。現在のところ日本の大学の海外分校は，留学準備や事前日本語教育を行う海外拠点の性格が強く，欧米大学の分校のような独立採算を実現しているとは言い難い。今後の日本の大学のトランスナショナル高等教育の成否は，例えば，日本式の科学教育もしくは全人教育のモデルを具体的に明示し，かつ海外に高品質に移転可能かどうかにかかっている。

　トランスナショナル高等教育はこれまでの留学概念を根底から突き崩すような新たな形態の国際教育であり，プログラムの輸出者だけでなく，ホスト国や学生（学習者）にとっても大きな効用をもたらすシステムであるが，その運用には課題も存在している。第一にこれまでの人的移動による留学には機能していた質のコントロールが，遠く離れた異なる教育環境で，無条件には保持できないという危険性がある。また第二に同一の学位，資格，単位を授与するプロバイダーが増加するため，それらの学位，資格，単位の間にヒエラルキーが生じたり，過剰な乱発に

より価値が低落したりする危険性がある。さらに第三にホスト国の高等
教育がまだ十分な国際競争力を持たないとき，外国の有名大学の分校や
提携学位コースが流入すると，弱体な国内教育機関が市場の一部を失っ
たり，競合したりする場合もある。そして第四に欧米英語圏で発達した
高等教育の経営風土，教育風土，文化風土が，そうではない国の高等教
育に流入するため，ホスト国のシステム，慣習，理念，文化的傾向と合
わずに衝突する可能性もある。

研究課題

(1)　高等教育の改革動向において、アジアの高等教育で，欧米の高等教
育と共通する点と異なる点についてまとめてみよう。

(2)　高等教育の市場化がアジアの大学などにもたらした影響について，
望ましい側面と，そうでない側面についてまとめてみよう。

(3)　アジアを舞台とした新しい留学形態である，トランスナショナル高
等教育の，望ましい側面と，そうでない側面についてまとめてみよ
う。

参考文献

アルトバック・バラン編，米澤彰純監訳『新興国家の世界水準大学戦略─世界水準
　を目指すアジア・中南米と日本』（東信堂，2013 年）
江原武一・杉本均編著『大学の管理運営改革─日本の行方と諸外国の動向』（東信
　堂，2005 年）
大森不二雄「高等教育の海外進出と国家─イギリスとオーストラリアの事例」塚原
　修一編著，『高等教育市場の国際化』（玉川大学出版部，2008 年）p.134
北村友人・杉村美紀共編『激動するアジアの大学改革─グローバル人材を育成する
　ために』（上智大学出版，2012 年）
国立大学法人法（2004 年，同改正 2019 年）
澤田裕子「第 2 章中国の高等教育事業」，佐藤幸一『21 世紀アジア諸国の人文社会

224

科学における研究評価制度とその影響』（アジア経済研究所，2018 年）pp.13-33

杉本均『トランスナショナル高等教育の国際比較―留学概念の転換』（東信堂，2013 年）

関口洋介『ベトナム高等教育の構造―国家の管理と党の領導』（東信堂，2019 年）p.108

日経ビジネス，2018.8.20,「中国の技術革新を支える大学の真相」，中国教育部大学校弁企業統計概要公告からの引用：（https://business.nikkei.com/atcl/interview/15/230078/073100150/?P=3）

潘秋静「中国における「独立学院」の自立化問題と今後の動き―その制度の複雑性に基づいて―」広島大学高等教育研究開発センター『大学論集』（2019 年）

Becker, Rosa, 2010, International Branch Campuses：New Trends and Directions, pp.3-4, *International Higher Education*, No.58, Winter 2010, The Boston College Center for International Higher Education.

C-BERT（Cross Border Education Research Team），2017：（http://cbert.org/）

DIUS（Department for Innovation, Universities and Skills），2008, Sheffield Hallam University. *Transnational Education and Higher Education Institutions:Exploring Patterns of HE Institutional Activity*（*DIUS Research Report 08 07*）. London.

Kristopher Olds, 2007, Global Assemblage：Singapore, Foreign Universities, and the Construction of a "Global Education Hub", *WISCAPE*.

Larkins, Frank P. and Marshman, Ian, 2015 +, *Australian Universities Overseas Student Recruitment: Financing Strategies and Outcomes from 2004 to 2014*, Australian Higher Education Policy Analysis, LH Martin Institute, p.17.

McBurnie, Grant and Ziguras, Christopher, 2007, *Transnational Education:Issues and trends in offshore higher education*, pp.21-30, Routledge, London.

OECD, 2013, *Education at a Glance 2013*, *OECD Indicators*, pp.304-316；

UNESCO and Council Europe, 2001, *Code of Good Practice in the Provision of Transnational Education*, Bucharest, UNESCO-CEPES：

UIS statistics, 2019,（Education, Enrolment Ratio, Gross Enrolment Ratio, Tertiary by Level of Education（%））：（http://data.uis.unesco.org/）

13 │ 高等教育改革と人材育成
―人材と国家戦略―

坂野慎二・藤田晃之

　本章では，高等教育政策の今日的特色が，量的拡大と多様性，質保証及び
流動性といった点にあることを確認した上で，北南米及びヨーロッパを主な
事例として，現代の高等教育の特色と課題を明らかにしていく。

1. 高等教育の変容

（1）高等教育政策の量的拡大と多様性の推移

　高等教育は長い時間をかけて量的拡大が進んできた。アメリカの高等
教育学者である M.トロウが 1970 年代に指摘したように，高等教育は多
くの国でエリート段階（同世代の 15%まで）から，マス段階（15%か
ら 50%まで），そしてユニバーサル段階（50%以上）へと拡大してい
く[1]。OECD の資料によれば，2000 年代に入ると，OECD 平均や多く
の主要国で，高等教育進学率が 50%を超えるに至った。

　高等教育への進学率が上昇した結果，各国では多様な大学や高等教
育機関が出現している。1970 年代以降の高等教育の拡張は，従来の総合
大学に加え，それまでの職業教育系学校を高等教育機関へと昇格させた
国が少なくない。ドイツの専門大学（Fachhochschule）やオランダの
HBO 等は，そうした事例の典型例である。日本でも 1971 年の中教審答
申（いわゆる四六答申）で高等教育機関を，大学，短期大学，高等専門
学校，大学院，研究院の 5 種類に区分することを提案していた[2]。

---

1) マーチン・トロウ著，天野郁夫・喜多村和之訳『高学歴社会の大学』（東京大
　学出版会，1976 年）
2) 中央教育審議会「今後における学校教育の総合的な拡充整備のための基本的施
　策について（答申）」（1971 年）（第 22 回答申）

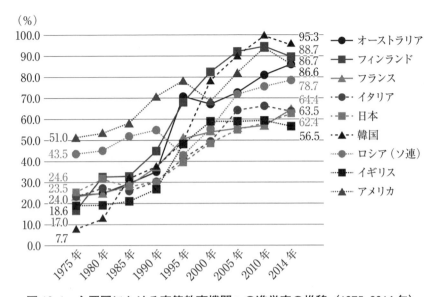

図 13-1　主要国における高等教育機関への進学率の推移（1975-2014 年）
注）中等教育終了後 5 年以内に高等教育機関に進学した者の割合
出典：UNESCO Institute for Statistics Data Centre, Gross enrolment ratio. Tertiary education（http://data.un.org/Default.aspx）

　UNESCO は 1970 年代に高等教育の分類について承認し，2011 年には ISCED 2011 版を公表した。ISCED 2011 において，レベル 5 が短期高等教育，レベル 6 が学士，レベル 7 が修士，レベル 8 が博士として位置づけられている[3]。このことは，OECD の高等教育の分類でも 2-3 年制の短期大学の分類が設けられていることとも符合する。今日では多くの国で，短期大学，学士課程，修士課程，博士課程といった高等教育の段階性が確認できる。後述するヨーロッパ高等教育圏でも，学士（BA）課程，修士（MA）課程，博士（DR）課程の区分が設けられ，そこで取得される学位もそれぞれレベルで区分されている。

　高等教育機関の量的拡大は，大学間の序列化，あるいは目的や資金，学修環境の多様化等とも連動する。2000 年代に入り，国際的な大学ラ

　3）UNESCO「International Standard Classification of Education（ISCED）」参照（http://uis.unesco.org/en/topic/international-standard-classification-education-isced　accessed：20200228）

ンキング化が行われるようになった。広く知られているところでは，THE や上海交通大学のランキングである[4]。2014 年には欧州委員会のプロジェクトとして「U-Multirank」[5] が大学の多元的世界ランキングを開始した。

（2）高等教育の質保証と流動性

　高等教育は，量的拡大によって大学あるいは高等教育機関が多様化し，機能や形態が一様でなくなっていること，その結果，それぞれの高等教育機関は何ができているのかを対外的に明らかにすることが求められている。

　高等教育の質保証のための手段として，国や地域は認証評価を重要視している。多くの国では，関係する大学等が認証機関を組織し，相互評価を基本とした認証手続きが導入されている。認証評価機関は，高等教育機関の種類別，地域別あるいは専門領域別に組織されることが一般的である。

　認証評価では，入学条件，教育課程，財政・管理運営，施設設備，学修成果等について基準に基づいて審査が行われる。日本でも大学認証評価が義務づけられている。日本の主に大学を対象とする大学認証評価機関は４つ（大学基準協会，大学改革支援・学位授与機構，日本高等教育評価機構，大学教育質保証・評価センター）[6] あるが，大学基準協会の認証評価規準は，①理念・目的，②内部質保証，③教育研究組織，④教育課程・学習成果，⑤学生の受け入れ，⑥教員・教員組織，⑦学生支援，⑧教育研究等環境，⑨社会連携・社会貢献，⑩大学運営・財務，となっている[7]。

4）渡部由紀「世界大学ランキングの動向と課題」京都大学国際交流センター『論攷』第 2 号 pp.113-123（2012 年）
5）U-Multirank（https://www.umultirank.org/　accessed：20200228）
6）文部科学省「認証評価機関の認証に関する審査委員会　認証評価機関一覧（令和元年 11 月 15 日現在）」（https://www.mext.go.jp/b_menu/shingi/chukyo/chukyo4/houkoku/1299085.htm　accessed：20200228）
7）大学基準協会「大学評価　評価基準等」参照。（https://www.juaa.or.jp/accre

グローバル化は，人，物，情報が国境を超えて移動する社会を意味する。1990年前後の社会主義諸国の崩壊以降，人と資本の流れが拡大するグローバル化によって，高等教育の世界も，国内における高等教育のあり方とともに，国境を越えたあり方が問われている。いくつかの地域では一国に限定されない共通の高等教育圏が生まれている。

国際的な質保証のために，2005年，UNESCOとOECDは「国境を越えて提供される高等教育の質保証に関するガイドライン」[8]を策定した。こうしたガイドラインの作成は，高等教育の質保証が一国内に限定されず，国際的な相互保障が必要であることを示している例として位置づけられる。

高等教育の流動性は，学生，教授スタッフといた人の移動に表れる。これまでの長期及び短期の留学に加え，他国への分校やサテライト校の設置等，実際に人が国境を越えて移動する動きが加速している。また，教育情報の越境，とりわけMOOCsに代表されるインターネットを活用した大学教育の情報提供サービスが国境を越えて広がっている[9]。

UNESCOは学生等の流動性を高めるために，1990年代後半から地域規約を策定してきた。1997年に欧州地域，2011年にアジア・太平洋地域，2014年にアフリカ地域，2019年には中南米・カリブ海地域等である。また，日本を含むアジア諸国を対象とした「高等教育の資格の承認に関するアジア太平洋地域規約」（通称：東京規約）が2018年に発効した。2019年にはUNESCO総会で，「高等教育に関する資格の承認のための世界規約（Global Convention on Recognition of Qualifications concerning Higher Education）」が採択された[10]。

ditation/institution/standard/　accessed：20200228)
8) Guidelines for Quality Provision in Cross-border Higher Education. 文部科学省「高等教育の国際的な動向」参照。(https://www.mext.go.jp/a_menu/koutou/shitu/index.htm　accessed：20200228)
9) 総務省『平成26年版情報通信白書』第1部特集「ICTがもたらす世界規模でのパラダイムシフト」参照。(https://www.soumu.go.jp/johotsusintokei/whitepaper/ja/h26/html/nc113200.html　accessed：20200228)
10)（独）大学改革支援・学位授与機構QA UPDATES「ユネスコ総会，世界規約

　以下，北南米，ヨーロッパ地域を中心に高等教育改革を見ていこう
（アジア地域は第 12 章参照）。

2．北南米の高等教育改革

（1）アメリカにおける高等教育改革

1）高等教育制度の概要

　まず，アメリカ合衆国（以下，アメリカ）の高等教育研究において高
等教育機関分類基準として広く用いられているカーネギー高等教育機関
分類（Carnegie Classification of Institutions of Higher Education）の
2018 年版に基づきながら，アメリカの高等教育の数的な側面を概観し
てみよう（図 13-2）。

　在籍する学生数の観点から捉えれば，最も多くの学生が学んでいるの
は博士課程までの大学院を有する 4 年制大学のグループ（36.0%）であ
り，準学士のみを授与するコミュニティー・カレッジ（28.9%），修士
課程を持つ 4 年制大学（19.7%）がそれに続いている。一方，大学数で
は，コミュニティー・カレッジ（23.1%）が最も多く，次いで大学院を
持たない 4 年制の専門（単科）大学（21.2%），修士課程のみの大学院
を有する 4 年制大学（15.8%）の順となっている。修士・博士の双方の
課程までを持つ研究型の大学は平均して 1 校当たり 2 万人近い在学生を
擁しているが，専門大学は一般に規模が小さく，4 年制の場合は在学生
数の平均が 700 人程度であることが読み取れる。

　第 5 章で見たように，アメリカの公立学校では後期中等学校（ハイス
クール）まで入学者選抜は行われないことが通例である。アメリカの大
多数の若者達にとって，大学入試は生涯で初めて経験する選抜試験と言
えよう。しかし，入学者選抜の在り方は日本とは大きく異なる。

　州立の 2 年制大学であるコミュニティー・カレッジは，生涯学習機関
としての性質も併せ持ち，一部の例外を除いて入学者選抜を行わないオ
ープン・アクセス制となっている。当該大学では，準学士取得のための

を採択—高等教育資格の承認を推進」（200123）参照。（https://qaupdates.niad.
ac.jp/2020/01/23/global-convention/　accessed：20200228）

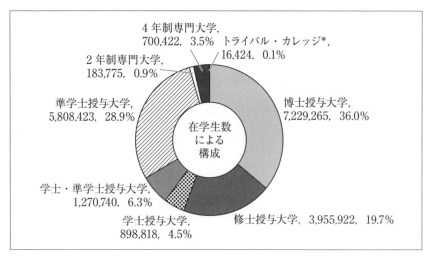

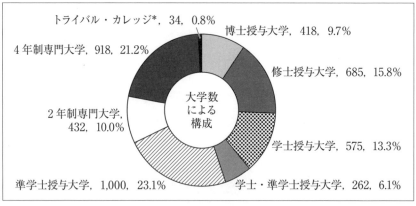

図 13-2　カーネギー高等教育機関分類に基づく大学の構成（2018 年）
注）トライバル・カレッジ＝アメリカン・インディアン高等教育コンソーシアム（AIHEC）加盟大学
出典：The Carnegie Classification of Institutions of Higher Education. *2018 Update Facts & Figures*：*DESCRIPTIVE HIGHLIGHTS*（https://carnegieclassifications.iu.edu/downloads/CCIHE2018-FactsFigures.pdf　accessed：20200228）

コースに並行して，学位に直結しない趣味や教養にかかわる科目や職業資格取得のための科目などが多彩に開設される。学費も廉価に抑えられ，準学士取得コースの場合，4 年制の州立大学に比べて 2 分の 1 以下が一般的である。また，昼夜開講制やパートタイム就学の容認など，働きながら学ぶ学生への配慮がなされている。そのため，学士取得を目指

す場合でも，当初の 2 年間はコミュニティー・カレッジに在籍し，編入試験を受けて 4 年制大学に進学する学生は少なくない。

　一方，4 年制大学では入学者の選抜がなされるが，民間機関が運営・実施する学力・適性検査である「SAT（Scholastic Assessment Test）」あるいは「ACT（American College Test）」のいずれかの結果やハイスクールでの成績の他，ハイスクール在籍中のボランティア活動等を含む課外活動，志望動機など様々な観点から評価される。特に研究型の大学では，入学者選抜を専門に担当する部署が，1 人ひとりの受験生に対して多角的側面から丁寧に評価することが多い。

2）質保証

　1965 年に成立した「高等教育法（Higher Education Act of 1965, P.L. 89-329）」は，連邦教育省の認可を受けたアクレディテーション機関（認証評価機関）による認定を受けた大学にのみ連邦からの補助金受領資格を与えた。これが，今日にまで続くアメリカの大学の質保証のための礎となっている。

　現在では，連邦教育省に加え，高等教育アクレディテーション協議会（Council for Higher Education Accreditation，以下 CHEA）が認証評価機関の認定を行っている。教育省は，連邦規則集（The Code of Federal Regulations）第 34 章第 602 条第 1 号から第 50 号に基づき，53 機関を正規の認証評価機関として認定しており，そのうち 39 機関は専門分野（芸術・人文，教育・訓練，法務，ソーシャルサービス，対人サービス，医療）に限定した認証評価を行うこととされる[11]。一方，CHEAによる認定を受けているアメリカ国内の組織は 58 機関である[12]。な

11）U.S. Department of Education, Accreditation in the United States（https://www2.ed.gov/admins/finaid/accred/index.html　accessed：20200228）

12）Council for Higher Education Accreditation, Membership List（As of March 6, 2020）（https://www.chea.org/sites/default/files/other-content/ciqg-members_34.pdf　accessed：20200320）なお CHEA は，アメリカ以外の国の機関にもアクレディテーション機関としての認定を与えており，2020 年 3 月現在，CHEA による認定を受けているのは 162 機関ある（アメリカ国内 58 機関を含む）。このうち日本の機関は，日本高等教育評価機構，大学基準協会，大学改革支援・学位授

お，連邦教育省と CHEA の双方から認定を受けている機関が 7 機関あるため，現在アメリカでは 104 の機関が正規の認証評価機関として認定されていることになる。

　このような高等教育機関の認証評価については，厳格さに欠けるとの批判も出されてきた。例えば，2014 年 12 月には，連邦政府の会計検査院が「過去 4 年半の間に 8％の大学が認証評価規準を満たしていないとの評価を受けたものの，最終的に認証を取り消された大学は 1％程度に留まる」と指摘し，連邦教育省主導による厳正な認証評価が必要であるとする報告書をとりまとめた[13]。しかし，連邦政府に教育行政上の命令権が付与されていないアメリカにおいて，そのような仕組みの創出はできない。そのため，連邦教育省は，2013 年に開設した大学選択支援のためのウェブサイト「カレッジ・スコアカード（https://collegescorecard.ed.gov/　accessed：20200228)」の拡充を図り，発信する情報の多様化をとおした大学間の競争を促すことによって質の向上を図る方針を採用し，それは現在も継続している。

3）変容するコミュニティー・カレッジ

　第 6 章における解説のとおり，今日のアメリカでは職業教育分野の「プログラム・オブ・スタディ（PoS)」を中核として，後期中等教育とコミュニティー・カレッジとの連携による一貫教育の拡充が進められている。その背景にあるのは，進展する技術革新などの社会的変容に対応できる職業人の育成を必須とする時代の要請だけではない。そこには，1980 年代まで，「二流（second class）の教育」として見なされてきた職業教育と，そのような職業教育プログラムを履修する以外に確たる選択肢を持たなかった「不利な立場に置かれている者（disadvantaged individuals)」という構造を打破し，それまで中等後の教育へのアクセスが困難であった者に対して公正な機会を提供することを通して，社会的

与機構，玉川大学である。

13）United States Government Accountability Office. 2014. HIGHER EDUCATION：Education Should Strengthen Oversight of Schools and Accreditors（GAO-15-59）

な格差を縮小し，マイノリティーの社会的疎外状況の改善を図ろうとする政策意図がある。

　高等教育においてもまた，同様の改革が進展していることは特記されて良いだろう。

　2018 年 6 月，アメリカの公共政策分野の研究等への出資団体として知られるピュー財団（ピュー慈善信託；Pew Charitable Trusts）は，公式ウェブサイトにおいて，オハイオ州のシンクレア・コミュニティー・カレッジが 2019-20 年度からドローン技術開発分野での学士課程を開設することを報じつつ，すでに全米では 19 州における約 90 のコミュニティー・カレッジがおよそ 900 の学士課程を運用していると解説する記事を掲載した。当該記事は，4 年制大学での学士取得に比べて学費等の費用が低く抑えられる点などを挙げ，コミュニティー・カレッジによる学士授与制度を好意的に扱っている[14]。

　コミュニティー・カレッジによる学士課程の開設は，1970 年のニューヨーク州における事例が全米初であるとされるが，他の州への波及は 90 年代に入ってから始まった。1990 年のウェスト・バージニア州を皮切りに，ユタ州，バーモント州，フロリダ州，ネバダ州へと広がり，2000 年代にその流れが加速して今日に至っている[15]。また 2001 年には，コミュニティー・カレッジ学士課程学会（Community College Baccalaureate Association）が設立され，年次大会の開催の他，功労者に対する学会賞の授与などを行っている。

　無論，今後克服すべき課題も少なくない。例えば，2015 年に州内 15 のコミュニティー・カレッジで学士課程の試験的運用を開始したカリフォルニア州では，2020 年 1 月，州議会の立法分析室（Legislative Analyst's Office）が，産業界・在学生ともに当該学士課程を高く評価

---

14) The Pew Charitable Trusts, More Community Colleges Are Offering Bachelor's Degrees-And Four-Year Universities Aren't Happy About It, April 26, 2018 （https://www.pewtrusts.org/en/research-and-analysis/blogs/stateline/2018/04/26/more-community-colleges-are-offering-bachelors-degrees　accessed：20200228）

15) 文部科学省『諸外国の教育動向 2015 年度版』（明石書店，2016 年）p.46

234

し，教育の質も保証されているとしながら，「クラスサイズが小さく効率性に乏しいこと」「学士課程認定までの審査期間が短く，より厳格な審査が必要であること」などの課題を挙げ，コミュニティー・カレッジと4年制大学との新たな連携・協同による新たな学士課程の創出も選択肢とするべきであるとの分析結果を公にしている[16]。

　このような課題はあるにせよ，従来型の4年制大学へのアクセスが困難である層の学生に対して学士の学位を授与し，より専門的な知識や技能の獲得を支援するための方策として，コミュニティー・カレッジによる学士授与制度は今後も拡大していくことが予測される。アメリカの高等教育は多様化による機能分化が明確になされてきており，それは今日でも継続しているが，1990年代以降，その一部において統合的な動向も顕在化してきたと言えよう。

（2）中南米諸国における高等教育
1）高等教育の拡大
　中南米諸国においては，国による差はありながらも，後期中等教育学校修了後の進学率は上昇してきており，とりわけ2010年代に入って顕著な変容が確認できる国が多い（図13-3）。

　例えばブラジルでは，1997年に，職業資格の1つである技術専門士を授与する技術専門士課程が高等教育の一環に組み入れられ，従来型の総合大学や単科大学とは別個に教育サービスの提供に中心を置く「大学センター」や「高等教育学校」が高等教育機関として導入された。また，1999年には，それまで中等教育段階の履修証明によって授与されていた幼児教育と初等教育の教員資格が，高等教育機関における教職課程の履修を必須とするものに変更されている。さらに2004年には，国立技術高校の一部が高等教育機関に移行し「国立技術専門学校」となった[17]。

16) Pettek, G. 2020. *Final Evaluation of Community College Bachelor's Degree Pilot*, The Legislative Analyst's Office
17) 山口アンナ真美，塚原修一「ブラジルの高等教育政策—規模の拡大と多様化に注目して」『教育学術新聞』第2713号（2018年1月10日）

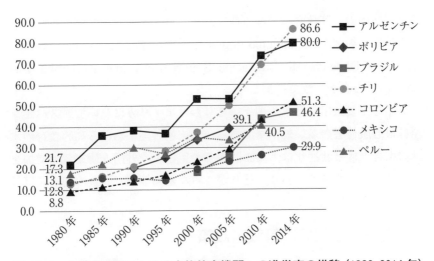

図 13-3　中南米諸国における高等教育機関への進学率の推移（1980-2014 年）
注）中等教育終了後 5 年以内に高等教育機関に進学した者の割合
出典：UNESCO Institute for Statistics Data Centre, Gross enrolment ratio. Tertiary education（http://data.un.org/Default.aspx）

　チリでは 1998 年に「高等教育の質の改善のための計画（Programa de Mejoramiento de la Calidad de la Educación Superior）」を策定し，世界銀行の支援を受けつつ，高等教育予算を増額した。これにより，国内の各大学に向けた競争的資金を導入し，博士号を有する大学教員の増加，カリキュラムの改善等を図った。また 2012 年からは，貸与型奨学金の大幅な拡充を行い，2016 年からは経済的困窮層を対象とした授業料免除制度も導入している[18]。

　国によって事情は全く異なるが，これらの多様な高等教育拡充施策が，中南米諸国における進学率の上昇を支えていると言えよう。

2）質保証

　2019 年 7 月，ユネスコとアルゼンチン政府の主導により，中南米 23 カ国の政府代表者による会合が開かれ，中南米各国の高等教育の共通性の確保，学生や大学教員の移動の活性化等を盛り込んだ「中南米及びカ

18) OECD（2019）*Education Policy Outlook 2019：Working Together to Help Students Achieve their Potential*, OECD Publishing. pp. 314-315

リブ海諸国の高等教育における研究，課程修了証明及び学位の承認に関する地域条約 2019（Convenio Regional de Reconocimiento de Estudios, Títulos y Diplomas de Educación Superior en América Latina y el Caribe）」を全会一致で採択した。

　英語を主要公用語とする国々，とりわけアメリカにおいて，スペイン語は最も履修者の多い外国語である。中南米各国における高等教育の水準の引き上げと共通化は，英語圏からの留学生や外国人研究者の増加を促すことも予測されており，それがさらなる高等教育の質の向上に寄与することが期待されている。

3．ヨーロッパの高等教育政策

（1）ヨーロッパ高等教育圏（EHEA）の形成

　1999 年 6 月，ヨーロッパ諸国は「ボローニャ宣言」を採択し，高等教育システムを調和させることが目標とされた。当初は 29 カ国であったが，2020 年現在，48 カ国が参加している[19]。これは EU（ヨーロッパ連合）の枠組みを超えて拡がっている。その後のヨーロッパ高等教育圏の一連の改革は，「ボローニャ・プロセス」と呼ばれている。

　ボローニャ宣言は，2010 年までにヨーロッパにおける高等教育の共通性を高め，学生や大学教員の移動を容易にするとともに，卒業生の職業資格を共通化することにより，労働力の移動可能性を高めることを目指していると言える。そのために，①大学で取得される学位を，3-4 年のバチェラー（学士，BA）と通算 4-5 年のマスター（修士，MA）との二段階とすること，②学修途中でも大学を移動可能とするように時間による共通の単位制（ECTS）を導入すること，が定められた。また，高等教育の質保証のために，ヨーロッパ共通の大学教育の質保証システムを構築することが目指された[20]。

　ボローニャ・プロセスと呼ばれる一連の改革は，当初 2 年ごとのフォ

19) European Higher Education Area and Bologna Process（http://www.ehea.info/ accessed：20200207）
20) ゴンザレス（2012）参照。

ローアップ会議[21] により，各国の進捗状況が確認されたことによって，実効性が問われることとなった。さらに，2008 年には高等教育の卒業資格を含む「生涯学習のための欧州資格枠組み（EQF-LLL）」が策定された[22]。高等教育関連では，EQF において，短期高等教育はレベル 5 に，BA はレベル 6 に，MA はレベル 7 に，博士はレベル 8 に，それぞれ位置づけられている。

　ボローニャ宣言からおよそ 20 年が経過し，現在，EHEA はその検証作業と今後の新たな戦略を検討し始めている。2018 年 9 月に，A：資格枠組み，B：リスボン条約に基づく資格の認定，C：質保証，の 3 つのボローニャ・ピア・グループが設置された。これは 2018 年のボローニャ・フォローアップ会議の報告書[23] の重要課題と一致している。

1）量的変化

　ヨーロッパ諸国の大学進学率は，表 13-1 のようになっている。2000 年時点で大学進学率が高いのは北欧諸国であるが，近年は多くの国で 50％を超えている。

2）学修課程の改革

　ボローニャ・プロセスの中で改革が進んだのは二（三）段階型の学修課程である。ヨーロッパ大陸諸国の学修課程は 4～5 年と比較的長期で

21）2001 年プラハ会議，2003 年ベルリン会議，2005 年ベルゲン会議，2007 年ロンドン会議，2009 年レーベン会議，2010 年ブダペスト・ウィーン会議，2012 年ブカレスト会議，2015 年エレバン会議，2018 年パリ会議，2020 年ローマ会議（予定）。独立行政法人大学改革支援・学位授与機構「欧州連合」（https://www.niad. ac.jp/consolidation/international/info/1272551_3028.html　accessed：20200113）及び BFUG LXVII（http://www.ehea.info/page-BFUG-meeting-67　accessed：20200207）参照。

22）RECOMMENDATION OF THE EUROPEAN PARLIAMENT AND OF THE COUNCIL of 23 April 2008 on the establishment of the European Qualifications Framework for lifelong learning（Text with EEA relevance）（2008/C 111/01）合わせて木戸（2012, 254）参照。

23）European Commission/EACEA/Eurydice, 2018. The European Higher Education Area in 2018：Bologna Process Implementation Report. Luxembourg：Publications Office of the European Union.（ http: //ec. europa. eu/eurydice accessed：20200207）

表 13-1　ヨーロッパ諸国の大学進学率（%）

国名＼年	1995	2000	2005	2010	2015	2017
オーストリア	27	34	37	53	57	54
デンマーク	40	52	57	60	72	72
フィンランド	39	71	73	68	49	53
ドイツ	26	30	36	42	56	53
ハンガリー	-	55	68	54	38	39
オランダ	44	53	59	65	57	54
イタリア	-	39	56	49	44	48
ノルウェー	59	67	73	76	70	68
ポーランド	36	65	76	84	72	73
スロバキア	28	37	59	65	53	49
スペイン	-	47	43	52	47	48
スウェーデン	57	67	76	76	55	56
スイス	17	29	37	44	71	68
トルコ	18	21	27	40	54	51
イギリス	-	47	51	63	61	66
EU21（22，23）カ国平均	35	46	53	59	54	57

注）2010 年までは学術的大学への進学率，2015 年以降は BA 等への進学率
出典：OECD（2013）p.301. OECD（2017）p.284. OECD（2019）p.206.
に基づき筆者作成

あったが，これをイギリス型の 3 年で最初の学位（学士，BA）を，4-5
年で次の学位（修士，MA）を授与するように変更することとなった。
当初学修課程は二段階型であったが，2003 年のベルリン会議で博士の
学位を含めて三段階型に修正された。2010 年に公表された欧州委員会
の報告書「ヨーロッパ高等教育の活動 10 年―ボローニャ・プロセスの
独自査定第 1 巻詳細な査定報告」によれば，ボローニャ宣言以前から二
段階型の学修課程を採用していた国・圏は 30 カ国・圏，そうでない
国・圏は 18 カ国・圏であった[24]。

24）Westerheijden, D.-F.（2010）The first decade of working on the European
Higher Education Area. *The Bologna Process Independent Assessment. Volume 1
Detailed assessment report.* p.15.（https://op.europa.eu/en/publication-detail/-/

　また，EU（ヨーロッパ連合）は，EC（ヨーロッパ共同体）の時代から域内における人の移動を促進してきた。高等教育領域における学生や研究者の人的交流は，「エラスムス計画」を中心として進められてきた[25]。また，高等教育卒業者を含む労働者の域内移動をより促進するために，ヨーロッパ資格枠組みが 2008 年に作成された[26]。

3）質保証

　ボローニャ宣言においては，高等教育機関の質保証はそれほど言及されていなかった。しかし，2003 年のベルリン会議において，学生の移動を高めるためには質保証システムの開発や更新が重要であることが確認された。これを受けて，質保証システムの基盤となるガイドラインが 2005 年に開発された。それが「高等教育の質保証のためのヨーロッパ水準とガイドライン[27]（ESG）」である（最新は 2015 年版）。これは「4 つの E」と呼ばれる，高等教育諸機関（EUA 及び EURASHE），ヨーロッパ学生連合会（ESU）及びヨーロッパ質保証エージェンシー（ENQA）といった高等教育関係組織が関与して作成したものである。

4）流動性

　それでは実際にヨーロッパ諸国における学生の国境を越える移動政策は，進んでいるのであろうか。EACEA のまとめによれば，国ごとに目標は異なるものの，大学卒業生の外国滞在経験者を 2 倍にすること（イギリス，6.6％から 13.2％に，2020 年目標），2 カ月以上の外国滞在歴を 2 倍とすること（フランス，2025 年目標），15 単位を外国の大学で獲得する学生を 6 分の 1 にすること（ドイツ，2020 年目標）等となっている[28]。

---

　publication/6226c3e4-34ef-4142-8801-7aeefb97021f　accessed：20200228)

25）木戸 pp.175-176，p.282 以下参照。(2012 年)

26）木戸 p.276 以下参照。(2012 年)

27）The European Standards and Guidelines for Quality Assurance in Higher Education（https://www.eqar.eu/kb/esg/?cn-reloaded=1　accessed：20200228)

28）EACEAMobility Scoreboard：Higher Education Background Report-2018/19. 86-87p.（2020）（https://eacea.ec.europa.eu/national-policies/eurydice/content/mobility-scoreboard-higher-education-background-report---201819_en　accessed：200228)

240

（2）ドイツにおける高等教育改革

1）量的推移

　ヨーロッパ諸国では，高等教育機関の量的拡大は1970年代から本格化する。ドイツにおいても，1960年代にギムナジウム進学者が増大したことにより，総合大学では入学制限を行うところが現れた。1960年代末の大学紛争を経て，1968年には各州首相会議の決定により，総合大学とは別に，短期型の高等教育機関である専門大学（Fachhochschule）を新たに設置することとなった。このため，ドイツは，オランダ等と並び，高等教育機関が二元化された国に属する。また，1971年には大学の授業料が徴収されないこととなったこともあり，大学への進学機会はより多くの者へその門戸を広げることとなった。

　量的推移を確認しておく。（旧西）ドイツの統計によれば，大学入学者数は1960年には5.3万人であったが，1970年8.7万人，1980年19.0万人，1990年27.8万人へと増加している[29]。同一年齢層におけるドイツ人の大学進学率は，1980年の時点で20.5%，1990年の時点で27.6%である[30]。1990年の東西ドイツ統一後の1990年代に，大学進学者数は減少傾向となる。ボローニャ・プロセスの始まる1999年の時点では，ドイツ全体での大学進学率は30.1%であった[31]。

　ボローニャ宣言の出た2000年以降，大学進学者数及び大学進学率は，増加・上昇傾向にある。大学進学率は，2000年の33.5%から2017年には57.0%まで急速に上昇している（表13-2）。

　また，卒業者の学位を見てみると，急速に学士が増えていること，従来の学位である，総合大学あるいは専門大学の学位による卒業者が減少している（表13-3）。2010年前後には学士の卒業者が従来の総合大学の学位の卒業者を上回り，2018年では新たなBA（学士），MA（修士）

29）BMBF：Grund- und Strukturdaten 1999/2000. S.20.（2000）
30）BMBF：Grund- und Strukturdaten 2000/2001. S.152. いずれも旧西ドイツのドイツ人（外国人を含まない）のデータである。（2001）
31）BMBF：Grund- und Strukturdaten 2000/2001. S.154. ドイツ人のみのデータである。ドイツ人及び外国人での大学進学率は28.2%である。（2001）

表 13-2　ドイツの大学進学者数と大学進学率

人数と率＼年	1995 年	2000 年	2005 年	2010 年	2015 年	2017 年
大学入学者数（人）	261,427	314,539	355,961	444,608	518,748	512,419
大学進学率（全体）（％）	26.8	33.5	37.0	44.9	50.9	57.0
大学進学率（男性）（％）	26.6	33.4	37.1	44.4	53.3	53.3
大学進学率（女性）（％）	27.0	33.6	36.9	45.5	60.5	61.1

出典：BMBF（2013）：Bildung und Forschung in Zahlen 2013. BMBF（2019）: Bildung und Forschung in Zahlen 2019.

表 13-3　学位取得者数（単位：人）

学位＼年	2000 年	2005 年	2010 年	2015 年	2018 年
学士（BA）	126	9,848	112,108	245,658	247,247
修士（MA）	370	9,158	26,722	113,630	140,960
総合大学の学位	94,999	101,755	103,413	39,049	29,953
専門大学の学位	66,260	81,483	56,248	10,044	7,217
教職課程	26,938	24,286	37,577	43,998	45,460
博士（Promotion）	25,780	25,952	25,629	26,981	27,838
学位全体	214,473	252,482	361,697	392,171	498,675

出典：Statistisches Bundesamt（2019）：Bildung und Kultur. Prüfungen an Hochschulen 2018.

の学位が総合大学や専門大学の学位の 10 倍ほどとなっている。このように，ドイツでは，学修課程の改革が急激に進められ，ヨーロッパ共通の二段階型の学修課程へと転換したことが理解できる。

2）質保証

　ドイツでは，日本と同様に従来週 1 時間の講義に事前事後学修を含めて合計 45 時間程度で 1 単位（SWS）であった。総合大学では卒業までの標準的学修期間が 9 学期程度，専門大学では 7 学期程度であった。

　ボローニャ・プロセスでは，ヨーロッパ高等教育圏における移動を促進するために，単位互換制度（ECTS：European Cresit Tranfer System）が導入された。1 単位（ECTS）は講義及び事前事後の学修を合

わせて 25-30 時間とされている（日本では原則 45 時間で 1 単位）。この
ため，従来の 2 単位（SWS）が新しい 3 単位（ECTS）に相当すること
となった。現在，3 年 6 学期の学士課程では 180 ECTS で卒業となり，
修士 2 年 4 学期の 120 ECTS を合わせると，300 ECTS で修了となる。

　学修課程の変化は，単位だけではない。学修では必要な諸能力の獲得
が重視されている。ドイツでは，2005 年に「ドイツ大学資格枠組み
（HQR, Qualifikationsrahmen für Deutsche Hochschulabschlüsse）」，
2013 年に「ドイツ資格枠組み（DQR, Deutsche Qualifikationsrahmen）」
が作成されてきた。2017 年，KMK（ドイツ常設各州文部大臣会議）は
「ドイツの大学修了証のための資質・能力枠組み」を決定したが，そこ
では 4 つのコンピテンシー（①知識と理解，②知識の活用・応用・創
造，③コミュニケーションと共同，④学問的自己理解・専門性）を獲得
するよう大学が保障することを目指している[32]。このため，個別の科
目での試験ではなく，一定の科目群のまとまりで試験を実施するモジュ
ール化が進められている。また，近年の傾向として，企業等における実
習が重視される傾向にある。

3）認証評価

　大学教育の質保証を行うため，ドイツでは大学の認証評価制度を導入
することが 1998 年に KMK で決定された[33]。2016 年には「ドイツ大学
の学修と教授における質保証のための共通認証評価システムの組織につ
いて」[34] が州間で取り決められた。ドイツの認証システムは，（1）シス

---

32) KMK：Qualifikationsrahmen für Deutsche Hochschulabschlüsse（Im Zusam-
menwirken von Hochschulrektorenkonferenz und Kultusministerkonferenz und
in Abstimmung mit Bundesministerium für Bildung und Forschung erarbeitet
und von der Kultusministerkonferenz am 16.02.2017 beschlossen）
33) Einführung eines Akkreditierungsverfahrens für Bachelor-/ Bakkalaureus- und
Master-/Magisterstudiengänge. Beschluss der Kultusministerkonferenz vom 03.
12.1998.
34) KMK：Staatsvertrag über die Organisation eines gemeinsamen Akkreditie-
rungssystems zur Qualitätssicherung in Studium und Lehre an Deutschen Hoch-
schulen（Studienakkreditierungsstaatsvertrag）（Beschluss der Kultusminister-
konferenz vom 08.12.2016）In Kraft getreten am 01.01.2018.

テム認証評価（外部者の加わる大学内部の質管理システムを確保する），(2) プログラム認証評価（学修課程の質保証），及び (3) 認証評価機構及び州の基準による手続き，の三者で構成されている。こうした手続きは，前述の「高等教育の質保証のためのヨーロッパ水準とガイドライン（ESG）」に適合するように設計されている[35]。

まとめ

　高等教育はアメリカでは第2次世界大戦後，ヨーロッパでは1970年代以降，アジアや中南米諸国では2000年代に入って，量的な拡大が進んできた。高等教育の大衆化は大学間の機能分化を生み出す。量的拡大と同時に，より良い大学となるための大学間競争が激しくなってきた。近年は国境を越えた学生等の移動によって，広範な高等教育圏が形成されつつあり，大学間の人材獲得競争は国境を越えて行われている。

　量的な拡大は大学の多様化をもたらし，その質保証が求められるようになる。一般には第三者あるいは大学相互での認証評価が重要視されるようになる。この大学の質保証は，労働市場における卒業生の選抜と関連している。企業活動がグローバル化するほど，こうした高度人材の需要は国境を越えた形で求められるようになってくる。国境を越えた高等教育圏の形成は，こうした企業の活動への人材供給システムとして有意義であると考えられるのである。これは学生にとっても，より良い雇用機会を獲得する上で重要な視点である。大学の学修課程において，他国における学修が組み込まれるようになってきたのは，こうした大学の人材選抜機能が重視されるようになってきた現れである。このことは学位・職業資格枠組みが整備されることによって普及しつつある。

　一方で，高等教育機会という側面から見てみると，大学進学率の国別での違いに見られるように，実際に高等教育が必要な職種なのか，短期高等教育が良いのか，後期中等教育レベルが適切なのか，といった入職

---

35) KMK. Qualitätssicherung und Qualitätsentwicklung. (https://www.kmk.org/themen/hochschulen/qualitaetssicherung-und-qualitaetsentwicklung.html accessed : 20200228)

までの教育訓練期間と費用の問題にも関心を向ける必要がある。

　さらに一部の国や大学に顕著な高等教育の費用の高額化は，経済的弱者から職業選択の機会を奪うことにもなりかねない。誰がどの程度高等教育の費用を負担するべきか，結論を出すのは容易ではない。各国の歴史的経緯から，設置主体が私立中心型（米英等），国立中心型（仏独等），国立私立が混合しつつ暗黙の役割分担の存在する国（日本を含むアジア諸国）といった多様な要因が絡まっている。日本では，高等教育は私的負担の割合が高い（OECD『図表でみる教育』参照）。近年は給付型奨学金が導入されつつあるが，諸外国と比較すると十分とは言えないようである。

研究課題

(1) OECD『図表でみる教育』等を使って，各国で誰がどの程度高等教育費を負担しているのかを整理してみよう。

(2) アメリカのコミュニティー・カレッジの役割について整理してみよう。

(3) 高等教育の拡大と労働市場の関係について調べてみよう。

参考文献

アルトバック，F. 他『新興国家の世界水準大学戦略―世界水準をめざすアジア・中南米と日本―』（東信堂，2013 年）

潮木守一『フンボルト理念の終焉？―現代大学の新次元―』（東信堂，2008 年）

川嶋太津夫「欧州高等教育圏構想と Undergraduate 課程の再構築」日本高等教育学会『高等教育研究』第 8 号，pp.121-154（玉川大学出版部，2005 年）

北村友人・杉村美紀共編『激動するアジアの大学改革―グローバル人材を育成するために』（上智大学出版，2012 年）

木戸裕『ドイツ統一・EU 統合とグローバリズム』（東信堂，2012 年）

小林雅之『教育機会均等への挑戦―授業料と奨学金の 8 カ国比較』（東信堂，2012 年）

ゴンザレス『欧州教育制度のチューニング―ボローニャ・プロセスへの大学の貢献』（明石書店，2012 年）（原著は 2008 年）

佐藤郁哉『50 年目の「大学解体」20 年後の大学再生―高等教育政策をめぐる知の貧困を越えて』（京都大学学術出版会，2018 年）

セリンゴ，J.『カレッジ（アン）バウンド―米国高等教育の現状と近未来のパノラマ―』（東信堂，2018 年）

タイヒラー，U.『ヨーロッパの高等教育改革』（玉川大学出版部，2007 年）

タイヒラー，U.「欧州における高等教育研究」日本高等教育学会『高等教育研究』第 16 集 pp.123-143（玉川大学出版部，2013 年）

H. パイザート/G. フラムハイン.『ドイツの高等教育システム』（玉川大学出版部，1997 年）

羽田貴史『高等教育質保証の国際比較』（東信堂，2009 年）

樋口美雄・財務省財務総合政策研究所『国際比較から見た日本の人材育成』（日本経済評論社，2012 年）

ボック，D.『アメリカの高等教育』（玉川大学出版部，2015 年）

文部科学省『教育指標の国際比較 2013』（2013 年）

吉川裕美子.「欧州高等教育におけるグローバリゼーションと市場化」日本比較教育学会編『比較教育学研究』第 32 号 pp.125-136（2006 年）

OECD（2019）*Education at a Glance 2019*：OECD Indicators.（日本語訳『図表でみる教育』明石書店）

OECD（2017）*Education at a Glance 2017*：OECD Indicators.

OECD（2013）*Education at a Glance 2013*：OECD Indicators.

UNESCO（2013）*Institute for Statistics Database 2013*

14 | 生涯学習社会における学習
―学びの多様化―

澤野由紀子

　1960 年代後半から UNESCO や OECD などの国際機関が提唱し，各国の
教育改革のマスター・コンセプトとなっていった「生涯学習」の概念の本質
を理解するとともに，近年の生涯学習政策の重点がリカレント教育の推進か
らインクルーシブな知識社会への対応へと変化している事実を確認し，その
要因を探る。

1. SDGs と生涯学習

　国連は，2015 年 9 月に「国連持続可能な開発サミット」を開催し，
「我々の世界を変革する：持続可能な開発のための 2030 アジェンダ」を
採択した。そのなかで，2030 年を目標年とする行動計画として，17 の
目標と 169 のターゲットからなる「持続可能な開発目標（SDGs）」を定
めた。この目標 4 に「すべての人々に包摂的かつ公平で質の高い教育を
提供し，生涯学習の機会を促進する」ことが含められことから，
UNESCO は，同年 11 月に「SDG4-Education 2030 行動枠組み」を定
めた。このなかで，「フォーマルな学校教育を補足し補充するために，
適切なリソースとメカニズムのあるノンフォーマルな道筋と，ICT の
使用を含む刺激的なインフォーマル学習を通して，広範で柔軟な生涯学
習機会が提供されるべきである」とし，フォーマルな学校教育だけでな
く，財政的に裏づけのあるノンフォーマルな社会教育と，個人のイン
フォーマル教育が生涯学習の重要な構成要素として再認識された。
SDGs の 17 目標すべてが生涯学習の課題でもある。

　本章では，「旅する政策」として世界に広まった「生涯学習」とはど

のようなものか，その普及の過程に着目していく。

2．UNESCO と OECD の主導する生涯学習政策

（1）「生涯学習」概念の形成と普及

　人が一生涯学び続けることの重要性を唱える言説は，洋の東西を問わず，世界の様々な文化圏に古くから存在するが，急激な社会の変化に対応した教育改革の鍵概念として「生涯学習」が各国で強調されるようになるのは，20 世紀の後半になってからのことである。欧州評議会（Council of Europe）[1]，UNESCO ならびに OECD が教育改革のための戦略として「生涯教育」と「生涯学習」の概念の導入を提唱したのは 1960 年代から 70 年代初頭にかけてである。

1）欧州評議会の永続的教育論

　ヨーロッパでは，アメリカとソ連の冷戦と軍備拡張を背景にベルリンの壁の建設によるドイツの東西分断が生じた 1960 年代に，人権，民主主義，法の支配という共通の価値の実現に向けた加盟国間の協調の拡大を使命とする欧州評議会は，恒久平和への願いをこめ，教育・文化プログラムの中心に「永続的教育（l'éducation permanente）」を位置づけた。そして「平等化」，「参加」，「グローバリゼーション」を 3 原則とする教育制度改革を提唱した。欧州評議会の本部は，フランスのストラスブールにある。ストラスブールはフランスとドイツの国境線に近く，第2 次世界大戦末期に，連合軍がナチス・ドイツとの激戦の末に勝利を収めた地でもある。欧州人権裁判所とともにこのような象徴的な場所に設置された欧州評議会が，後に UNESCO と OECD を通して世界に発信される生涯教育・生涯学習の考え方の原型となる概念を打ち出していたことを覚えておきたい。そこには，二度と悲惨な大戦をくり返してはならないという願いがこめられていた。

　生涯教育・生涯学習の考え方を取り入れることによって教育制度全体

1）欧州評議会には 1990 年代に中・東欧や旧ソ連地域の旧社会主義諸国が加わり，加盟国は 46 カ国となっているが，80 年代までは西欧諸国のみを加盟国とする国際機関だった。

を見直そうとする動きを促進するもう１つのきっかけとして，1960 年
代後半に反戦を訴える大学生による学生運動がフランスとアメリカから
世界各地に飛び火し，教育制度の歪みを是正することの必要性が認識さ
れたことがある。フランスでは 1968 年に「五月革命」と呼ばれる大規
模な学生運動と労働者のストライキが行われたが，その始まりも欧州評
議会に隣接するストラスブール大学で 1966 年に起こった，教授陣に民
主化を要求する学生運動だった。

２）UNESCO の生涯教育論

　UNESCO は経済発展の度合いの異なる世界の様々な国を加盟国とす
る。1960 年代には，途上国において，若年層と非識字者の多い成人と
の間の教育格差の増大が問題となっていた。民主主義と経済の発展のた
めには，最低限の知識と実践的能力を大半の成人に習得させるための手
段と方法を見出すことが喫緊の課題とされた。また，教育，科学，社
会・政治，文化に関わる事業を幅広く担ってきた UNESCO 自身が，組
織全体として共通の概念的枠組みを設けることの必要性も生じていた。

　こうしたなかで，1965 年 12 月にパリで開催された UNESCO 成人教
育推進委員会において，当時 UNESCO 成人教育課長であったフランス
人のラングラン, P. (Paul Lengrand) が，教育を人間の可能性を導き出
す生涯にわたる活動としてとらえる「永続的教育」の概念を提唱した。
この言葉は，英語では life-long integrated education や life-long educa-
tion と訳され，日本では「生涯教育」が定訳となった。

　ラングランは 1970 年に『生涯教育入門』を著し，表 14-1 のように，
当時の社会において生涯教育を必要とする背景となっている社会の様々
な課題を「現代人に対する挑戦」と表現し，その分析をもとに生涯教育
の意義，目的と範囲を導き出し，具体的な生涯教育振興策を提案した。

　1972 年に UNESCO の教育開発国際委員会は，ラングランの『生涯教
育入門』を基礎としながら行った２年間の調査研究と議論の成果を『存
在のための教育（Learning to Be）』と題する報告書にまとめ，発表し
た（日本では 1975 年に国立教育研究所内フォール報告書検討委員会
《代表：平塚益徳》が和訳し，『未来の学習』《第一法規出版》というタ

表 14-1　ポール・ラングランによる生涯教育の課題，目的と範囲

現代人に対する挑戦	生涯教育の目的	生涯教育の範囲
・諸変化の加速 ・人口増大 ・科学・技術の進歩 ・政治的挑戦 ・情報の増加 ・余暇時間の増加 ・生活モデルや諸人間関係の危機 ・肉体の現実化 ・イデオロギーの危機	・全体的な人間の形成 ・適応性 ・幸福への教育 ・生活の質の向上への教育 ・平和と国際理解	・夫婦の関係 ・親子の関係 ・職業 ・余暇のための教育 ・芸術的経験 ・体育・スポーツ ・マスコミ ・市民教育

資料：ポール・ラングラン著，波多野完治訳『生涯教育入門』第一部（財団法人全国社会教育連合会，1990 年）

イトルで出版された）。教育開発国際委員会の委員長は，前述の「五月革命」の際にフランスの教育大臣を務めていたエドガー・フォール（Edgar Faure）であったことから，この報告書は「フォール・レポート」として知られることとなった。その後の UNESCO の生涯教育政策の推進力となったこの「フォール・レポート」の基調となっているのは，人間の内面にある学ぶ意欲に根ざし，より人間味のある新しい社会の構築に役立つ「新しいヒューマニズム」という哲学であった。同報告書は，未来の教育の目標として，「科学的ヒューマニズム」，「創造性」，「社会への関与」ならびに「完全な人間」を掲げ，生涯教育のみがこれらを実現できるとした。

　生涯教育のこうした考え方は，国際理解と平和構築を目標とする UNESCO の使命に一致していることから，その後 UNESCO 総会において支持を受けた。加盟各国においても，先進国であるか途上国であるかにかかわらず，また社会体制の相違を超えて，教育政策のマスター・コンセプトとして受け入れられた。先進国では，生涯教育の概念を導入することによって，初等中等教育の年限をさらに引き延ばし予算額を増額するという必要がなくなり，教育を労働生活のニーズにより適合したものとすることが可能となるとみなされた。また，途上国では，全体的

な開発という枠組みのなかで，まったく新しいアプローチからの教育を
実施することが可能となるとして歓迎されたのである。

　だが，1970-80 年代に「生涯教育」の名のもとで実際に行われたこと
といえば，途上国では識字教育事業であり，先進諸国では伝統的な成人
教育への支援に限られていた。

3) OECD の生涯学習戦略

　OECD は UNESCO がフォール・レポートを発表した翌年の 1973 年
に『リカレント教育：生涯学習のための一戦略 (Recurrent Education：
a strategy for lifelong learning)』と題する報告書を発表した。この報告
書は，教育の提供者側よりも学習者個人を重視し，国の支援の重点を
「生涯教育」から「生涯学習」へ移したことが注目される。

　当時 OECD に加盟していた先進各国では，第 2 次世界大戦後の高度
経済成長期における社会の大きな変化に対応するため，学校教育を質的
にも量的にも拡充することが求められていた。初等中等教育について
は，知識の増大に対応するために在学年数を長期化させたことにより国
の教育費が増大しているにもかかわらず，生徒の中退率が高く，卒業し
ても就職が難しいなど，効率が悪いことが批判されていた。また，青少
年が長期間保護的教育環境に隔離され社会参加の時期が遅くなっている
ことは，青少年のみが提供できる特有の貢献を社会から奪い，社会の創
造的機能を低下させていることも指摘された。学生が将来の職種や所得
について高望みする傾向も現れ，ハイ・スキルを習得した人材がそれに
みあった職につけない状況も生じていた。これら教育制度面の課題に加
えて，科学・技術の発展にともない，「知識の急速な拡張と陳腐化」の
スピードも加速化した。このため「生涯の初期に教育を集中させること
は，個人の生涯を通じて，彼が知識を摂取し，それを制御できるように
するという目的とは，両立しない」と考えられた。さらに，若い頃に十
分な教育を受けることができなかった成人に学び直しの機会を与え，世
代間の教育格差を埋めることも課題となった。

　そこで，OECD は，職場に有給教育休暇制度（paid education leave）
を導入するとともに高等教育機関に社会人学生への特別入学制度を設

け，社会人が一定期間職場を離れて大学・大学院を含むあらゆる教育機会を利用できるようにする「リカレント教育」の制度化を提案した。報告書のタイトルにもなっている「リカレント教育」は，「教育−仕事−レジャー−隠居」という従来の人生の流れを変え，行き止まりの学校制度を改革し，いつでも学校に戻ることができる教育として定義された。この用語はスウェーデンで生まれ，当時のスウェーデンの教育大臣で後に首相となったパルメ, O.（Olof Palme）によって国際的に広められた。

　OECD は，初等中等教育についても，学校と仕事の世界，その他の社会的活動との関係の改善を改革の主眼とすることを提唱した。こうして，あらゆる段階で多様な形態で提供される教育と職業訓練が「生涯学習」振興を標榜する 1 つの政策の枠組みのなかに位置づけられることとなった。

　しかしながら，リカレント教育の実現に不可欠の有給教育休暇制度の導入については，石油ショックによる経済危機に直面した各国で大きな論争の種となった。有給教育休暇制度を 1970 年代に導入することができたのは，スウェーデン，フランスならびに西ドイツの一部の州のみであった。現在では，リカレント教育論について，フルタイムで定年まで仕事を続けることが可能な男性の職業人が主な対象となっており，よりきめ細やかな支援が必要となる女性や移民などマイノリティーへの配慮に欠けていたことも，失敗の要因として指摘されている。また，その後パートタイム就労が増大し，職場を離れずに仕事と学習を組み合わせる人々が増えたことは，当時の予想を超える展開であったとも言われている（Husen, 2002）。

　日本では上記のうち，主に UNESCO と OECD の提唱する生涯学習の政策が政策決定者や研究者，経済界の人々の間で検討され，中央教育審議会等の議論のなかにも反映されていく。これらをベースに，学歴偏重社会における受験競争の緩和や高齢化社会への対応等，日本社会が抱える独自の問題への対応も課題に含めながら，1980 年代に生涯学習の政策が確立する。だが，他国では 70 年代の石油ショック以降の景気低迷により，生涯学習政策を実現するための論議は後退していった。

3. 知識基盤型社会に対応した生涯学習の展開

　日本以外の先進諸国で生涯学習が教育政策形成の論議のなかで再び盛んになるのは，1990年代に入ってからのことである。特に1996年は，国際機関が再び生涯学習の概念を各国に広めるための重要な政策文書を次々と発表した年である。背景には，ベルリンの壁崩壊とソ連消滅後のグローバル化の進展，世界各地での地域紛争の激化，経済の混乱，失業率の悪化による社会不安の増大，IT革命など教育による対応が早急に必要とされる新たな変化があった。

（1）UNESCO（1996）『学習：秘められた宝』（ドロール・レポート）

　1989年11月のベルリンの壁の崩壊と1991年12月のソ連の消滅により，イデオロギーと政治体制の相違による東西の対立構造がなくなったものの，90年代は，中東，アフリカ，コーカサス，バルカン半島などで民族・宗教間の深刻な対立が頻発した。ヨーロッパでは多民族国家であった旧ユーゴスラビア連邦の解体の過程で度重なる民族紛争が生じ，難民も増えていった。国際情勢の大きな変化のなか，先進各国は経済危機に直面し，失業問題も深刻化した。

　こうしたなか，UNESCOは21世紀へ向けた教育改革のための提言をまとめることを目的とし，1993年に「21世紀教育国際委員会」を結成した。委員長には，フランスの元経済・財務大臣で，欧州共同体（EC）の議長を務めたドロール，J.（Jacques Delors）が就任した。元文部省事務次官の天城勲を含む14人の賢人をメンバーとした同委員会は，世界各国の教育の現状を2年間にわたり調査し，議論の成果を『学習：秘められた宝（Learning：The Treasure Within）』（略称「ドロール・レポート」）にまとめ，1996年に発表した。

　この報告書のタイトルは，農夫だった父親の遺言により地中に埋められている宝を息子達が掘り起こそうとするが，宝は結局見つからず，代わりに耕された土地から農産物の大収穫が得られたというフランスのラ・フォンテーヌの寓話に基づいている。報告書では労働を学習に喩

え，人々が内面に持っている未知の可能性という宝を掘り起こすために，生涯学習（learning throughout life）を推進することが重要であるとしている。この報告書は「フォール・レポート」の提言を全面的に踏襲しており，随所にその引用も見られるが，「人の生涯と同じ長期にわたり，社会全体へ拡がりをもった連続体としての教育を，本委員会では『生涯学習』と呼ぶ」（天城勲監訳，p.77）とし，「生涯教育」よりも「生涯学習」という表現を頻用している。

　そして，「21 世紀の鍵」としての生涯にわたる学習の 4 本柱となるべきものとして，以下を示した。

1) 知ることを学ぶ（Learning to know）：知識の獲得の手段そのものを習得すること。
2) 為すことを学ぶ（Learning to do）：専門化した職業教育ではなく，様々な実用的能力を身につけること。
3) （他者と）共に生きることを学ぶ（Learning to live together, Learning to live with others）：他者を発見，理解し，共通目標のための共同作業に取り組むこと。
4) 人間として生きることを学ぶ（Learning to be）：個人の全き完成を目指すこと。

　UNESCO はまた，1990 年に採択された「万人のための教育世界宣言」（ジョムチエン宣言）以来，「万人のための教育」（Education for All；EFA）に取り組んでいることから，「ドロール・レポート」においても基礎教育を生涯学習の基礎として位置づけ，子どもから大人まですべての人に基礎教育の機会を提供することの重要性を訴えている。2000 年以降は，生涯学習振興のために，初等教育だけでなく幼児教育についても普及を奨励している。

（2）OECD（1996）『万人のための生涯学習の実現』

　OECD において，再び「生涯学習」が脚光を浴びるのは，UNESCO に「21 世紀教育国際委員会」が結成されたのと同じ年の 1993 年のこと

だった。同年に先進国教育大臣会合において生涯学習がテーマとされ，共同大臣コミュニケにおいて，産業・経済の発展と失業率の低下に貢献するために生涯学習を振興するという方針が打ち出された。

1996年1月には，パリで開催されたOECDの教育大臣級会議において，21世紀へ向けた教育改革の目標として「万人のための生涯学習の実現」を唱えたコミュニケが採択された。コミュニケの中で，「生涯学習」の概念については，成人教育やリカレント教育を中心とした従来の考え方を改め，知識や実践的能力の向上のために学習活動に参加を希望するすべての個人のためのあらゆる学習活動を包括するより総合的な概念とすることとされた。これにより，まさに「ゆりかごから墓場まで」のライフサイクルを包括し，フォーマル，ノンフォーマル，インフォーマルのあらゆる形態の学びを，つながりあったシステムとみなすこととなった。生涯学習政策の形成にあたっては，学習者を中心に据え，生涯に渡る「学び方の学習」や学習への動機づけに配慮することが重要とされた。

具体的な「生涯学習戦略」としては，次の4点が提案された。

1) 生涯学習の基礎の強化；幼児教育へのアクセスの改善，学校の再生，その他のフォーマル及びノンフォーマルな学習機会の支援等。
2) 学習と仕事のつながりを一貫性あるものとする；教育，職業訓練と仕事の道筋を柔軟にすること，多様な学習を通して得られた技能・能力の評価と認定のメカニズムを改善すること等。
3) 政府を含む学習機会を提供するすべてのパートナーの役割と責務を見直す；国，地方，企業，市民団体（NPO，ボランティア団体など）の役割分担と連携・協力。
4) 個人，雇用主ならびに教育・訓練提供者による生涯学習への投資を促す；教育・訓練にかかる費用を，個人と雇用主，企業，行政機関等と分担するための方法を検討すること。

「万人のための生涯学習」の方針は，その後，雇用，社会福祉，財政などの各担当大臣級会議においても採択され，OECD全体の最重要課

題として位置づけられた。教育の分野については，教育研究革新センター（CERI）が中心となり，個人の生涯学習を支援するための財政制度の研究，生涯学習において育むべき力としてのキー・コンピテンシーの定義に関する研究（DeSeCo），生涯学習の基礎を育む幼児教育や家庭教育のありかたに関する比較研究，学習の社会的・経済的効果に関する研究など，万人のための生涯学習の実現に向けた国際比較研究に力が入れられた。成人の学習能力に関する調査研究として，1990 年代には国際成人リテラシー調査（IALS），2010 年代には国際成人能力調査（PIAAC）をそれぞれ行い，各国の生涯学習推進に資するビッグ・データが収集された。2000 年から実施されている PISA 調査（OECD による生徒の学習到達度調査）も，国別の平均点のランキングにばかり注目が集まる傾向があるが，義務教育終了時の子ども達が，生涯にわたって学び続ける基礎的能力をどの程度身に付けているか，その後の経済格差につながるような学力格差がどの程度生じているのかを調べ，各国の生涯学習振興政策に活かすことが本来の目的となっている。このように，OECD において「生涯学習」は，多様な教育と学習の全体を包括するマスター・コンセプトとなっている。

　途上国を加盟国に多く含む UNESCO では「教育」の普及を重視する傾向が強いのに対し，先進国の集まりである OECD では生涯学習における学習者の自発性と自己責任が強調される傾向がある。しかしながら，ともにグローバリゼーションに伴う社会・経済の諸問題を教育と学習によって解決していこうとする点では共通している。特に近年では両者ともに幼児教育を生涯学習の基礎として重視するなど，連携しながら進める調査研究も多くなっている。

（3）EU の生涯学習政策

　1993 年に EC（欧州共同体）から EU（欧州連合）となり，生涯学習の伝統あるスウェーデンとフィンランドを新たに加盟国に加えた EU は，1995 年 11 月に教育・職業訓練白書として『教えることと学ぶこと—学習社会へ向けて』を発表し，21 世紀に向けた人づくり政策の基本

に「生涯学習」を据えることを提案した。EU の生涯学習政策は OECD の影響を受けて経済的な競争力向上や雇用のための教育・訓練に重点が置かれているが，前述の UNESCO の 21 世紀教育国際委員会の委員長は EC 議長のジャック・ドロールだったこともあり，社会的結束を高めるための学びや生き甲斐のための学びなど人間的側面を重視する UNESCO の生涯学習の考え方の影響も受けている。

　EU では 1996 年を「ヨーロッパ生涯学習年」として，上記の白書の提言や生涯学習の考え方を広く普及するための様々な行事を展開した。EU は，90 年代後半より中東欧の旧社会主義諸国への加盟国拡大も視野に入れ，1 つの「知のヨーロッパ」の構築を目指し，そのための牽引力としての「生涯学習」の重要性についての広報に力を入れてきた。1999 年には，EU 非加盟国を含む欧州 30 カ国の代表がイタリアのボローニャに集まり，高等教育学位制度の共通化により国境を超えた交流を促進し，生涯学習の時代に対応した「欧州高等教育圏」の構築を目指す「ボローニャ宣言」を採択した。以後，2010 年を目標に欧州高等教育圏を目指す「ボローニャ・プロセス」がスタートした。

　2000 年 3 月にポルトガルのリスボンで開催された欧州首脳会議では，EU を持続的経済発展の可能性のある，「世界で最も経済的競争力の高いダイナミックな知識基盤型経済」とすることを目指し，生涯学習の普及による人材開発と就労支援への投資を拡充する方針が打ち出された。このとき決定された 2010 年までの教育と職業訓練の改善を含む改革案は「リスボン戦略」と呼ばれている。当初のリスボン戦略は，経済的競争力を高めるための人材養成が強調されすぎていることが批判され，後にヨーロッパの市民性と社会的結束を高めることや環境問題への対応が生涯学習の目標として加えられた。

　2001 年 11 月，欧州委員会通達として「欧州生涯学習圏—知識基盤型経済・社会においてヨーロッパの人々をエンパワーする」が発表され，欧州のすべての市民が，様々な学習環境，職場，地域，国の間を自由に移動し，自らの知識と能力を最大限に発揮する力を身につけることのできる，豊かで差別のない，寛容で民主的な欧州を目指す「欧州生涯学習

圏」の創設を提案した。その後，2002 年 6 月には，閣僚理事会決議「生涯学習について」が採択され，欧州生涯学習圏構築の提案についての支持が表明された。そして，「欧州生涯学習圏」の構築は，全欧州における学術交流の「欧州リサーチ圏」と緊密な関係のもとに進めていくこととなった。

　さらに 2002 年 11 月には，2010 年までに職業教育・訓練と雇用における欧州の人々の移動可能性の向上を謳った「コペンハーゲン宣言」が採択された。以後，多様な資格認定システムの一元化を目指す「生涯学習のための欧州資格枠組み（EQF）」，各国の職業教育・訓練に関する情報ポータルサイトの開設，生涯学習者に対するライフロング・ガイダンスの導入，ノンフォーマル及びインフォーマルな学習を含む多様な学習成果と資格認定方法の開発などにより，職業教育・訓練の分野における統一的空間の構築を目指す「コペンハーゲン・プロセス」が進められた。

　これらの実施による効果は，EU の定める指標とベンチマークによって毎年評価されている。ベンチマークはこれまでに，2010 年を目標年とする ET2010（「教育と訓練 2010」）が 2003 年に，2020 年を目標年とする ET2020（「教育と訓練 2020」）が 2009 年に定められた。

　だが 2010 年代に入りリーマンショックの影響で欧州にも金融危機が波及すると，EU では ET2020 を雇用政策とすり合わせた「仕事と成長のための欧州 2020 戦略」に対応させる必要が生じた。これは，2010 年 6 月の G20 トロントサミットにおいて，国際労働機構（ILO）が強固で持続可能かつ均衡ある成長のための技能を有する労働力のための訓練戦略の導入を提唱したことに端を発している。OECD は「スキル戦略」，EU は「欧州 2020 戦略」としてこの課題に取り組むこととなった。EU ではまた，失業率の上昇に伴う社会不安への対応から，生涯学習政策も若年失業者やニート，障害者への支援と，低スキル労働者のスキルアップ対策への注力が必要となっていった。2013 年からは「ユース・ギャランティー計画」が導入され，2016 年以降は欧州審議会「スキルアップの道筋に関する勧告：成人のための新しい機会」に従い，25 歳以上

の成人に最低限のリテラシー，ヌメラシーとデジタル・スキルを習得させるとともに，後期中等教育終了レベルの資格取得を可能とする条件整備が行われた。

　さらに，2015年には欧州難民危機に直面し，シリア，イラク，アフガニスタン等，自国で十分な教育を受けることができなかった紛争地帯からの難民が欧州に多数流入したが，上記の施策は欧州での就労を目指す難民にも適用されている。様々な背景を持つ人々に，学校におけるフォーマルな教育だけでなく，生活や仕事，ボランティア活動等を通したノンフォーマル・インフォーマルな学びを通して習得した知識，技能と学びへの取り組みの姿勢を認定し，進学や就職などの次のステップにつなげる多様な学習成果認定のための手法と，その参照基準としての「生涯学習のための欧州資格枠組み」ならびに加盟各国の国家資格枠組みの導入が進められている。

　こうしたEUの生涯学習推進のための具体的な戦略と施策は，韓国，中国，ベトナムをはじめとするアジア諸国にも影響を及ぼしている。

4．生涯学習社会における学びの多様性

　このように，国際機関が主導して世界各国に取り入れられてきた生涯学習政策であるが，その概念の解釈と政策の重点は多様であり，「生涯学習社会」の様相は国によって相当に異なるのが現状となっている。

　図14-1は，1960年代から構想され，21世紀にすべての人々に実現することが目指されている生涯学習の概念図である。縦軸が生涯にわたって継続する学びを表すlifelongの次元，横軸が生活のなかに広がる幅広い学びを表すlife-wideの次元である。近年では状況に応じた学びの深さを表すlife-deepの次元も重要とされている。これらを垂直的・水平的・立体的に統合し各人の学びを包括的に支援することが理想であるが，そのためには教育・学習に関わる多様なアクターの連携が必要となる。また，様々な場における学びの成果を包括的に評価するシステムの整備も必要となる。EU諸国では，この面での取り組みが積極的に進められている。

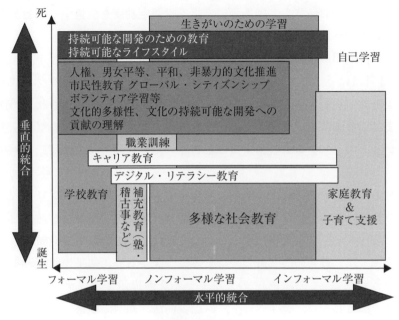

図 14-1　生涯学習社会における学び
澤野由紀子作成

　EU は，生涯学習を就学前から高齢期までのライフステージごとの，
フォーマル学習（正規の学校教育を通した学び），ノンフォーマル学習
（社会教育，職場での研修など組織化されているが正規の教育資格に直
接は結びつかない学び）ならびにインフォーマル学習（家庭生活やボラ
ンティア活動を通した学び，自己学習など）を含めて幅広く定義してい
る。様々な部門にまたがる多様な生涯学習に国境を越えて取り組むこと
を奨励する一方で，多様な学びの成果を効率的に評価・認定して就学や
就労の機会に結びつけることを容易にするための共通のシステムの枠組
みづくりも行っている。各国における先行事例の調査などの成果を踏ま
え，2000 年代末には「生涯学習のための欧州資格枠組み（EQF）制定
に関する欧州議会及び理事会勧告」（2008 年），「ノンフォーマル学習及
びインフォーマル学習の認定のための欧州ガイドライン」（CEDEFOP,
2009）などが発表され，加盟諸国だけでなく，EU 諸国と交流のある域

外周辺諸国においても，国の資格枠組みや認定制度を整備することが求められるようになった。

　その後欧州の金融危機により若年失業者問題が深刻化するなか，2012年12月には「ノンフォーマル学習及びインフォーマル学習のヴァリデーション（validation）について」の欧州理事会勧告が発表され，2018年までに各国においてノンフォーマル・インフォーマル学習のヴァリデーションのシステムを整備することとされた。同勧告によれば，ヴァリデーションとは，「権威づけられた者によって個人が習得した学習成果を対応するスタンダードに照らして測定することを確認するプロセス」とされる。具体的には，(1) 個人の特別な経験に関する対話を通した識別，(2) 人の経験を可視化するための文書化，(3) これらの経験の形成的評価，(4) 資格の一部もしくは全体につながる評価結果の認証の4段階で行われる。CEDEFOP のガイドラインが提示するヴァリデーションの方法としては，ディベート，自己表明法，面談，観察，ポートフォリオ法，プレゼンテーション，シミュレーション，テスト・試験などがある。ヴァリデーションの結果については，EU が開発した共通の履歴書様式である「ユーロパス」や「ユースパス」に記載できるようにし，欧州高等教育単位互換制度（ECTS）や欧州職業教育訓練単位互換制度（ECVET）等のフォーマルな教育資格制度との融合が図られている。

　このように多様な学びの成果の評価に基づき，その後のキャリア形成の道筋を自ら選択しながら人生のチャンスにつなげていくことは，個々人にとっては容易なことではない。そこで，第三者によるガイダンスやカウンセリングが重要な役割を果たすことになる。EU 諸国ではこれをライフロング・ガイダンスと名づけ，学校だけでなく地域の生涯学習センター，成人教育学校などにもガイダンス・カウンセラーを配置することを推奨している。生涯学習政策は新自由主義的な要素が強く，自己責任が強調される傾向にあるが，人生を左右する重要な局面では，客観的な視点からの評価や助言が大切であることを示す事例であると言えるだろう。

研究課題

(1) 1970 年代と 21 世紀の生涯学習の概念と実践の相違は何か，その背景とともに述べなさい。

(2) 21 世紀の成人の学びの多様性について，UNESCO Institute for Lifelong Learning の Global Report on Adult Learning and Education（GRALE）の資料をもとに明らかにしないさい。

参考文献

天城勲監訳『学習：秘められた宝』（ユネスコ「21 世紀教育国際委員会」報告書）（ぎょうせい，1997 年）

澤野由紀子「生涯学習政策のグローバル化とリージョナル化」『日本生涯教育学会年報』第 40 号，(2019 年) pp. 129-137

澤野由紀子「EU の生涯学習政策とガイドライン」『日本生涯教育学会年報』第 31 号，(2010 年) pp. 167-186

Asher Delon (1996) *Excerpt from 'Learning to be in Retrospect'*, The UNESCO Courier, April 1996；http: //www. unesco. org/education/educprog/50y/brochure/maintrus/35.htm

CEDEFOP (2009) *European Guidelines for validating non-formal and informal learning*, Office for Official Publications of the European Communities

Faure, Edgar, et al. (1972) *Learning to Be*, UNESCO,

Husen, T. (2002) Education in 2000 and 2025：Looking Back to the Future, in Edit. Istance, D., Schuetze, H. and Schuller, T., *International Perspectives on Lifelong Learning:From Recurrent Education to the Knowledge Society*, SRHE, p. 26.

Kallen, D. (2002) Lifelong Learning Revisited, in above Edit. Istance, D. et. al. *International Perspectives on Lifelong Learning: From Recurrent Education to the Knowledge Society*, SRHE, pp. 34-35

OECD (2004) Policy Brief：*Lifelong Learning*, February 2004.

Papadopoulos, G. (2002), Lifelong Learning and the Changing Policy Environment, in above Edit. Istance, D. et. al. *International Perspectives on Lifelong Learning: From Recurrent Education to the Knowledge Society*, SRHE, pp. 39-40.

15 | 世界の教育改革と日本

坂野慎二

　イギリスやアメリカから普及してきた新自由主義的な国家モデル（NPM，新公共経営）によって，各国は市場原理を基盤とした競争的で成果主義的な教育改革を進めることとなった。今日の日本を含む多くの国々での教育改革は，より少ないお金で，より効率の高い教育を目指していると言える。

　今日の教育政策で成果とされているのは，PISA調査に代表される読解力等のキー・コンピテンシーである。しかしPISA調査では測定されていないキー・コンピテンシーのその他の能力や，キー・コンピテンシーの枠組みそのものを検討することが求められる。

　教育支出を抑えて教育改革を進めていく場合，弱者に対する社会的公正の観点が重要である。北欧諸国のように，より多くの公的教育費で若者に対してより長期間の支援を行うという考えも，今後検討する必要がある。

はじめに

　これまで，世界の主な国を中心とした教育改革の状況を見てきた。本章では，まず日本の教育改革を整理した上で今日の日本の教育改革が，世界的な文脈の中で，どのような意味合いを持つものであるかを考察する。その上で，今後の日本の教育が進むべき方向性を検討する。

1．教育改革の推移

（1）福祉国家論からの転換と教育改革

　第2次世界大戦前後から，各国のモデルは「福祉国家」であった。福祉国家は，標準的な生活を想定して，リスクを社会保険制度でシェアするとともに，ニーズを抽出して教育，医療，介護などの社会サービスを

供給する，という考え方である（宮本太郎，2005，p.6）。各国は経済
成長に合わせて歳入が増大し，医療，福祉，教育といった領域に国を通
じての所得の再配分を行った。こうした領域には多くの予算が投入され
ることとなったが，歳入全体が増加していたため，大きな困難は生じな
かった。

　しかし 1973 年の石油ショックを契機として，欧米各国は長期的な景
気の後退局面に入った。石油ショックによって，経済の停滞，景気後退
が一定期間継続したことにより，各国は歳出の見直しと削減が求められ
るようになってきた。

　石油ショック以降の緊縮財政の時代に登場してきたのが，新自由主義
型の国家論である。その代表的な考え方が NPM（New Public Manage-
ment，新公共経営）である。福祉国家は，「大きな国家」を前提とする
が，NPM は，「小さな国家」を目指す理論である。NPM とは，公的部
門に民間企業の経営理念やスキルを可能なかぎり導入することによっ
て，行政の効率化・活性化を図ろうとする新しい公共経営理論とされる
（宮腰，2000，p.40）。そこでは国家が市場のルールを設定するなど，
その役割を可能な限り小さくする一方，市場原理に基づく競争を通じて
経済を活性化する民間活力が重視される。その特色は，①成果志向，②
顧客志向，③市場機構の活用，④分権化の 4 つに整理できる（山本，
2002/大桃，2016）。こうした NPM の考え方を実施したのが，イギリス
のサッチャー元首相（在職 1979-1990 年）であり，アメリカのレーガン
元大統領（在職 1981-1989 年）であった。

（2）NPM 的手法と教育改革

　日本では，1955 年体制以降，基本的には自民党政権がほぼ一貫して
続いてきたと言える。ただし，2 度自民党以外の政権があった。非自民
党連立政権（1993-94 年，細川護煕内閣，羽田孜内閣）及び民主党を中
心とした連立政権（2009-12 年，鳩山由紀夫内閣，菅直人内閣，野田義
彦内閣）である。2012 年以降，自民党と公明党の連立政権である安倍
晋三内閣が成立し，戦後内閣で最長の長期政権となった。

　日本の「小さな国家」型の改革への出発点となるのは，中曽根康弘内閣（1982-87年）であった。中曽根首相はNPM型手法を日本でも導入し，国鉄（現JR）や日本専売公社（現JT）の民営化への道筋をつけた。教育の領域では，総理大臣の公的諮問機関として臨時教育審議会（臨教審）が設置された（1984-87年）。しかし1980年代後半，日本は急速な景気回復によってバブル景気の時代となり，国の支出を削減しようとする動きは停滞する。

　日本でNPM的手法が教育界に浸透してくるのは，1990年代後半以降であり，イギリス型やアメリカ型の行財政改革から10年以上遅れて，支出削減型の行財政改革が始まった。日本でNPM型の教育改革が動き出すのは，橋本竜太郎内閣（1996-98年）の行財政改革と地方分権改革に連動した教育改革である。その流れを受けて，小泉純一郎内閣（2001-06年）の時代に教育予算の削減が進められ，2006年度に義務教育費国庫負担の割合も変更された。そして小泉内閣を引き継いだ第一次安倍晋三内閣（2006-07年）の時に，教育基本法の改正（2006年），学校教育法等の教育三法の改正が行われ，全国学力・学習状況調査が実施された（2007年）。

　2009年の民主党への政権交代によって，教育政策で進展があったのは，高校の実質無償化である。しかし，それ以外に大きな教育改革は実現しなかった。2012年末に第二次安倍晋三内閣が成立し，2013年7月に「ねじれ国会」が解消して，政権基盤が安定した。第二次安倍内閣は，自民党内に教育再生実行本部を，政府に教育再生実行会議を設置し，教育改革の方向性を定め，具体的な政策枠組みを審議するのが文部科学大臣の諮問機関である中央教育審議会である。

2. 教育改革の進捗状況

（1）分権改革と学校の自主性・自律性

　では，主に2000年代以降の教育改革の進捗状況を整理してみよう。第一の特色は，学校の自主性・自律性である。1997年6月の中教審答申「21世紀を展望した我が国の教育の在り方について」（第一次答申），

1998 年 9 月の中教審答申「今後の地方教育行政の在り方について」が
教育改革の始まりであった。後者の答申は，行政改革，地方分権化への
流れに対応し，国，都道府県，市町村の役割分担や教育委員会制度の見
直し，学校の自主性・自律性を確立するための諸施策（学校評議員制度
など）を提言している。1999 年に地方分権一括法が成立し，国と地方
は対等な関係にあるとされた。

　学校の自主性・自律性は，従来教育委員会が行ってきた権限を学校に
委譲すること，学校における意思決定を，校長や教職員に加え，保護
者，地域住民等が参画することに整理できる。学校の内部組織整備とし
て 2000 年には学校教育法施行規則が改正され，職員会議が校長の補助
機関として位置づけられた。従来は職員会議が学校の議決機関であると
いう説と，校長が決定権を持つという説の対立があったが，職員会議を
校長の補助機関として明示し，学校における意思決定の手続きを明確化
したものである。2007 年には副校長，主幹教諭，指導教諭の職が規定
され，企業経営をモデルとした学校運営組織が導入された。これは実際
の教育活動以外の部分における機能分担が進められたことを意味す
る[1]。校長の職務は「校務をつかさどり，所属職員を監督する」（学校
教育法第 37 条第 4 項）ことである。各学校では，職員会議に替わり，
各主任等で構成される企画運営委員会（主任会等名称は地方により異な
る）で議論し，校長が意思決定を行う体制が整備されていった。また，
2000 年には教員免許状を持たない，いわゆる民間人校長の制度が導入
され，2006 年には教頭にも（後に副校長にも）拡大された。

　保護者や地域住民が学校の意思決定に参画する制度は，2000 年に学
校評議員制度が創設された。学校評議員は，「校長の求めに応じ，学校
運営に関し意見を述べることができる」（学校教育法施行規則第 49 条第
2 項）が，校長の求めがなければ，意見を述べることができないことに
なる。このため，2004 年には，学校運営協議会を設置する地域運営学
校（コミュニティスクール）の指定が可能となり，公立学校の保護者や

1）篠原清昭『学校改善マネジメント』（ミネルヴァ書房，2012 年）

地域住民の意向を反映させるシステムが整えられた。学校運営協議会
は，学校運営の基本的な方針を承認し，人事について意見を述べること
ができる等，大きな権限を有している（地方教育行政法第47条の5）。
2017年の法改正によって，学校運営協議会は，公立学校の設置者であ
る教育委員会が設置に努めることを規定するとともに，学校運営への必
要な支援について協議する役割が加えられた。ただし，学校運営協議会
の委員は保護者，地域住民，学校支援者等が予定されており，教員につ
いての規定が欠けている。諸外国では教員代表（国により生徒代表も）
がこうした会議に参画することが通例である。

　保護者や住民の参画する学校運営には，学校情報の提供が重要な役割
を担う。その基本的情報となるのが学校評価の結果を含む学校情報の公
表である。学校評価は2002年の各学校設置基準で自己点検・評価が努
力義務とされ，2007年には，学校の自己評価は義務化され，保護者や
地域住民による学校関係者評価が努力義務とされるとともに，保護者等
への学校情報の提供が規定された。学校評価を普及するために，文部科
学省の協力者会議によって学校評価ガイドラインが2006年に作成され，
その後2008年，2010年，2016年に改訂版が作成されている。文部科学
省が2006年以降不定期に学校評価等実施状況調査を実施しているが，
2014年度の調査結果[2]によると，学校の自己評価は法令上義務化され
ているため，ほぼ100%実施されている。学校関係者評価（法令上は努
力義務）は公立学校の96.0%で実施されている。また，学校の第三者
評価を実施している都道府県・指定都市は19自治体（28.4%），市町村
は148自治体（9.6%）であった。

（2）通学区域と学校選択

　日本の公立学校は居住地域による通学区域が設定されている。しかし
義務教育における公立学校の選択制は，1996年通知以降，弾力的に運

2）文部科学省「学校評価等実施状況調査（平成26年度間　調査結果）」参照。
　（https://www.mext.go.jp/a_menu/shotou/gakko-hyoka/1369130.htm　accessed：
　20200222）その後の文科省調査はウェブ上では確認できない。

用されるようになった。保護者が学校を選択することにより，いじめ問題に柔軟に対応するとともに，学校間の競争によって学校教育の質保証が行われることが期待されたと考えられる。一般的な学校選択制は 2004 年にまず特区において承認され，2006 年度からは特区以外でも認められるようになった。

　複数の学校を設置している市町村のうち，何らかの学校選択制を実施しているところは小学校で 15.9%（234 自治体），中学校で 16.3%（204 自治体）である（2012 年調査[3]）。近年は調査が実施されていない）。2006 年の調査では，小学校で 14.2%（240 自治体），中学校で 13.9%（185 自治体）あったから，学校選択の導入率はやや上昇しているものの，小学校での実施自治体数は減少している。近年，学校選択はやや停滞気味である。理由として，学校選択によって地域の子ども達の人間関係が希薄化し，地域社会の子どもを対象とした活動が活性化しにくい，通学の安全が確保しにくい，といった要因が考えられる。

　学校選択と関連し，競争原理を拡大した例として，高等学校の改革が挙げられる。生徒数の減少により，公立高等学校は統廃合が進められている（国立教育政策研究所, 2014）。高等学校を多様化する試みとして，総合学科，中高一貫教育校，午前・午後・夜間に授業を行う多部制単位制等の新しいタイプの学校を設置することが進められた。

　私立高等学校等との競争的環境を整えるため，公立高等学校の通学区域の拡大が特に 2001 年以降進んでいる。東京都と和歌山県では 2001 年度から全県一区となり，その後他県でも全県一区を通学区域あるいは拡大とするところが増えている。

（3）学力調査

　1998 年の学習指導要領の改訂によって，「生きる力」を中心とした，いわゆる「ゆとり教育」と授業時数の厳選が導入・実施されることとなった。しかし同時に，基礎学力に対する不安が強まった。2004 年 12

3）http://www.mext.go.jp/component/a_menu/education/detail/__ics Files/afieldfile/2013/09/18/1288472_01.pdf　accessed：20200222

月，国際学力調査である PISA 調査の２回目の結果が公表され，読解力の順位や点数が大きく下がっていることが明らかとなった。これは基礎学力の低下が明らかになったものとして理解された。日本では学力の推移を明らかにする全国的データが存在しなかったのである[4]。

　学力に対する不安を解消するために，2007 年度から「全国学力・学習状況調査」が小学６年と中学３年を対象として実施されるようになった。この「全国学力・学習状況調査」の目的は，以下の３点にまとめられている[5]。

(1) 義務教育の機会均等とその水準の維持向上の観点から，全国的な児童生徒の学力や学習状況を把握・分析し，教育施策の成果と課題を検証し，その改善を図る。
(2) 学校における児童生徒への教育指導の充実や学習状況の改善等に役立てる。
(3) そのような取り組みを通じて，教育に関する継続的な検証改善サイクルを確立する。

　この「全国学力・学習状況調査」の問題は，平成 30（2018）年度まで教科の知識を主に問う「A 問題」と，活用する内容を問う「B 問題」とに区分されていた。「B 問題」は，PISA 調査問題に考え方が類似していた。2019 年度から「A 問題」と「B 問題」は統一されている。こうした問題の傾向は，かつての学力調査における知識の「量」から知識の「質」（使い方）への転換を示している。

　しかし，こうした学力・学習状況調査によって，教育改革の「成果」を示すことはできるのであろうか。答えはかなり疑わしいと言えよう。上記（1）及び（3）を目的とするのであれば，民主党政権時のようにサ

<hr>

4) 過去を見てみると，1961 年度に全国一斉学力調査が悉皆で実施されたが，学校に多くの混乱を生んだため，65 年度からは抽出となり，66 年度まで実施された。その後，大規模な全国的な学力調査は，実施されてこなかった。
5) 文部科学省ウェブ「全国学力・学習状況調査の概要」参照。（https://www.mext.go.jp/a_menu/shotou/gakuryoku-chousa/zenkoku/1344101.htm　accessed：20200224）

ンプル調査で事足りるであろう。(2) を実現するには，悉皆調査が必要
となるが，調査結果が速やかに学校に知らされなければならない。全国
学力・学習状況調査の活用・分析の取り組みが進められているが[6]，
2017 年の学習指導要領の改訂に全国学力・学習状況調査がどのように
活用されたのかはあまりはっきりしない。

　また，学力調査の結果をどのように公表するのかについて，意見の相
違が見られた。文部科学省は，市町村や学校ごとに結果を公表しないよ
うに指導してきた[7]が，府県知事等から，市町村別，学校別に結果を公
表するべき旨の発言が続いた。これを受け，平成 26 年度の調査から，
都道府県教育委員会が所管する学校別の調査結果及び市町村別並びにそ
の所管する学校別の調査結果を，市町村教育委員会が所管する学校別の
調査結果を公表することが可能となった[8]。

（4）学校教育環境の整備

　学校教育の諸条件において，学級規模と教職員の資質能力の向上は重
要な条件である。学級定数は，日本では一学級 40 人最大とする「40 人
学級」が基本である[9]。2011 年 4 月に小学校 1 年生の学級は 35 人以下
とする法令改正が行われた。その後，他学年の一部でも 35 人以下が可
能となるような予算措置が講じられている。

　OECD による 2017 年の統計では，公立学校の学級規模は，OECD 平
均が小学校で 21 人，中学校で 23 人であるのに対し，日本の小学校で

6）文部科学省ウェブ「調査結果の活用・分析の取組」(https://www.mext.go.
　jp/a_menu/shotou/gakuryoku-chousa/1344286.htm　accessed：20200224)

7）平成 25 年度全国学力・学習状況調査（きめ細かい調査）の実施について（通
　知）(24 文科初第 938 号 平成 24 年 12 月 7 日)

8）平成 26 年度全国学力・学習状況調査に関する実施要領（平成 25 年 11 月 29 日
　文部科学省）。ただし，都道府県教育委員会が市町村別あるいは市町村教育委員
　会所管の学校の調査結果を公表する場合は，市町村教育委員会の同意が必要であ
　る。

9）各学校設置基準，公立義務教育諸学校の学級編制及び教職員定数の標準に関す
　る法律参照。

表15-1　主要国の平均学級規模　（人）

初等/ 前期中等	OECD 平均	日本	アメリカ	イギリス	ドイツ	フィンランド	韓国
2000 年	22/24	29/35	-/-	-/-	22/25	-/20	37/39
2017 年	21/23	27/32	21/26	27/23	21/24	20/19	23/27

出典：OECD *Education at a Glance* 2002 年版及び 2019 年版

27 人，中学校で 32 人と明らかに大きくなっている（OECD：*Education at a Glance 2019*, p.387）。2000 年と比較すると，改善傾向にはあるものの，韓国のような大きな変化ではない。

　公的な教育支出の増加を伴わない教育改革は，効果を上げにくいばかりでなく，実際に教育改革を進める学校に大きな負担を課すことになる。というのも，教育改革は新たな仕事を生むが，教員が改革前と同じ教育活動を維持するのであれば，仕事量は増えていく。教員の仕事の増加を避けるためには，従来の仕事の何かをやめる必要がある。しかし実際には総合的な学習の時間のように，事前指導や事後指導のために多くの時間を教員が必要とするような仕事が増えている。

　新たな仕事による教員への負担を調整するために，新たに教員等が雇用されていないし，試験に割かれた授業時間は別の時間で確保されなければならない。これが近年の教員の多忙化の原因の 1 つと考えられる。

　教員の労働時間調査は，1960 年代に文部省（当時）が実施した教員の勤務実態調査まで遡るが，その調査によれば，当時の残業時間が 1 週間でおよそ 2 時間であった[10]。この調査に基づいて，教員の残業手当に代わる「教職調整額」が給与の 4% とされたのである。2006 年及び 2016 年の調査では，学内勤務時間が，小学校教員は平均すると 1 日 10 時間 32 分から 11 時間 15 分へ，中学校教員は 11 時間から 11 時間 32 分へ，それぞれ長くなっている[11]。残業手当の替わりとなっている教職調整額は，週 5 日で計算すると 1 日の残業時間は 15 分程度分であり，

---

10) 文部省大臣官房『教職員の勤務状況調査：昭和 41 年度中間報告書』（1967 年）
11) 文部科学省ウェブ「学校における業務改善について」参照。（https://www.mext.go.jp/a_menu/shotou/uneishien/1297093.htm　accessed：20200224）

教員は 1 週間に 10 時間程度の「サービス残業」を行っている状況は，正常とは言えないであろう。日本では，特定の業務を遂行する形で業務契約をする「就職」ではなく，会社の業務を包括的に遂行する「就社」型契約が多い。終身雇用，大規模な人事異動，年功序列型賃金による契約は，業務の範囲が明確にすることが難しい。学校の教員も同様であり，組織的な残業要因となっているのではないだろうか。

3．世界及び日本の教育改革の成果と課題

　これまで見てきた日本の教育改革は，世界の潮流の中で，どのように位置づけられるのであろうか。以下，いくつかの点に絞って整理していこう。

（1）教育の成果─学力・能力

　NPM 型の教育政策は，日本だけではなく，諸外国でも進められている。こうした教育改革は，何を目標として行われ，その成果はどのように確認されるのかが問われる。学校教育で考えるならば，その成果の 1 つは「学力」で確認されるべきであろう。

　経済協力開発機構（OECD）は，経済発展のために必要な人材育成について，多くのプロジェクト等を進めてきた。とりわけ 1990 年代初頭の東西冷戦の終結以降，資本や商品，労働力等のグローバル化が進んでいる。成人教育を対象とした職業能力研究を整理するプロジェクト（DeSeCo, 1997-2003 年）により，キー・コンピテンシー（業務遂行能力等と訳される）を基盤とした諸能力の評価規準の開発を進めてきた。この成果を学校教育における能力測定に用いたのが 2000 年から実施されている PISA 調査である。

　PISA 調査は，2000 年から 3 年サイクルで実施されている（国立教育政策研究所 2002，同 2004，同 2007，同 2010，同 2013，同 2016，同 2019）。調査は，15 歳の者を対象とし，調査する内容は知識の「量」ではなく，「質」である。具体的には読解力，数学的リテラシー，及び科学的リテラシーである（2003 年は問題解決能力についても調査を実施

272

表 15-2　PISA 調査における日本の得点と順位の推移

日本　　　　　　　　年	2000	2003	2006	2009	2012	2015	2018
読解力得点	522	498	498	520	538	516	504
読解力順位	8/31	14/40	15/57	8/65	4/65	8/70	15/77
数学的リテラシー得点	557	534	523	529	538	532	527
数学的リテラシー順位	1/31	6/40	10/57	9/65	7/65	4/70	6/78
科学的リテラシー得点	552	548	531	539	547	547	529
科学的リテラシー順位	2/31	2/40	6/57	5/65	4/65	4/70	5/78

出典：国立教育政策研究所 HP 資料等に基づき筆者作成

した）。2018 年調査までの結果では，表 15-2 のように，成績及び順位ともに 2006 年までは低下傾向にあったが，2009 年及び 2012 年調査では，やや上昇に転じた。しかし，2015 年調査以降は再度下降傾向を示している。

　多くの国は PISA 調査を学校教育における評価指標として，教育政策に活用している。例えばドイツでは，2000 年に実施した PISA 調査結果が，OECD 諸国の平均を下回り，「PISA ショック」として，その後の教育政策にも強い影響を与えた。その後の学校教育の到達度を測定する手段としても活用されている（坂野, 2017）。日本でも教育振興基本計画（第 3 期，2018 年）において，成果指標例として提示されている。

　ただし，PISA 調査の能力は，キー・コンピテンシーすべてを測定しているわけではない。他人との対話能力や説得力といった内容は調査対象に含まれていない。また，学校教育の成果をこうしたコンピテンシーを規準として評価することは，必ずしもすべての国家に妥当するものではないと主張する研究者もいる（佐藤学, 2009, p.28）。佐藤は，コンピテンシーは北欧型の旧福祉国家と親和性を持っており，日本のように生涯学習の制度的整備が不十分な国では，学習機会の格差が拡大する危険性を指摘している（同, p.25）。日本でも学校教育において「自ら進んで学習に取り組む意欲を高める」（教育基本法第 6 条 2 項）ことが目指されるのであれば，それに相応する評価指標を構築する必要がある。PISA 調査における成績上位の国・地域にアジア諸国・地域が多いの

は，むしろ別の能力モデルが効果的であることを示している可能性がある。

　2009 年及び 2012 年に実施された PISA 調査において，日本の成績は上昇傾向に転じたが，2015 年，2018 年調査では，読解力において下降傾向を示している。PISA 調査の結果は，小泉政権や安倍政権等における NPM 型の教育改革の結果なのか，2018 年まで実施されていた全国学力・学習状況調査による「B 問題」に対する学校現場の対応結果なのかを判断することは難しい。教育改革が途中で政策変更等によって完結しない場合には，教育改革の成果を検証することは，非常に困難な課題と言える。

（2）教育への公的支出

　今日の教育改革は，教育の効率性（費用対効果）が求められている。日本における地方分権と行財政改革とが関連しながら進められた教育改革は，小泉純一郎内閣（2001-06 年）以降である。小泉内閣では行財政改革によって，国の財源が地方に移管されるとともに，権限の移譲も進められた。義務教育費国庫負担法による県費負担教職員の給与等の国の補助率も，2 分の 1 から 3 分の 1 に引き下げられた（2006 年度から実施）。

　それでは，実際の公的な教育支出はどのように推移してきたのであろうか。『文部科学統計要覧』（各年版）で見てみると，教育費総額（A：公的及び私的な教育支出を合わせたもの）は，2000 年度以降はやや減少傾向で推移しており，2009 年頃からわずかながら増加傾向となっている。公的な教育支出（B）で見てみると，2000 年以降やはり減少傾向にあるが，2009 年頃から微増傾向にある。しかし OECD が採用している国内総生産（GDP）に対する公的教育支出の割合は，減少傾向にあり，2015 年度には 4.3% まで低下している。

　OECD のデータによれば，2015 年の国内総生産（GDP）に対する公的教育支出は，初等中等教育段階に対して OECD 諸国平均で 4.5% であるが，日本では 3.4% である。また，高等教育段階における公的支出

表 15-3　教育費総額・公財政支出教育費と行政費・国内総生産との関係

(単位：百万円)

分年 区	A 教育費総額	B 公財政支出教育費			C 国内総生産	A/C (%)	B/C (%)
		純計額	国	地方			
1955	437,350	372,006	126,668	330,192	8,597,900	5.1	4.3
1965	1,788,199	1,385,011	499,465	1,182,590	33,765,300	5.3	4.1
1975	9,611,359	8,118,914	2,664,905	7,129,932	152,361,600	6.3	5.3
1985	20,424,657	16,568,138	5,201,696	14,335,490	327,433,200	6.2	5.1
1995	30,102,175	23,766,348	6,884,823	20,175,067	496,457,300	5.8	4.6
2000	30,717,165	24,295,968	8,005,546	19,593,556	504,118,800	5.8	4.6
2005	30,115,750	23,122,988	7,288,785	18,166,805	503,844,700	5.7	4.4
2010	29,749,709	22,817,719	7,764,392	17,531,444	479,204,600	6.2	4.8
2015	30,798,307	23,102,605	7,601,680	17,793,043	532,191,400	5.8	4.3

出典：『文部科学統計要覧』各年版から筆者作成

（研究開発費を除く）は，OECD 諸国平均で 3.0%であるが，日本では 1.7%である（OECD：*Education at a Glance 2018*. Table C4.1）。公的総支出における公的教育支出の割合は，OECD 諸国平均で 11.1%であるが，日本は 8.0%である（Table　C4.3）。2005 年から 2015 年までの 10 年間で OECD 諸国平均では，公的教育支出は 20%の増加であるのに対し，日本は 6%の増加に留まっている。一方，教育費全体における私的支出の割合は，OECD 平均が 16%であるが，日本は 28%と高くなっている。ちなみに，アメリカは 32%，イギリスは 31%と日本と同様の傾向であるが，フランスは 12%，スウェーデンは 3%，フィンランドは 2%と教育私費の割合が少ないことが読み取れる（OECD：*Education at a Glance 2018*. Table C3.1）。日本における教育費は，義務教育段階の授業料及び教科書の無償，高校段階，高等教育段階，就学前教育段階の補助にとどまっている。これは家計が教育費を負担するという考え方が定着してきたため，エスピン-アンデルセンの理論を補正した，鎮目・近藤（2013）の指摘する第四の型である「家族主義型」レジームに当たる（第 1 章 3.，4. 参照）。

（3）教育改革と社会的公正さ

　教育費の支援は，大きくは学校等の教育機関への助成と児童生徒学生等個人への支援の 2 つに区分される。個人への支援は，日本学生支援機構等による奨学金の貸与が中心に行われてきた。近年は個人への給付（後から返還を必要としない）型が増えつつある。具体的には 2010 年度から当時の民主党政権が公立高等学校授業無償制と私立の高等学校等就学支援金制度を導入し，保護者の所得にかかわらず，高等学校の授業料実質無償化を進めた。第二次安倍自民党政権が成立後，2014 年度からは年収約 910 万円未満の世帯に授業料免除を限定するとともに，所得の少ない世帯には加算支給する制度を充実させた[12]。近年は私立の高等学校への就学補助等によって，公立と私立の競争を促進する措置が取られている。2020 年度からは私立高等学校等に通う生徒を対象に，世帯年収 590 万円未満の支給額を引き上げ，私立高等学校等の授業料を実質無償化することとなった。また，大学等においても就学支援新制度が2020 年度から実施されている。

　これらの改革は，次のように整理できる。民主党政権時は世帯年収にかかわらず公立高等学校の授業料実質無償化と私立高等学校等の同等額補助が行われ，高等学校教育実質無償化を権利として保障しようとした。一方，自民党政権は世帯年収によって授業料負担する世帯と無償化される世帯があり，世帯の財政力に応じた負担と補助を進めている。換言すれば，民主党政権は権利としての高等学校教育の保障を進めようとしたのに対し，自民党政権は世帯収入に応じた負担へと政策を展開し，公立私立を合わせた高等学校教育の市場を形成していったと言える。また，実質無償化の対象は授業料に限定されており，その他の費用は受益者負担，つまり生徒あるいはその世帯が負担することになっている。これは義務教育においても同様である。

　教育費を誰が負担すべきかという問題は，今後とも大きな課題であろう。日本では教育私費，とりわけ高等教育における教育私費負担が重い

12）文部科学省ウェブ「高校生等への就学支援」参照。（https://www.mext.go.jp/a_menu/shotou/mushouka/1342674.htm　accessed：20200224）

ことが指摘されている（小林雅之, 2009/末富芳, 2010）。教育格差の結果が就職格差へと結びついているならば（橘木俊詔, 2010/中澤渉, 2014），それを是正する教育改革が求められる。

一方，グローバル化による学生や教員の移動は，公的教育費がそのままその国の利益とはならない可能性を示唆している。教育を個人の利益と考えるのか，公的利益として考えるのか，理論的な精査が今後も必要である（広田照幸, 2013 の特に矢野論文/中澤渉, 2018 参照）。

おわりに

これまで見てきたように，イギリスやアメリカから普及してきたNPMによって，各国は市場原理を基盤とした競争的で成果主義的な教育改革を進めることとなった。今日の日本の教育改革は，より少ないお金で，より効率の高い教育を目指していると言える。NPM型の教育改革で課題となるのは，学校教育の成果を何で測定し，費用対効果をどのように考えるのかという点である。この点を明らかにしておかなければ，教育改革が成功したかどうかは判断できない。これまで国際的に共通の成果として測定されているのはPISA調査に代表される読解力等のキー・コンピテンシーの一部である。キー・コンピテンシーのその他の能力や，キー・コンピテンシーの枠組みそのものを検討することが求められる。日本でもこうした政策評価目標を措定することが必要であろう。

教育支出を抑えて教育改革を進めていく場合，弱者に対する社会的公正の観点が重要である。国民が経済的理由により，教育機会を失することがないよう，何らかの可能性を開いておくことは重要である。日本の高等教育政策は，今日まで機関助成を重視してきたが，今後は個人助成によって支出を効率化するとともに，弱者に対する社会的上昇の可能性を高める方向が模索されるべきであろう。イギリスやアメリカでも社会的弱者への教育支援が強化されている。北欧諸国のように，より多くの

公的教育費で若者に対してより長期間の支援を行うという考え（橘木・広井, 2014/広井, 2012）は，教育改革の方向性として今後検討に値しよう。

研究課題

(1) 学力を高める教育政策は，どのように検証できるのかをまとめなさい。

(2) 学校と地域社会との関係のあり方をまとめなさい。

(3) 教育と社会的公正さの関係についてまとめなさい。

主な参考・引用文献

小塩隆士『教育の経済分析』（日本評論社，2002）

大桃敏行「ガバナンス改革と教育の質保証」小玉重夫編『学校のポリティクス』（岩波講座　教育　変革への展望6）（岩波書店，2016年）pp.101-126

国立教育政策研究所『生きるための知識と技能1～7』（ぎょうせい，明石書店，2002，2004，2007，2010，2013，2016，2019年）

国立教育政策研究所『高等学校政策全般の検証に基づく高等学校に関する総合的研究』（報告書，2014年）

小林雅之『大学進学の機会　均等化政策の検証』（東京大学出版会，2009年）

坂野慎二『統一後ドイツ教育の多様性と質保証』（東信堂，2017年）

佐藤学「学力問題の構図と基礎学力の概念」（東京大学学校教育高度化センター，2009年）『基礎学力を問う 21世紀日本の教育への展望』（東京大学出版会，2009年）

末富芳『教育費の政治経済学』（勁草書房，2010年）

橘木俊詔『日本の教育格差』（岩波書店，2010年）

橘木俊詔・広井良典『脱「成長」戦略―新しい福祉国家へ』（岩波書店，2014年）

中澤渉『なぜ日本の公教育費は少ないのか―教育の公的役割を問い直す』（勁草書房，2014年）

中澤渉『日本の公教育 - 学力・コスト・民主主義』（中央公論新社，2018年）

中西輝政『サッチャー改革に学ぶ教育正常化への道』（PHP研究所，2002年）

広井良典『創造的福祉社会』（筑摩書房，2012年）

広田照幸『大学とコスト』（岩波書店，2013年）

宮腰英一「イギリスのニュー・パブリック・マネジメントと教育行財政改革」日本教育行政学会『教育行政学会年報第26巻』（教育開発研究所，2000年）

宮本太郎「ソーシャル・ガヴァナンス―その構造と展開―」山口二郎他『ポスト福祉国家とソーシャル・ガヴァナンス』（ミネルヴァ書房所収，2005年）

山口二郎『ポスト福祉国家とソーシャル・ガヴァナンス』（ガヴァナンス叢書第2巻）（ミネルヴァ書房，2005年）

山本清「二一世紀のガバナンス」宮川公男・山本清編『パブリック・ガバナンス―改革と戦略』（日本経済評論社，2002年）

ライチェン『キー・コンピテンシー』（明石書店，2006年）

OECD：*Educaiton at a Glance.* OECD Publishing.（翻訳）経済協力開発機構『図表でみる教育』（明石書店，各年版）

付録 | 各国の学校系統図

（出典）文部科学省資料

日本の学校系統図

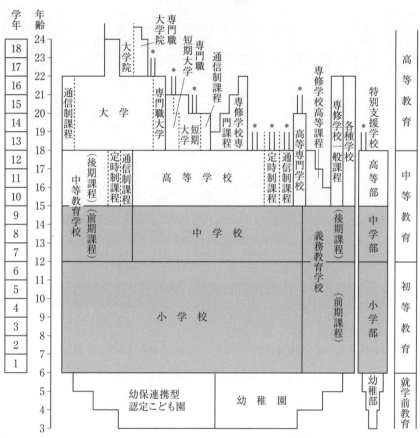

（▨部分は義務教育）

(注) 1. ＊印は専攻科を示す。

2. 高等学校，中等教育学校後期課程，大学，短期大学，特別支援学校高等部には修業年限1年以上の別科を置くことができる。

3. 幼保連携型認定こども園は，学校かつ児童福祉施設であり0〜2歳児も入園することができる。

4. 専修学校の一般課程と各種学校については年齢や入学資格を一律に定めていない。

アメリカの学校系統図

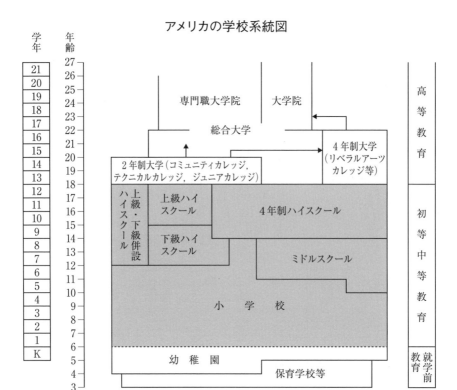

<table>
<tr><td>学年</td><td>年齢</td></tr>
<tr><td>21</td><td>27</td></tr>
<tr><td>20</td><td>26</td></tr>
<tr><td>19</td><td>25</td></tr>
<tr><td>18</td><td>24</td></tr>
<tr><td>17</td><td>23</td></tr>
<tr><td>16</td><td>22</td></tr>
<tr><td>15</td><td>21</td></tr>
<tr><td>14</td><td>20</td></tr>
<tr><td>13</td><td>19</td></tr>
<tr><td>12</td><td>18</td></tr>
<tr><td>11</td><td>17</td></tr>
<tr><td>10</td><td>16</td></tr>
<tr><td>9</td><td>15</td></tr>
<tr><td>8</td><td>14</td></tr>
<tr><td>7</td><td>13</td></tr>
<tr><td>6</td><td>12</td></tr>
<tr><td>5</td><td>11</td></tr>
<tr><td>4</td><td>10</td></tr>
<tr><td>3</td><td>9</td></tr>
<tr><td>2</td><td>8</td></tr>
<tr><td>1</td><td>7</td></tr>
<tr><td>K</td><td>6</td></tr>
<tr><td></td><td>5</td></tr>
<tr><td></td><td>4</td></tr>
<tr><td></td><td>3</td></tr>
</table>

専門職大学院　大学院　総合大学　4年制大学（リベラルアーツカレッジ等）　高等教育

2年制大学（コミュニティカレッジ，テクニカルカレッジ，ジュニアカレッジ）

上級・下級併設ハイスクール　上級ハイスクール　下級ハイスクール　4年制ハイスクール　ミドルスクール　初等中等教育

小　学　校

幼　稚　園　保育学校等　就学前教育

（███ 部分は義務教育）

就 学 前 教 育：就学前教育は，幼稚園のほか保育学校等で行われ，通常3〜5歳児を対象と
　　　　　　　する。

義 務 教 育：就学義務に関する規定は州により異なる。就学義務開始年齢を6歳とする州
　　　　　　　が最も多いが，7歳あるいは8歳とする州でも6歳からの就学が認められてお
　　　　　　　り，6歳児の大半が就学している。義務教育年限は，9〜12年であるが，12
　　　　　　　年とする州が最も多い。

初等中等教育：初等・中等教育は合計12年であるが，その形態は6-3（2）-3（4）年制，8-
　　　　　　　4年制，6-6年制，5-3-4年制，4-4-4年制など多様であり，これらのほ
　　　　　　　かにも，初等・中等双方の段階にまたがる学校もある。現在は5-3-4年制
　　　　　　　が一般的である。2015年について，公立初等学校の形態別の割合をみると，
　　　　　　　3年制又は4年制小学校6.7％，5年制小学校33.9％，6年制小学校13.7％，
　　　　　　　8年制小学校8.9％，ミドルスクール17.5％，初等・中等双方の段階にまたが
　　　　　　　る学校9.1％，その他10.1％であり，公立中等学校の形態別の割合をみると，
　　　　　　　下級ハイスクール（3年又は2年制）8.2％，上級ハイスクール（3年制）1.9％，
　　　　　　　4年制ハイスクール49.6％，上級・下級併設ハイスクール（通常6年）9.6％，
　　　　　　　初等・中等双方の段階にまたがる学校21.5％及びその他9.1％となっている。

高 等 教 育：高等教育機関は，総合大学，リベラルアーツカレッジをはじめとする総合大学
　　　　　　　以外の4年制大学，2年制大学に大別される。総合大学は，教養学部，専門

職大学院（学部レベルのプログラムを提供している場合もある）及び大学院により構成される。専門職大学院（学部）は，医学，工学，法学などの職業専門教育を行うもので独立の機関として存在する場合（専門大学，専門職大学院大学）もある。専門職大学院（学部）へ進学するためには，通常，総合大学又はリベラルアーツカレッジにおいて一般教育を受け（年限は専攻により異なる），さらに試験，面接を受ける必要がある。2年制大学には，ジュニアカレッジ，コミュニティカレッジ，テクニカルカレッジがある。州立の2年制大学は主としてコミュニティカレッジあるいはテクニカルカレッジである。

イギリスの学校系統図

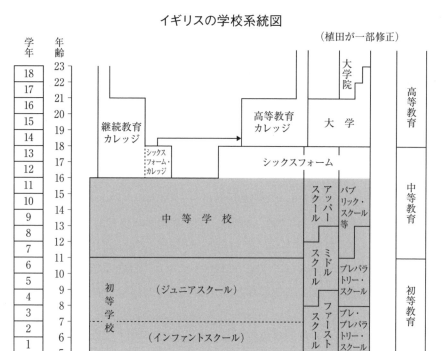

（植田が一部修正）

（■部分は義務教育）

就学前教育：0〜5歳児までを含み，就学年限は定められていないが，主な対象は3・4歳児
となっている。就学前教育はデイナーサリー（保育所）やナーサリースクール（本
統計では「保育学校」と訳す）の他，ナーサリークラス（初等学校付設の保育学
級）や，レセプションクラス（初等学校付設の就学1年の学級）などにおいて行わ
れる。

義務教育：義務教育は5〜16歳の11年である。ただし，16〜18歳は教育あるいは訓練に
従事することが義務づけられているため，実際の離学年齢は18歳である。この
期間，進学者だけではなく就職者もパートタイムの教育・訓練を継続する。

初等教育：初等教育は，通常6年制の初等学校で行われる。初等学校は，5〜7歳を対象
とする前期2年（インファント）と7〜11歳のための後期4年（ジュニア）とに区分
される。両者は1つの学校として併設されているのが一般的であるが，一部には
インファントスクールとジュニアスクールとして別々に設置しているところもある。
また一部において，インファント（スクール）・ジュニア（スクール）に代えてファー
ストスクール及びミドルスクールが設けられている。

中等教育：中等教育は，通常11歳から始まり，7年間続く。公費により維持される中等学

校は原則無選抜（コンプリヘンシブ・スクールと呼ばれる）だが，選抜制の学校（グラマー・スクール）とモダン・スクールに振り分ける地域も一部にある。義務教育後の中等教育の課程・機関としては，中等学校に設置されているシックスフォームと呼ばれる課程及び独立の学校として設置されているシックスフォーム・カレッジがある。ここでは，主として高等教育への進学準備教育が行われる。

高 等 教 育：高等教育機関には，大学がある（ユニバーシティ・カレッジやスクールを名称に用いる機関もある）。これらの機関には，第一学位（学士）（通常修業年限3年間）や上級学位の課程ほか，応用準学位などの短期の課程もある。1993年以前は，このほか，ポリテクニク（34校）があったが，すべて大学となった。また，継続教育カレッジにおいても，高等教育レベルの課程が提供されている。

継 続 教 育：継続教育とは，義務教育後の多様な教育を指すもので，一般に継続教育カレッジと総称される各種の機関において行われる。青少年や成人に対し，全日制，昼・夜間のパートタイム制などにより，職業教育を中心とする多様な課程が提供されている。

（注）イギリスは，イングランド，ウェールズ，スコットランド及び北アイルランドの4地域（country）からなる連合王国であり，それぞれ共通性を持ちつつも特色ある教育制度を形成している。学校系統図は，イギリスの全人口の9割を占めるイングランドとウェールズについてのものであり，両地域はほぼ同様の学校制度を有している。

ドイツの学校系統図

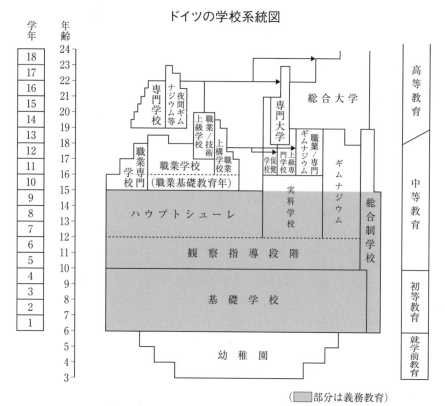

学年 / 年齢

（■部分は義務教育）

就学前教育：幼稚園は満3歳からの子どもを受け入れる機関であり，保育所は2歳以下の子
　　　　　　どもを受け入れている。
義 務 教 育：義務教育は9年（一部の州は10年）である。また，義務教育を終えた後に就職
　　　　　　し，見習いとして職業訓練を受ける者は，通常3年間，週に1～2日職業学校に
　　　　　　通うことが義務とされている（職業学校就学義務）。
初 等 教 育：初等教育は，基礎学校において4年間（一部の州は6年間）行われる。
中 等 教 育：生徒の能力・適性に応じて，ハウプトシューレ（卒業後に就職して職業訓練を受
　　　　　　ける者が主として進む。5年制），実科学校（卒業後に職業教育学校に進む者や
　　　　　　中級の職に就く者が主として進む。6年制），ギムナジウム（大学進学希望者が主
　　　　　　として進む。8年制または9年制）が設けられている。総合制学校は，若干の州
　　　　　　を除き，学校数，生徒数とも少ない。後期中等教育段階において，上記の職業
　　　　　　学校（週に1～2日の定時制。通常3年）のほか，職業基礎教育年（全日1年制），
　　　　　　職業専門学校（全日1～2年制），職業上構学校（職業訓練修了者，職業訓練中
　　　　　　の者などを対象とし，修了すると実科学校修了証を授与。全日制は少なくとも1
　　　　　　年，定時制は通常3年），上級専門学校（実科学校修了を入学要件とし，修了
　　　　　　者に専門大学入学資格を授与。全日2年制），専門ギムナジウム（実科学校修了
　　　　　　を入学要件とし，修了者に大学入学資格を授与。全日3年制）など多様な職業
　　　　　　教育学校が設けられている。また，専門学校は職業訓練を終えた者等を対象と

しており，修了すると上級の職業資格を得ることができる。夜間ギムナジウム，コレークは職業従事者等に大学入学資格を与えるための機関である。

なお，ドイツ統一後，旧東ドイツ地域各州は，旧西ドイツ地域の制度に合わせる方向で学校制度の再編を進め，多くの州は，ギムナジウムのほかに，ハウプトシューレと実科学校を合わせた学校種（5年でハウプトシューレ修了証，6年で実科学校修了証の取得が可能）を導入した。

高 等 教 育：高等教育機関には，総合大学（教育大学，神学大学，芸術大学を含む）と専門大学がある。修了に当たって標準とされる修業年限は，伝統的な学位取得課程の場合，総合大学で4年半，専門大学で4年以下，また国際的に通用度の高い学士・修士の学位取得課程の場合，総合大学でも専門大学でもそれぞれ3年と2年となっている。

286

スウェーデンの学校系統図

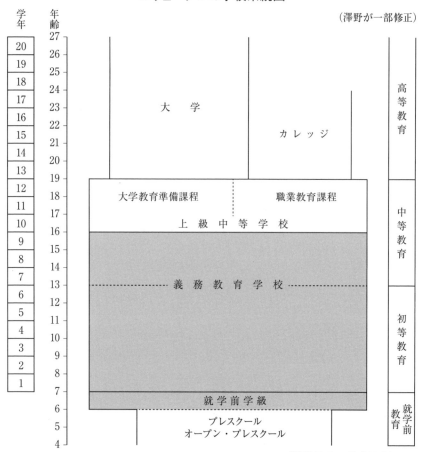

（澤野が一部修正）

（▨部分は義務教育）

就学前教育：就学前教育は，1～5歳児を対象に，プレスクールやオープン・プレスクールなどにおいて，また6歳児を対象に，義務教育学校に付設された就学前学級において行われる。

義 務 教 育：義務教育は，6～16歳の10年である。

初等中等教育：初等・前期中等教育は，7歳入学で9年間，義務教育学校（グルンドスコーラ）において行われる。修了者には義務教育学校修了証が授与される。

後期中等教育：後期中等教育は，義務教育学校修了者を対象に上級中等学校（ユムナシエスコーラ）において3年間行われる。上級中等学校には，大学教育準備課程と職業教育課程が設けられており，修了者には履修科目別の成績を記した上級中等学校修了証が授与される。

高 等 教 育：高等教育は，大学またはカレッジで行われる。大学には3年の学士課程，1～2年の修士課程，4年の博士課程が置かれている。カレッジには3年の学士課程，1～2年の修士課程が置かれている。このほか，大学やカレッジには4～6年の高等専門教育課程（医学，歯学，薬学，建築学等）や，2年の短期高等教育課程（歯科衛生士養成，種々の芸術関係課程等）が置かれている。

フィンランドの学校系統図

（澤野が一部修正）

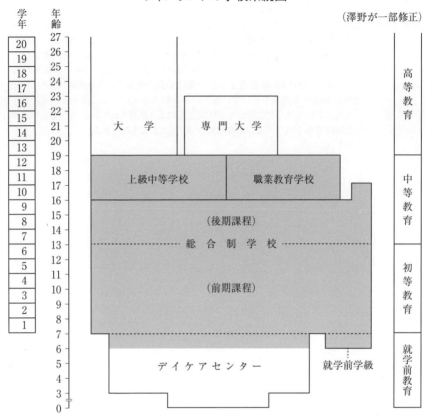

（⬛部分は義務教育）

就 学 前 教 育：就学前教育は，0〜6歳児を対象に（実際は3歳からが多い），デイケア
　　　　　　　　センターにおいて行われる。このほか，総合制学校に付設された就学前
　　　　　　　　学級では，6歳児を対象とした教育が提供されている。

義 務 教 育：義務教育年限は6〜19歳の13年間である。

初等・前期中等教育：初等・前期中等教育は，基礎教育として，総合制学校において7歳か
　　　　　　　　ら9年間行われる。教育課程は6年制の前期課程と3年制の後期課程
　　　　　　　　に分かれている。また，第9学年修了後に任意で学ぶ1年間の補習課
　　　　　　　　程（第10学年）が置かれている。9年間の基礎教育を修了した者には修
　　　　　　　　了証が授与される。

後 期 中 等 教 育：後期中等教育は，上級中等学校と職業教育学校において3年間行われ
　　　　　　　　る。上級中等学校は普通教育を提供するが，中には普通教育とともに音
　　　　　　　　楽や美術，体育，理数教育など特定分野に関する専門的な教育を実施
　　　　　　　　する学校もある。上級中等学校の修了者には上級中等学校修了証が授
　　　　　　　　与される。生徒の多くは修了時に大学入学基礎資格試験を受験する。職
　　　　　　　　業教育学校は各職業分野に対応した職業教育を提供し，修了者には分

野に応じた修了証が授与される（職業教育学校の修了証も高等教育機関入学のための基礎資格となる）。

高 等 教 育： 高等教育は大学または専門大学で行われる。通常，学士相当の学位の取得には3年，修士相当の学位の取得にはさらに2年（合計5年）が必要である。専門大学では職業教育が提供され，修業年限3.5〜4年の課程修了者に専門大学学士が，さらに1〜1.5年の課程を修了すると専門大学修士が授与される。各高等教育機関は，大学入学基礎資格試験や機関独自の選抜テストの成績に基づいて，それぞれ入学者選抜を行っている。いずれの大学も法的には国から独立した存在となっているが，主に国からの財政支援により維持されている。専門大学の多くも同様であるが，一部に地方政府が運営しているものもある。

シンガポールの学校系統図

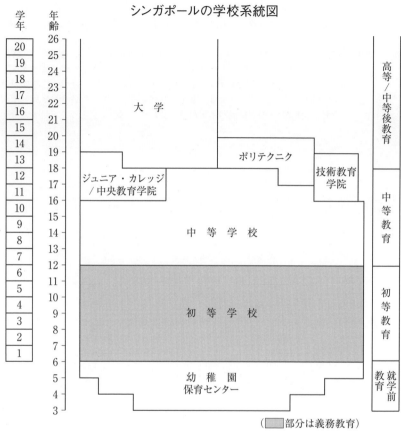

（▨部分は義務教育）

就 学 前 教 育：就学前教育は，3〜5歳児を対象に，幼稚園及び保育センターで行われる。

義 務 教 育：義務教育は，6〜12歳の6年である。

初 等 教 育：初等教育は，6歳入学で6年間，初等学校で行われる。初等教育は，基礎段階（第1〜4学年）とオリエンテーション段階（第5〜6学年）の2段階に区別される。初等学校修了時には，初等学校修了試験（PSLE：Primary School Leaving Examination）が課される。

中 等 教 育：中等教育は，4〜6年間，中等学校で行われる。中等学校ではPSLEの結果に基づき高速コース，標準コースに分かれる。高速コースは，修了時にGCE-Oレベル資格の取得試験を受験する。標準コースは，普通教育課程（アカデミック課程）と技術教育課程に分かれ，修了時にGCE-Nレベル資格を取得すると，さらに1年間就学することでGCE-Oレベル資格の取得試験を受験できる。高等教育段階への進学を希望する者はさらに，中等後教育として位置づけられるジュニア・カレッジ／中央教育学院（2〜3年）に進学し，修了時に大学入学資格であるGCE-Aレベル資格の試験を受ける。

職業教育については，ポリテクニクや技術教育学院（ITE）などがあり，それぞれGCE-Oレベル資格を入学要件としている。技術教育学院は，GCE-Nレベル

　　　　　取得者も入学可能。技術教育学院では，ITE 全国サーティフィケイトなどが取得
　　　　　できる。ポリテクニクは，中等後教育機関として高等教育レベルのプログラムを
　　　　　提供している。
高 等 教 育：高等教育は，大学で行われる。大学には，分野により 3 〜5 年の学士課程，1
　　　　　〜3 年の修士課程，2 年以上の博士課程が置かれている。このほか，教育ディ
　　　　　プロマ (1 〜2 年，初等教員)，学士取得者を対象とする学卒ディプロマ (1 年)
　　　　　などがある。ポリテクニクでは，準学位レベルのディプロマ (3 年) を基本に，上
　　　　　級ディプロマなどの取得課程も提供されている。

中国の学校系統図

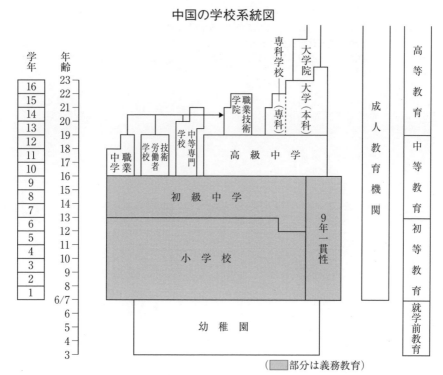

（▨部分は義務教育）

就学前教育：就学前教育は，幼稚園（幼児園）または小学校付設の幼児学級で，通常3〜6歳
　　　　　　の幼児を対象として行われる。

義 務 教 育：9年制義務教育を定めた義務教育法が1986年に成立（2006年改正）し，施行
　　　　　　された。実施に当たっては，各地方の経済的文化的条件を考慮し地域別の段階
　　　　　　的実施という方針がとられている。2010年までに全国の約100％の地域で9年
　　　　　　制義務教育が実施されている。

初 等 教 育：小学校（小学）は，一般に6年制である。5年制，9年一貫制も少数存在する。
　　　　　　義務教育法には入学年齢は6歳と規定されているが，地域によっては7歳までの
　　　　　　入学の遅延が許されている。6歳入学の場合，各学校段階の在学年齢は7歳入
　　　　　　学の場合よりも1歳ずつ下がる。

中 等 教 育：初級中学（3〜4年）卒業後の後期中等教育機関としては，普通教育を行う高級
　　　　　　中学（3年）と職業教育を行う中等専門学校（中等専業学校，3〜5年），技術労
　　　　　　働者学校（技工学校，一般に3年），職業中学（2〜3年）などがある。なお，職
　　　　　　業中学は，前期中等段階（3年）と後期中等段階（2〜3年）に分かれており，一
　　　　　　方の段階の課程しか持たない学校が存在する。図中では前期中等段階の規模が
　　　　　　非常に小さいため記述していない。

高 等 教 育：大学（大学・学院）には，学部レベル（4〜5年）の本科と短期（2〜3年）の専科
　　　　　　とがあり，専科には専科学校と職業技術学院が存在する。大学院レベルには，
　　　　　　修士課程（2〜3年），博士課程（3〜4年）があり，大学院レベルの学生（研究生）
　　　　　　を養成する課程・機関（研究生院）が，大学及び中国科学院，中国社会科学院

などの研究所に設けられている。

成 人 教 育：上述の全日制教育機関のほかに，労働者や農民などの成人を対象とする様々な
形態の成人教育機関（業余学校，夜間・通信大学，ラジオ・テレビ大学等）が
開設され，識字訓練から大学レベルの専門教育まで幅広い教育・訓練が行われ
ている。

索引

●配列は五十音順（「欧文字など」はアルファベット順）

分担執筆者紹介

植田　みどり （うえだ・みどり）
・執筆章→3・4

山口県に生まれる
青山学院大学大学院文学研究科教育学専攻博士後期課程単位取得退学
現在　　　国立教育政策研究所　総括研究官
専攻　　　教育行政学
主な著書　「教職員の多様性を活かした学校教育—イギリスのサポー
　　　　　トスタッフを事例として—」,『多様性を活かす教育を考え
　　　　　る七つのヒント』（伊井義人編著　共同文化社）
　　　　　「現代イギリスの教育改革」,『比較教育社会学へのイマー
　　　　　ジュ』（原清治，山内乾史，杉本均編著　学文社）
　　　　　「国際的に見たこれからの教師—イギリスとの比較を中心
　　　　　に—」,『クリエイティブな教師になろう』（佐藤博志編著
　　　　　学文社）
　　　　　「学校主導による教育改革と教育経営—イギリス—」,『現
　　　　　代教育改革と教育経営』（日本教育経営学会編　学文社）

澤野　由紀子 （さわの・ゆきこ）
・執筆章→7・8・14

1960年　　東京都に生まれる
1983年　　東京外国語大学外国語学部ロシヤ語学科卒業
1988年　　東京大学大学院教育学研究科博士課程中退（単位取得）
現在　　　聖心女子大学現代教養学部教育学科教授
専攻　　　比較教育学，生涯学習論
主な著書　『グローバル時代の市民形成』（共著　岩波書店）
　　　　　『みんなの教育：スウェーデンの「人を育てる」国家戦略』
　　　　　（共著　ミツイパブリッシング）
　　　　　『統合ヨーロッパの市民性教育』（共著　名古屋大学出版
　　　　　会）
　　　　　『揺れる世界の学力マップ』（共編著　明石書店）
　　　　　"Popular Education, Power and Democracy：Swedish Ex-
　　　　　periences and Contribution"（共著　NIACE）

杉本　均 (すぎもと・ひとし)

・執筆章→ 11・12

1958 年	静岡県に生まれる
1983 年	京都大学教育学部卒業
1997 年	英国レディング大学博士課程 Ph. D. 取得
現在	京都大学大学院教育学研究科教授
専攻	比較教育学
主な著書	『マレーシアにおける国際教育関係』（東信堂）
	『教育の比較社会学（増補版)』（共編著　学文社）
	『幸福感を紡ぐ人間関係と教育』（共編著　ナカニシヤ出版）
	『トランスナショナル高等教育の国際比較』（編著　東信堂）
	『ブータン王国の教育変容─近代化と「幸福」のゆくえ』（編著　岩波書店）
	『比較教育学原論』（共編　協同出版）

編著者紹介

坂野　慎二 （さかの・しんじ）
・執筆章→1・9・10・13・15

1961 年	北海道に生まれる
1991 年	東北大学大学院教育学研究科博士課程単位取得退学
現在	玉川大学教授・博士（教育学）
専攻	比較教育学，教育経営学，教育課程論
主な著書	『教育課程編成論』（共著　玉川大学出版部）
	『世界の学校と教職員の働き方』（共著　学事出版）
	『現代教育改革と教育経営』（共著　学文社）
	『統一ドイツ教育の多様性と質保証』（風間書房）
	『戦後ドイツの中等教育制度研究』（風間書房）

藤田　晃之 （ふじた・てるゆき）
・執筆章→2・5・6・13

1963 年	茨城県に生まれる
1993 年	筑波大学大学院博士課程教育学研究科教育基礎学専攻単位取得退学
現在	筑波大学人間系教授・博士（教育学）
専攻	教育学，キャリア教育論
主な著書	『キャリア教育フォービギナーズ』（実業之日本社）
	『キャリア教育基礎論』（実業之日本社）
	『キャリア教育文献資料集—学校から職業への移行』（共編著　日本図書センター）
	『新しいスタイルの学校—制度改革の現状と課題』（数研出版）
	『キャリア開発教育研究序説—戦後日本における中学校教育の分析』（教育開発研究所）

放送大学大学院教材　8921016-1-2111（ラジオ）

改訂版　海外の教育改革

発　行　　2021 年 3 月 20 日　第 1 刷

編著者　　坂野慎二・藤田晃之

発行所　　一般財団法人　放送大学教育振興会

　　　　　〒 105-0001　東京都港区虎ノ門 1-14-1　郵政福祉琴平ビル

　　　　　電話　03（3502）2750

Printed in Japan　ISBN978-4-595-14152-2　C1337